新版 全国御朱印大事典

日本の神社仏閣研究会

宝島社

はじめに

近年、「御朱印集め」がブームになっています。有名な神社仏閣では御朱印所に行列ができていることも珍しくありません。御朱印は、朱色の印に墨書された文字という、単純なものでありながら、その神社仏閣の個性がよく表れていることが魅力といえるでしょう。

一方で、トラブルや人手不足から御朱印の授与をやめる神社仏閣も出てきました。たくさんの御朱印をいただいて集めることは楽しみのひとつであり、コレクター心を刺激します。しかし、忘れてはいけないのは御朱印は単なるスタンプラリーではないという点です。御朱印は

もともと参詣者が納経をした証として授けられたものです。神社仏閣で神仏に祈りを捧げたことを確認・証明するものであり、「祈り」の延長線上でいただくものです。小さな神社仏閣ですと、1人や2人だけで運営されているところが珍しくありません。そのため、御朱印を断られたり、あらかじめ墨書あるいは印刷された御朱印を授ける場合もあります。しかし、そのような場合に怒ったり、無理強いすることは筋違いです。真心をこめて祈りを捧げることが寺社参詣で最も大切なことですので、御朱印との出会いもご縁と考えましょう。

御朱印は、いただく時期や書いてくださった方によって異なります。神社仏閣への参詣の思い出とともに御朱印の魅力に触れていただければ幸いです。

本書の御朱印について
御朱印は一枚一枚丁寧に書かれたものです。そのため、本書掲載の御朱印と同じものをいただくことはできません。
神社仏閣によっては、御朱印の印や文字が変更されている場合があります。また御朱印の授与を取りやめている場合があります。
本書の御朱印は編者・編集部の主観によって選んだものです。掲載されている御朱印以外にも、全国には無数の御朱印があります。

目次

はじめに ……………………………………………… 2

第一章　御朱印とは何か ……………………………… 5
　　　　　御朱印の歴史 ……………………………… 6
　　　　　御朱印の見方 ……………………………… 9
　　　　　御朱印のマナー …………………………… 10

特集　いろいろな御朱印を楽しもう ……………… 12
　　　　期間間限定「夏詣」／大判御朱印／寺社巡り／刀剣印

　　　　　御朱印Q&A ………………………………… 20

第二章　天皇家ゆかりの神社仏閣 …………………… 21
第三章　北海道・東北 ………………………………… 55
第四章　東京都 ………………………………………… 71
第五章　関東 …………………………………………… 103
第六章　甲信越・北陸 ………………………………… 139
第七章　東海 …………………………………………… 165
第八章　京都府 ………………………………………… 195
第九章　関西 …………………………………………… 225
第十章　中国 …………………………………………… 263
第十一章　四国 ………………………………………… 283
第十二章　九州 ………………………………………… 305
第十三章　御陵印 ……………………………………… 327

そのほかの御朱印がいただける神社仏閣 …………… 338
掲載御朱印　五十音順索引 …………………………… 342

第一章

御朱印とは何か

御朱印の歴史

◇ 日本は印鑑文化の国 ◇

御朱印というと墨書された文字に目が向きますが、本来は朱肉で捺された印を指します。最近ではペーパーレス化などともに脱印鑑化も進んでいますが、今でも日本では公的文書には印鑑が必要です。これに対して欧米ではサインが一般的です。日本に住むことになった外国人はアパートを借りる際に印鑑が必要といわれると驚くそうです。もともと印鑑は中国大陸からもたらされた文化で、『魏志』倭人伝には邪馬台国の女王・卑弥呼に魏の皇帝から金印が贈られた記述があります。日本製の最古の印鑑は、11代垂仁天皇の時代の「大連之

現存する日本最古の官印「大連之印」

第一章 御朱印とは何か

「印」とされます。8世紀に律令制が整えられると公印が制作されるようになります。

平安時代以降は印鑑に代わって「花押」と呼ばれるサインが一般化しました。しかし室町時代後期になると、再び諸大名の間で印鑑が多用されるようになりました。有名なのが「朱印状」です。公的文書に朱色の印を捺したもので、公的文書の証明でした。朱色は貴重なものであり、朱印は権威と格式を備えたものなのです。寺社においても古くから朱印が用いられました。有名なのが熊野で授与された「牛王宝印」です。カラスをあしらった墨の印に朱色の印を捺したもので、誓約書や起請文の代わりに用いられました。そして約束を破れば、神罰が下ると考えられました。神社仏閣における朱色には、魔よけの意味があります。堂宇や門、社殿や鳥居に朱色が用いられるのはこのためです。「朱印」は単なる赤いマークではなく、貴重でありがたいものだったのです。

織田信長の朱印「天下布武」

納経の証明書としてスタート

神社仏閣における御朱印のルーツは、寺社で写経を納めたことの証明として授与された「納経印」がルーツです。現在でも御朱印帳が納経帳と呼ばれるのはこのためです。しかし、江戸時代になり、神社仏閣の参詣が一般大衆の間でも流行すると、納経の有無にかかわらず、参詣者に御朱印が授与されるようになりました。では納経をルーツにする御朱印がなぜ神社でも授与されるのでしょうか。それは、8世紀頃から明治時代までの約1000年間もの間、神社と寺が一体だったためです。神と仏は、姿を変えて人々の前に現れるだけで、本来は同一の尊い存在であるという考え方で、神仏習合といいます。そのため、僧侶が神社で、神職が寺で、それぞれ奉職することも珍しいことではありませんでした。そのため寺社にかかわらず御朱印が授与されるのです。

神社の御朱印

第一章 御朱印とは何か

御朱印の見方

神社の場合
サンプル 大和神社

「奉拝」「参拝」
謹んで参拝したことを表す言葉が入ります。

神社名
中央に神社名や祭神名が大きく記されます。神社によっては印のみの場合もあります。

神社朱印
神社名や祭神名、社紋などの印が捺されたもので、中央に大きく捺されます。また複数の印が捺されることもあります。

参拝した日付
御朱印をいただいた年月日が記されます。

寺の場合
サンプル 清水寺

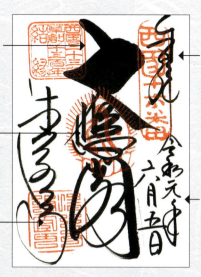

本尊名やお堂の名称
安置されている本尊の名前やお堂の名前、本尊に由来する梵字などが記されます。

三宝印・御宝印
寺の三つの宝(仏法僧)を表す三宝印や本尊を表す梵字が入った御宝印が捺されます。

寺号
寺院の名前が書かれます。山号を合わせて書かれる場合もあります。

「奉拝」「奉納」
謹んで参拝したことを表す言葉が入ります。御朱印は納経印がルーツのため奉納と記される場合もあります。

参拝した日付
御朱印をいただいた年月日が記されます。

御朱印のマナー

✕ 御朱印は買うものではなく、いただくもの ✕

御朱印ブームによって「御朱印集め」のみを目的として、神仏への畏敬の念を持たずに御朱印を「買い」にくる人が増えています。そのため寺社によっては御朱印の授与を取りやめるところも出てきました。御朱印は参拝の証としてありがたくいただくものです。主に5つのマナーに注意して御朱印をいただきましょう。

1 ご本尊や神様に参拝をする

御朱印は参拝の証としていただくものです。そのため、参拝をせずに御朱印をいただくことは本末転倒になります。まずは心静かにお祈りをしてから御朱印をいただきに行きましょう。

第一章　御朱印とは何か

2 無理に御朱印をお願いしない

御朱印は丁寧に墨書されることが多く手間がかかるものです。そのため寺社によっては御朱印を授与できないときがあります。いただけない場合は、それもご縁と考え、参拝したことを心に刻むようにしましょう。

3 御朱印帳を用意する

御朱印帳は大きな寺社で1000～2000円程度で頒布されています。また墨書することが多いことから厚手の紙がよいため、紙材をつかっています。御朱印帳以外のものの場合、御朱印を断られることがあります。御朱印は御朱印帳にいただくようにしましょう。

4 時間に余裕をもって御朱印をいただく

御朱印は手書きであることが多いため時間がかかります。おおむね5～15分程度ですが、込み合っている場合などは30分以上かかる場合もあります。無理にお願いをすることなく、参詣のひとときと考えて待ちましょう。

5 おつりがでないように小銭を用意

現在では、御朱印をいただく際にあらかじめ「300円」「500円」といった案内があります。しかし、本来はお賽銭などと同じく寺社への金銭のお供え物です。なるべくおつりがでないようにしましょう。

特集

いろいろな御朱印を楽しもう

社務所でいただける通常の御朱印のほかにも、季節や祭事、その寺社の伝統を表したものなど、ユニークな御朱印に注目してみましょう。寺社の個性が見られて、運気が一層上がりそうです。

東京都 浅草神社
あさくさじんじゃ

全国で500寺社以上が参加！
期間限定「夏詣」

1年の折り返しを祝う日本の新たな風習

平成26年（2014）、東京・浅草神社から提唱された「夏詣」は、夏の風習として全国の寺社で定着しています。1年のちょうど半分にあたる6〜7月の夏。過ぎた半分の月日に感謝をして、残り半年の節目を大切にする新しい風習です。

所在地 東京都台東区浅草2-3-1
アクセス 東京メトロ・東武鉄道・都営地下鉄浅草駅から徒歩7分

第一章　御朱印とは何か

|東京都| **亀戸浅間神社**
かめいどせんげんじんじゃ

|所在地|東京都江東区亀戸9-15-7|
|アクセス|JR総武本線亀戸駅から徒歩20分|

|千葉県| **香取神社**
かとりじんじゃ

|所在地|千葉県富里市高松101|
|アクセス|JR総武本線八街駅からバスで「香取神社前」下車、徒歩9分|

|埼玉県| **糀谷八幡宮**
こうじやはちまんぐう

|所在地|埼玉県所沢市糀谷78|
|アクセス|西武鉄道池袋線小手指駅からバスで「糀谷」下車、徒歩5分|

愛知県	**別小江神社**
	わけおえじんじゃ

所在地	愛知県名古屋市北区安井4丁目14-14
アクセス	JR名古屋駅からバスで「金田町五丁目」下車、徒歩5分

大判御朱印
ダイナミックな絵柄が魅力！

アートのような個性豊かな大判御朱印

御朱印帳の2ページ分をふんだんに使い、イラストや筆文字など迫力ある絵柄を楽しめるのが大判御朱印の醍醐味です。通常の御朱印帳に納めると折り目が付いてしまいますが、折り目が付かないように保管できる「大判御朱印帳」もあるので、そちらを選ぶのもおすすめです。通常より大きな絵柄で見応えがあるため、額などに入れて家の目のつきやすいところに飾ってもよいでしょう。

第一章 御朱印とは何か

富山県 金城寺
きんじょうじ

所在地	富山県南砺市松島16-3
アクセス	JR金沢駅からバスで「交通広場」下車、徒歩8分

東京都 高円寺氷川神社・気象神社
こうえんじひかわじんじゃ・きしょうじんじゃ

所在地	東京都杉並区高円寺南4-44-19
アクセス	JR高円寺駅から徒歩2分

ゆかりのある神社を巡り満願成就！
寺社巡り

街散策とともに寺社の参拝を楽しもう

エンターテイメント感満載の御朱印巡りがあります。すべての神社で御朱印を集めた人だけがいただける「満願札」は貴重であり、達成感を味わえます。このページでご紹介するのは埼玉県の神社ですが、巡拝して「満願札」のような特典をいただける寺社は全国に多数ありますので、お出かけする地域の寺社情報をチェックしてみてください。

埼玉県朝霞市にある宮戸神社、内間木神社、田島神明神社、美女神社、天明稲荷神社の5社で行われており、5社すべてをお参りすると満願札をいただけます。御朱印はすべて天明稲荷神社でいただけるので、最後にお参りするとよいでしょう。

天明稲荷神社
てんめいいなりじんじゃ 【東京都】

所在地 埼玉県朝霞市宮戸3-2-17
アクセス JR武蔵野線北朝霞駅・東武東上線朝霞台駅から徒歩26分

第一章　御朱印とは何か

埼玉県　内間木神社
うちまぎじんじゃ

所在地　埼玉県朝霞市上内間木443
アクセス　JR武蔵野線北朝霞駅・東武東上線朝霞台駅から徒歩28分

埼玉県　宮戸神社
みやどじんじゃ

所在地　埼玉県朝霞市宮戸4-3-1
アクセス　JR武蔵野線北朝霞駅・東武東上線朝霞台駅から徒歩17分

埼玉県　美女神社
びじょじんじゃ

所在地　埼玉県朝霞市田島2-16-33
アクセス　JR武蔵野線北朝霞駅・東武東上線朝霞台駅から徒歩32分

埼玉県　田島神明神社
たじましんめいじんじゃ

所在地　埼玉県朝霞市田島2-7-1
アクセス　JR武蔵野線北朝霞駅・東武東上線朝霞台駅から徒歩24分

京都府 北野天満宮
きたのてんまんぐう

所在地 京都府京都市上京区馬喰町
アクセス 京福電鉄北野線北野白梅町駅から徒歩5分

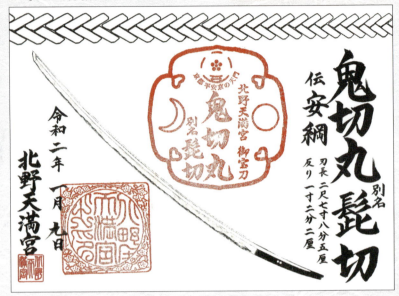

名刀を納める神社の特別御朱印
刀剣印

毎年大人気の風物詩

2015（平成27）年の夏に開始され、毎年※行われているのが「京都刀剣御朱印めぐり」。全国の刀剣ファンが集まり、回を重ねるごとに人気となっています。建勲神社、豊国神社、藤森神社、粟田神社で4つすべての御朱印をいただけます。また、北野天満宮では源家相伝の「鬼切丸」がモチーフの御朱印もいただけます。日本刀が最初に生み出された地・京都で、名刀の歴史と聖地を探る旅に出かけてみましょう。

※時期は不定期

第一章 御朱印とは何か

京都府 豊国神社
とよくにじんじゃ

所在地	京都府京都市東山区大和大路正面茶屋町530
アクセス	京阪電鉄京阪本線七条駅から徒歩10分

京都府 建勲神社
たけいさおじんじゃ

所在地	京都府京都市北区紫野北舟岡町49
アクセス	市営地下鉄烏丸線北大路駅から徒歩20分

京都府 粟田神社
あわたじんじゃ

所在地	京都府京都市東山区粟田口鍛冶町1
アクセス	地下鉄東西線東山駅から徒歩7分

京都府 藤森神社
ふじのもりじんじゃ

所在地	京都府京都市伏見区深草鳥居崎町609
アクセス	JR奈良線藤森駅から徒歩5分

御朱印 Q&A

Q 寺と神社で御朱印帳は分けた方がいいの?
A 寺と神社で御朱印帳を分ける必要はありません。マナー違反でもありません。個人のお好みで寺社ごとに分けてもよいでしょう。

Q 御朱印をいただけない寺社はあるの?
A 仏教では浄土真宗の寺院で、宗旨から御朱印を授与していないところが多くあります。また、人手不足などの理由から御朱印を授与していない場合があります。

Q 御朱印はどこでいただけるの?
A 御朱印所がない場合、寺務所や社務所、お札などが置かれている授与所、写経を納める納経所などでうかがってみてください。

Q 御朱印帳の裏面にもいただいてもいいの?
A 御朱印帳は両面使ってもかまいません。ただし、押印の際の裏面のにじみなどが気になる場合は、片面だけにいただくとよいでしょう。

Q 御朱印をいただいたらいくら納めたらいいの?
A ほとんどの寺社では金額が書かれているか、口頭で金額を教えてくれます。だいたい300円から1000円です。「お気持ちで」といわれた場合は、この金額を目安に納めましょう。もちろんこれより大きな金額を納めてもかまいません。

Q 御朱印帳を忘れたらどうすればいいの?
A 御朱印帳がない場合、別紙に書かれた御朱印をいただける場合があります。御朱印帳に貼り付けることができるサイズになっています。

第二章

天皇家ゆかりの神社仏閣

勅願寺と勅祭社とは何か

✕ 国家鎮護のために祈願が行われた寺社 ✕

文化庁の『宗教年鑑』（令和6年度）によると、寺院は約7万5千寺、神社は約8万1千社あります。その中には、天皇家ゆかりの寺社が数多くあります。その代表的な例が勅願寺と勅祭社です。勅願寺とは天皇の命令（勅令）によって開創された、寺や国家鎮護のための祈願などを行う寺のことです。6世紀に仏教が本格的に日本にもたらされると、もともとあった神道と仏教のどちらを国家の安泰のための基本とするか議論が行われました。これを排仏崇仏論争といいます。結果的に仏教は受け入れられ、全国各地に官立の寺院が建立されるようになりました。そして国家鎮護のための祈祷が行われるようになったのです。

聖武天皇の勅願で建立された東大寺

第二章 天皇家ゆかりの神社仏閣

✕ 門跡寺院と皇族を祀る神社 ✕

では神道が排除されたかというとそうではありません。神道の神と仏教の仏は別々の姿をしていますが、これは人々を救うために姿を変えて現れたと考えたのです。神社の神様を、「権現」ということがありますが、「権」は「仮」の意味で、仏が神の姿になって現れたと考えたのです。

神社でも寺と同様に、天皇家、朝廷から依頼されて国家鎮護の祭祀が行われ、天皇の名代である勅使が遣わされました。このような神社を勅祭社といいます。特に有名なのが平安時代後期に定められた二十二社です。国家の大事や天災などの際に、祈願が行われました。

このほかに寺では、皇族が出家して寺の法統を伝える門跡寺院があります。また神社の場合は、天皇が薨去後に神様として祀られることもあります。

明治天皇を祀る明治神宮

東京都

明治神宮
めいじんぐう

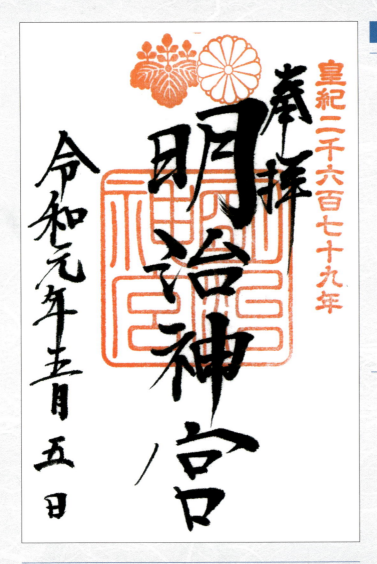

明治天皇と昭憲皇太后を祀る

明治天皇と昭憲皇太后の崩御後に、その遺徳を偲び、大正9年（1920）に創建された。70万㎡に及ぶ境内には、10万本が植樹され、人工林から自然林へと移行している。初詣の参拝者数日本一でも知られている。

- 所在地　東京都渋谷区代々木神園町1-1
- アクセス　JR山手線原宿駅、東京メトロ千代田線・副都心線明治神宮前駅から徒歩すぐ

第二章 天皇家ゆかりの神社仏閣

東京都／北海道／神奈川県／新潟県

北海道
北海道神宮（ほっかいどうじんぐう）
明治期に創建された北海道の鎮守

蝦夷地が北海道に改名された明治2年(1869)に、北海道の鎮守として創建された。大国魂神や明治天皇など4柱の神を祀る。

- 所在地　北海道札幌市中央区宮ヶ丘474
- アクセス　地下鉄東西線円山公園駅から徒歩15分

神奈川県
平間寺（へいけんじ）（川崎大師／かわさきだいし）
厄除大師として知られる

大治3年(1128)、海中から引き揚げられた弘法大師像を本尊として開創。永治元年(1141)、76代近衛天皇により勅願寺となった。

- 所在地　神奈川県川崎市川崎区大師町4-48
- アクセス　京急電鉄京急大師線川崎大師駅から徒歩8分

神奈川県
鎌倉宮（かまくらぐう）
後醍醐天皇の皇子・護良親王を祀る

建武の中興に尽力し、28歳で薨去した護良親王の遺徳を偲び、終焉の地である東光寺跡に明治2年(1869)に創建された。

- 所在地　神奈川県鎌倉市二階堂154
- アクセス　JR横須賀線・江ノ電鎌倉駅から徒歩30分

新潟県
蓮華峰寺（れんげぶじ）
京都の鬼門を守護する古刹

52代嵯峨天皇の勅願寺。京都の鬼門（東北）にあたる佐渡に、大同年間(806～810)に空海によって開創された。

- 所在地　新潟県佐渡市小比叡182
- アクセス　佐渡汽船小木港からタクシーで11分

福井県

氣比神宮

けひじんぐう

海上交通を守護する北陸道総鎮守

食物を司り、海上交通の守護神でもあるイザサワケと14代仲哀天皇、神功皇后、15代応神天皇、ヤマトタケルなどを祀る。大宝2年（702）に社殿を修営した記録が残る。

所在地	福井県敦賀市曙町11-68
アクセス	JR北陸本線・湖西線・小浜線敦賀駅から徒歩約15分

第二章 天皇家ゆかりの神社仏閣

福井県／長野県／静岡県

足羽神社（あすわじんじゃ）
福井県 皇統断絶を救った継体天皇を祀る

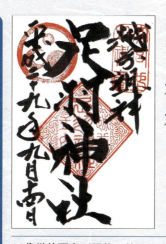

26代継体天皇が即位の前にこの地に宮を営み、大宮地之霊を勧請し、その後自らの生き御霊を祀ったと伝えられる。

- 所在地 福井県福井市足羽1-8-25
- アクセス 福井鉄道福武線足羽山公園口駅から徒歩10分

金崎宮（かねがさきぐう）
福井県 尊良親王、恒良親王を祀る

北陸に遠征した96代後醍醐天皇の皇子・尊良親王（享年27）、恒良親王（享年15）を祀る。明治23年（1890）に創建された。

- 所在地 福井県敦賀市金ヶ崎町1-4
- アクセス JR北陸本線・湖西線・小浜線敦賀駅からバスで「金崎宮口」下車、徒歩10分

井伊谷宮（いいのやぐう）
静岡県 後醍醐天皇の皇子・宗良親王を祀る

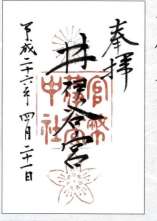

祭神の宗良親王は96代後醍醐天皇の皇子で、この地で50年以上吉野朝廷のために尽力し、73歳で薨去。明治6年（1873）に創建。

- 所在地 静岡県浜松市浜名区引佐町井伊谷1991-1
- アクセス JR東海道本線浜松駅からバスで「神宮寺」下車、徒歩5分

善光寺（ぜんこうじ）
長野県 1400年前の日本最古の仏像が本尊

本尊の一光三尊阿弥陀如来は、日本最古の仏像。642年にこの地に遷され、644年に35代皇極天皇の勅願で伽藍が造営された。

- 所在地 長野県長野市大字長野元善町491-イ
- アクセス JR長野駅からバスで「善光寺大門」下車、徒歩5分

> 京都府

賀茂別雷神社
かもわけいかづちじんじゃ

京都を守護する官幣大社の筆頭

二十二社のひとつで、上賀茂神社の名で知られる。創建は、白鳳6年（677）で、古くは神山に祭神の賀茂玉依姫が降臨したと伝えられる。5月の賀茂祭（葵祭）は、神社創建前から行われてきた祭り。

所在地 京都府京都市北区上賀茂本山339
アクセス 地下鉄烏丸線北山駅から徒歩15分

> 京都府

賀茂御祖神社
かもみおやじんじゃ

上賀茂神社と対となる京都の古社

二十二社のひとつで、下鴨神社の名で知られる。上賀茂神社の祭神の祖神を祀り、5月の葵祭は上賀茂神社とともに行われる。12万4000㎡の糺（ただす）の森は縄文時代から続く森で、古代の植生を今に伝える。

所在地 京都府京都市左京区下鴨泉川町59
アクセス 京阪電車・叡山電鉄出町柳駅から徒歩12分

第二章 天皇家ゆかりの神社仏閣

京都府

貴船神社

きふねじんじゃ

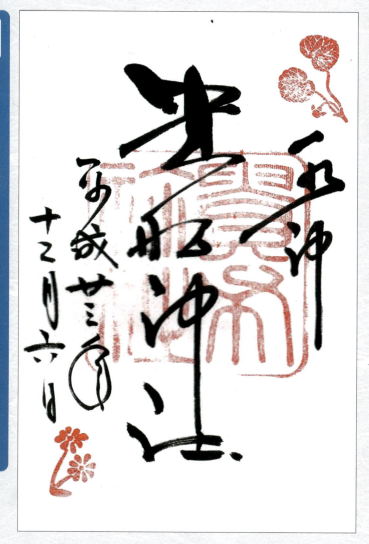

貴船川の水を司る龍神を祀る

二十二社のひとつで、本宮、結社、奥宮の三社からなる。創建は約1600年前と伝えられ、白鳳6年（677）にはすでに社殿造営の記録がある。貴船川は淀川、鴨川の源流で水神・龍神であるタカオカミを祀る。

所在地 京都府京都市左京区鞍馬貴船町180
アクセス 叡山電鉄貴船口駅からバスで「貴船」下車、徒歩5分

京都府 吉田神社 本宮
吉田神道の中心となった古社

二十二社のひとつで、貞観元年(859)に吉田山に創建された。文明16年(1484)に現在地に遷座された。

- 所在地　京都府京都市左京区吉田神楽岡町30
- アクセス　京阪電車・叡山電鉄出町柳駅から徒歩20分

京都府 吉田神社 斎場所大元宮（さいじょうしょだいげんぐう）
全国の神社の神々を祀る

吉田兼倶（かねとも）によって大成された吉田神道の教義をあらわす象徴的な社で、始まりの神と八百万の神々を祀る。

京都府 松尾大社（まつのおたいしゃ）
松尾山に鎮座する秦氏の氏神

二十二社のひとつで、「日本第一酒造神」と称される。創建年代は定かではないが、大宝元年(701)に社殿が造営された。

- 所在地　京都府京都市西京区嵐山宮町3
- アクセス　阪急電車嵐山線松尾大社駅から徒歩3分

京都府 梅宮大社（うめのみやたいしゃ）
1300年前に創建された橘氏の氏神

二十二社のひとつで、奈良時代に隆盛した橘氏の氏神。相殿には橘清友、その娘である檀林皇后、嵯峨天皇、仁明天皇を祀る。

- 所在地　京都府京都市右京区梅津フケノ川町30
- アクセス　阪急電車嵐山線松尾大社駅から徒歩15分

京都府

南禅寺
なんぜんじ

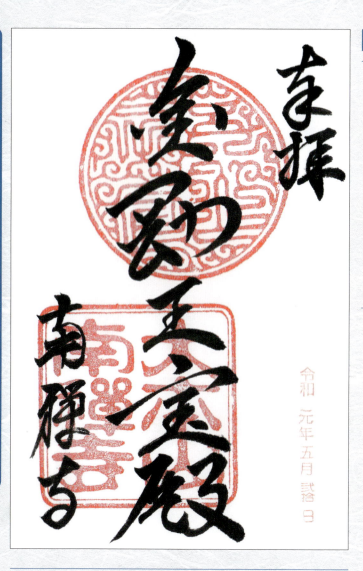

亀山法皇によって開創された古刹

臨済宗南禅寺派の大本山。90代亀山天皇は蒙古襲来などの国難に対処し、その後上皇になった。亀山法皇は正応4年(1291)、無関普門禅師を迎えて離宮を禅寺として開創した。嘉元3年(1305)にほぼ完成。

所在地　京都府京都市左京区南禅寺福地町
アクセス　地下鉄東西線蹴上駅から徒歩10分

京都府

平安神宮
へいあんじんぐう

桓武天皇、孝明天皇を祀る

二十二社のひとつで、平安京への遷都を行った50代桓武天皇の遺徳を偲び、平安京遷都1100年を記念して、明治28年(1895)に創建された。昭和15年(1940)、平安京有終の天皇である121代孝明天皇を合祀した。

所在地	京都府京都市左京区岡崎西天王町97
アクセス	地下鉄東西線東山駅から徒歩10分

京都府

白峯神宮
しらみねじんぐう

崇徳天皇、淳仁天皇を祀る

保元の乱(1156)後に四国に流され、非業の死を遂げた75代崇徳天皇を慰霊するために、慶応4年(明治元年、1868)に創建された。明治6年(1873)には淡路に流された47代淳仁天皇を合祀した。

所在地	京都府京都市上京区今出川通堀川東入飛鳥井町261
アクセス	地下鉄烏丸線今出川駅から徒歩8分

第二章　天皇家ゆかりの神社仏閣　京都府

京都府

平野神社
ひらのじんじゃ

60種400本ある桜の名所

二十二社のひとつで、延暦元年(782)に宮中で祀られていた記録があり、延暦13年(794)に平安遷都の際にこの地に遷座された。高階・大江・中原・清原・秋篠など八姓の氏神とされる。平安時代から桜の名所として名高い。

| 所在地 | 京都府京都市北区平野宮本町1 |
| アクセス | 京福電鉄北野線北野白梅町駅から徒歩7分 |

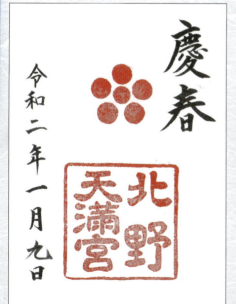

京都府

北野天満宮
きたのてんまんぐう

全国の天満宮・天神社の総本社

二十二社のひとつで、学問の神様として知られる菅原道真を祀る。天暦元年(947)に創建され、福岡県の太宰府天満宮と並び、全国に1万2000社ある天満宮・天神社の総本社。1500本ある梅苑は梅の名所として知られる。

| 所在地 | 京都府京都市上京区馬喰町 |
| アクセス | 京福電鉄車北野線北野白梅町駅から徒歩5分 |

京都府

清水寺
きよみずでら

清水の舞台で有名な観音霊場

宝亀9年(778)、僧・賢心がお告げによって音羽の瀧を見つけて庵を結び、観音霊場としてはじまった。その後、この地を訪れた坂上田村麻呂は、十一面千手観世音菩薩を御本尊として寺院を建立し、桓武天皇の勅願寺となったと伝えられる。

所在地 京都府京都市東山区清水1-294
アクセス JR京都駅からバスで「五条坂」下車、徒歩10分

京都府
清水寺 滝之堂
たきのどう

音羽の瀧の正面にあり、不動明王が本尊。音羽の瀧の清水は「金色水」「延命水」と呼ばれ、清めの水として信仰されている。

京都府
清水寺 阿弥陀堂
あみだどう

浄土宗の開祖・法然上人が日本で最初に常行念仏道場とした場所で、1631年に再建された。法然上人二十五霊場第十三番札所。

京都府
清水寺 奥の院
おくのいん

清水寺の開創の起源である音羽の瀧の真上にあり、現在の建物は1633年に再建されたもの。本堂と同じ懸造りになっている。

第二章 天皇家ゆかりの神社仏閣

京都府

八坂神社
やさかじんじゃ

京都の疫病を止めた古社

二十二社のひとつで、656年に高麗から来た伊利之（いりし）が新羅国の牛頭山（ごずさん）に座したスサノオを祀り創建された。元慶元年（877）に疫病が流行した際に祈願すると疫病がやみ、疫病除け、病気平癒の御神徳が知られる。

|所在地|京都府京都市東山区祇園町北側625|
|アクセス|京阪電車祇園四条駅から徒歩5分|

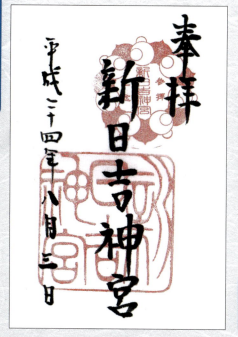

京都府

新日吉神宮
いまひえじんぐう

山王七柱の神々と後白河天皇を祀る

永暦元年（1160）、後白河上皇が比叡山の日吉大社から勧請して創建された。山王七柱の神々のほか、後白河天皇を祀る。その後、遷座を繰り返し、現在の地に鎮座したのは、明治30年（1897）のこと。

|所在地|京都府京都市東山区妙法院前側町451-1|
|アクセス|JR京都駅からバスで「東山七条」下車、徒歩5分|

京都府

伏見稲荷大社
ふしみいなりたいしゃ

日本で最も多い稲荷社の総本社

二十二社のひとつで、千本鳥居は世界的に知られる名所。和銅4年(711) 2月初午(はつうま)の日に秦伊呂巨(いろこ)によって創建された。全国に3万社ある稲荷社の総本社で、五穀豊穣、商売繁盛の神様として信仰される。

所在地 京都府京都市伏見区深草薮之内町68
アクセス JR奈良線稲荷駅から徒歩すぐ

京都府 **伏見稲荷大社の起源となった山**

伏見稲荷大社 稲荷山
いなりやま

古くから霊跡として知られ、多数のお塚や鳥居がある。2月初午の日に稲荷山へお詣りすると福がもたらされるといわれる。

京都府 **稲荷山の遙拝所**

伏見稲荷大社 奥社奉拝所
おくしゃほうはいじょ

千本鳥居の先にあり、お山(稲荷山)を遙拝するところ。「奥の院」の名で知られる。創建は古く、社伝には1499年に記録がある。

京都府

石清水八幡宮
いわしみずはちまんぐう

第二章 天皇家ゆかりの神社仏閣

京都府

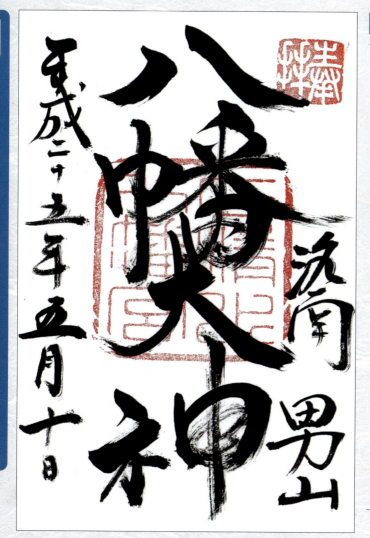

京都の裏鬼門に座す国家鎮護の社

二十二社のひとつで、貞観元年（859）に大分県の宇佐神宮から勧請され、翌年に社殿が造営された。天皇の行幸や上皇の御幸は、240回以上に及び、伊勢の神宮に次ぐ皇室の第二の宗廟とも称された。

所在地	京都府八幡市八幡高坊30
アクセス	京阪電車石清水八幡宮駅からケーブルカーで「八幡宮山上駅」下車、徒歩5分

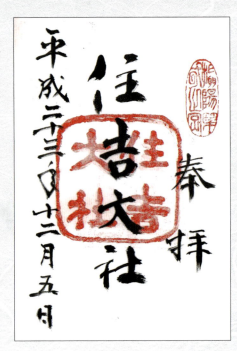

大阪府

住吉大社
すみよしたいしゃ

**航海の守護神と
文学の神を祀る**

二十二社のひとつで、全国の住吉社の総本社。創建は約1800年前とされ、神功皇后が新羅遠征の際に航海を守護したことから創建された。『万葉集』や『古今和歌集』にも詠まれたことから、和歌・文学の神としても信仰される。

所在地	大阪府大阪市住吉区住吉2-9-89
アクセス	南海鉄道南海本線住吉大社駅から徒歩3分

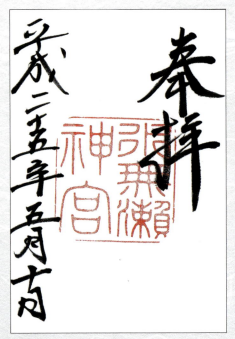

大阪府

水無瀬神宮
みなせじんぐう

後鳥羽上皇など三上皇を祀る

仁治元年(1240)、後鳥羽上皇の没後に離宮だった水無瀬殿の跡に創建された。祭神の後鳥羽上皇は隠岐、土御門上皇は四国、順徳上皇は佐渡に配流された上皇である。明治6年(1873)、改めて三上皇が合祀された。

所在地	大阪府三島郡島本町広瀬3-10-24
アクセス	阪急電車京都本線水無瀬駅から徒歩10分

第二章 天皇家ゆかりの神社仏閣

奈良県

東大寺
とうだいじ

大仏で知られる古都の古刹

45代聖武天皇の勅願によって創建され、天平勝宝4年(752)に盧舎那仏の開眼法要が行われた。大仏殿は世界最大の木造建築として知られる。治承4年(1180)に焼失するが、文治元年(1185)に後白河法皇を導師として大仏開眼供養が行われた。

所在地 奈良県奈良市雑司町406-1
アクセス JR・近鉄奈良駅からバスで「東大寺大仏殿・春日大社前」下車、徒歩5分

大阪府／奈良県

奈良県
東大寺 不動堂
ふどうどう

二月堂の奥の高台にあるお堂で、不動明王をはじめとする五大明王像が奉安されている。建物は、室町時代の建立。

奈良県
東大寺 指図堂
さしずどう

戦国時代に何度も罹災した大仏殿の再建を目指して、指図(設計図)を収めるお堂として建立。法然上人二十五霊場第十一番札所。

奈良県
東大寺 二月堂
にがつどう

旧暦2月にお水取り(修二会)が行われる。本尊は大観音と小観音の2体の十一面観音像で、見てはならない絶対秘仏である。

奈良県

薬師寺
やくしじ

世界一美しいと名高い薬師三尊像

南都七大寺のひとつで、法相宗大本山。40代天武天皇の時代(680)に天武天皇が皇后(のちの41代持統天皇)の病気快復を祈り開創された。創建当初の金堂は戦国時代に焼失したが、昭和51年(1976)に復興された。

所在地 奈良県奈良市西ノ京町457
アクセス 近鉄橿原線西ノ京駅から徒歩1分

奈良県　薬師寺 大講堂(だいこうどう)　日本最古の仏足石がある

法相宗は学問を重視するため、大講堂は最も大きい。本尊は、弥勒三尊像。天平勝宝5年(753)作の日本最古の仏足石なども安置されている。

奈良県　薬師寺 玄奘三蔵院伽藍(げんじょうさんぞういんがらん)　玄奘三蔵の分骨を奉安

三蔵法師として知られる玄奘三蔵の頂骨を、昭和56年(1981)に慈恩寺(埼玉県さいたま市)から分骨、平成3年(1991)に玄奘三蔵院伽藍を建立した。

第二章 天皇家ゆかりの神社仏閣

奈良県

西大寺
さいだいじ

称徳天皇の勅願によって開創

真言律宗総本山。天平神護元年（765）、孝謙上皇が重祚して48代称徳天皇となった際に金銅製の四天王像を鋳造した。そして、父である45代聖武天皇が東大寺を創建したことに対して、西の地に伽藍が開創された。

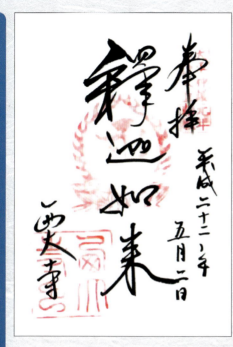

所在地 奈良県奈良市西大寺芝町1-1-5
アクセス 近鉄大和西大寺駅から徒歩3分

奈良県
西大寺 大黒堂
だいこくどう

愛染堂の北東にあるお堂。永正元年（1504）に海龍王寺沙弥仙算、木寄番匠奈良宿院七郎太郎の作とされる。

奈良県
西大寺 愛染堂
あいぜんどう

明和4年（1767）に京都の近衛家邸宅の御殿が寄進され、建立された。本尊は鎌倉時代作の秘仏である愛染明王。

奈良県
西大寺 四王堂
しおうどう

西大寺開創の起源となった称徳天皇誓願の四天王像を奉安するお堂。現在の建物は江戸時代前期の延宝2年（1674）に再建された。

奈良県

春日大社
かすがたいしゃ

隆盛を誇った藤原氏の氏神

二十二社のひとつで、全国の春日社の総本社。約1300年前に平城宮遷都の際に創建され、茨城県の鹿島神宮、千葉県の香取神宮、大阪府の枚岡神社から祭神が招かれた。奉納された燈籠の数は3000基に及ぶ。

所在地	奈良県奈良市春日野町160
アクセス	JR・近鉄奈良線奈良駅からバスで「春日大社本殿」下車すぐ

奈良県

橿原神宮

かしはらじんぐう

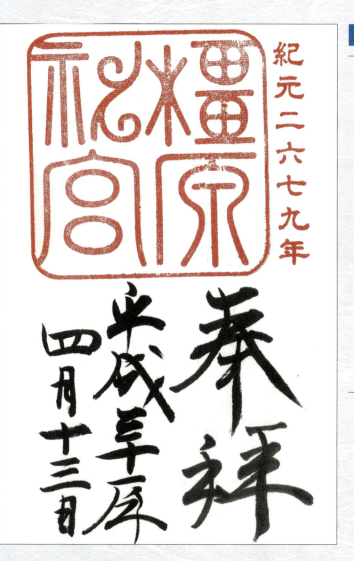

初代天皇の最初の宮跡に創建

明治23年(1890)、初代天皇である神武天皇が最初に宮を営んだ地とされる畝傍山東南の橿原宮の旧址に創建された。祭神は神武天皇。隣接地には、神武天皇の陵墓がある。境内地は50万㎡、樹木は8万本にも及ぶ。

|所 在 地|奈良県橿原市久米町934|
|アクセス|近鉄南大阪線・橿原線・吉野線橿原神宮前駅から徒歩10分|

奈良県

大神神社
おおみわじんじゃ

日本最古の神社のひとつ

二十二社のひとつで、『古事記』『日本書紀』に記述がある古社。近くにある纏向遺跡は初期ヤマト王権の中心地とされ、古くからこの地が祭祀場だった。本殿がなく、三輪山自体を御神体とする原始信仰の形態を残す。

所在地　奈良県桜井市三輪1422
アクセス　JR桜井線三輪駅から徒歩5分

奈良県

大和神社
おおやまとじんじゃ

宮中に祀られていた
国土の守護神

二十二社のひとつで、かつては伊勢神宮のアマテラスとともに宮中に祀られていたが、10代崇神天皇の時代に遷座された。奈良時代には遣唐使が参詣し、航海の無事を祈願した。また戦中には戦艦大和の守護神となった。

所在地　奈良県天理市新泉町306
アクセス　JR桜井線長柄駅から徒歩7分

第二章 天皇家ゆかりの神社仏閣

奈良県

石上神宮
いそのかみじんぐう

神話に登場する神剣を祀る

二十二社のひとつで、日本最古の神社のひとつ。『古事記』『日本書紀』に登場する神剣「韴霊（ふつのみたま）」を御神体として祀る。10代崇神天皇の時代の創建と伝えられ、物部氏の氏神として信仰された。

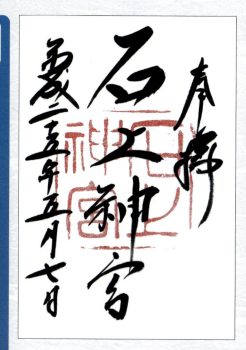

所在地 奈良県天理市布留町384
アクセス JR桜井線・近鉄天理線天理駅からタクシーで10分

廣瀬大社
ひろせたいしゃ

奈良県　龍田大社と対となる水神を祀る

二十二社のひとつで、10代崇神天皇の時代に創建されたと伝えられる。龍田大社の風神に対して、水神を祀る。

所在地 奈良県北葛城郡河合町川合99
アクセス 近鉄田原本線池部駅から徒歩25分

龍田大社
たつたたいしゃ

奈良県　疫病を止めた風の神を祀る

二十二社のひとつで、社伝によると10代崇神天皇の時代に創建されたと伝えられる。風の神・シナツヒコ、シナツヒメを祀る。

所在地 奈良県生駒郡三郷町立野南1-29-1
アクセス JR大和路線三郷駅から徒歩5分

丹生川上神社 上社 （にうかわかみじんじゃ かみしゃ）
奈良県 — 山の峰の龍神を祀る

丹生川上神社は戦後に3社に分かれた。二十二社のひとつで、龍神・水神であるタカオカミを祀る。白鳳4年(675)に創建。

所在地 奈良県吉野郡川上村大字迫869-1
アクセス 近鉄吉野線大和上市駅からバスで「湯盛温泉ホテル杉の湯」下車、徒歩10分

丹生川上神社 中社 （にうかわかみじんじゃ なかしゃ）
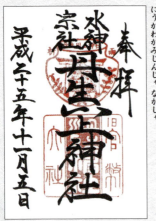
奈良県 — 丹生川に鎮座する水神の宗社

二十二社のひとつで、水を司るミズハノメを祀る。白鳳4年(675)に創建され、8〜15世紀に、雨止めの祈願は96回を数える。

所在地 奈良県吉野郡東吉野村大字小968
アクセス 近鉄榛原駅からバスで「東吉野村役場」下車、コミュニティバスに乗り換え「蟻通」下車すぐ
休日はバスの路線に変更あり

丹生川上神社 下社 （にうかわかみじんじゃ しもしゃ）
奈良県 — 約1300年前に創建された龍神の社

二十二社のひとつ。龍神・水神のクラオカミを祀る。白鳳4年(675)創建。天平宝字7年(763)に祈雨のため黒馬が奉納された。

所在地 奈良県吉野郡下市町長谷1-1
アクセス 近鉄吉野線下市口駅からバスで「長谷」下車すぐ

吉野神宮 （よしのじんぐう）

奈良県 — 南朝を樹立した後醍醐天皇を祀る

建武の中興ののちに、吉野山に移り南朝(吉野朝廷)を樹立した96代後醍醐天皇の遺徳を偲び、明治22年(1889)に創建された。

所在地 奈良県吉野郡吉野町吉野山3226
アクセス 近鉄吉野線吉野神宮駅から徒歩20分

第二章 天皇家ゆかりの神社仏閣

奈良県／滋賀県

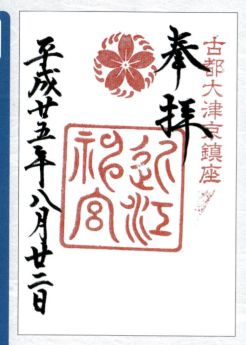

滋賀県

近江神宮
おうみじんぐう

**大化改新を行った
天智天皇を祀る**

祭神の38代天智天皇は、645年からの大化改新を主導した。昭和15年（1940）、天智天皇が、宮を営んだ近江大津宮跡に創建。

| 所在地 | 滋賀県大津市神宮町1-1 |
| アクセス | 京阪電車石山坂本線近江神宮前駅から徒歩9分 |

滋賀県 日本三大弁才天のひとつ

宝厳寺
ほうごんじ

西国三十三ヶ所観音霊場三十番札所。神亀元年（724）、45代聖武天皇の勅願により、弁才天像を本尊として開創された。

| 所在地 | 滋賀県長浜市早崎町1664-1 |
| アクセス | 長浜・彦根・今津の各港から琵琶湖汽船・琵琶湖観光船オーミマリンで、25～40分 |

滋賀県 紫式部ゆかりの古刹

石山寺
いしやまでら

東寺真言宗大本山で、西国三十三観音霊場十三番札所。45代聖武天皇の勅願によって、天平19年（747）に開創された。

| 所在地 | 滋賀県大津市石山寺1-1-1 |
| アクセス | 京阪電車石山坂本線石山寺駅から徒歩10分 |

滋賀県

日吉大社
ひよしたいしゃ

京都の表鬼門を守護する

二十二社のひとつで、約40ある社の総称。全国にある日吉・日枝・山王神社の総本宮。京都の表鬼門(東北)にある比叡山に鎮座し、延暦寺が開かれてからは天台宗の護法神となった。関西屈指の紅葉の名所としても知られる。

所在地	滋賀県大津市坂本5-1-1
アクセス	京阪電車石山坂本線坂本比叡山口駅から徒歩10分

滋賀県

日吉大社 西本宮
にしほんぐう

宮中に祀られていた国土の守護神

オオクニヌシの別名・大己貴神(おおなむちのかみ)を祀り、本殿は天正14年(1586)に造営され、国宝。楼門には軒下の四隅に神猿像がある。旧称は大宮。

第二章　天皇家ゆかりの神社仏閣

滋賀県

日吉大社 牛尾宮
うしおぐう

日吉大社の摂社で東本宮の祭神・大山咋神荒魂を祀る。一体となった本殿・拝殿は1595年の造営で、旧称は山王八王子。

滋賀県

日吉大社 宇佐宮
うさぐう

日吉大社の摂社で、西本宮の祭神である大己貴神の后・田心姫神を祀る。本殿は1586年の造営。旧称は聖真子。

滋賀県

日吉大社 東本宮
ひがしほんぐう

比叡山の守護神・大山咋神を祀る。本殿は西本宮と同じ日吉造。1595年に造営され、国宝に指定されている。旧称は二宮。

滋賀県

日吉大社 三宮宮
さんのみやぐう

日吉大社の摂社で、樹下宮の祭神・鴨玉依姫神の荒魂を祀る。一体となった本殿・拝殿は、1599年に造営。旧称は三ノ宮。

滋賀県

日吉大社 樹下宮
じゅげぐう

日吉大社の摂社で、鴨玉依姫神を祀る。本殿は1595年の造営で、国の重要文化財。本殿内ご神座の真下には井戸がある。

滋賀県

日吉大社 白山宮
しらやまぐう

日吉大社の摂社で、北陸の白山の女神・菊理姫神を祀る。本殿は1598年の造営で、三間社流造の様式。旧称は、客人宮。

三重県

伊勢神宮
皇大神宮
いせじんぐう こうたいじんぐう

**八咫鏡を祀る
全国の神社の本宗**

全国の神社の根本とされる本宗の神社で、二十二社のひとつにも数えられる。伊勢神宮の正式名は「神宮」で125社ある神社の総称。皇大神宮は内宮（ないくう）と呼ばれ、至高の神アマテラスの分身である八咫鏡を祀る。

所在地	三重県伊勢市宇治館町1
アクセス	近鉄・JR伊勢市駅・近鉄五十鈴川駅からバスで「内宮前」下車すぐ

三重県

伊勢神宮
豊受大神宮
いせじんぐう とようけだいじんぐう

衣食住を司るトヨウケを祀る

内宮に次ぐ格を誇り、外宮（げくう）と呼ばれる。衣食住や産業の守護神であるトヨウケを祀る。神宮では約1300年前から20年に一度、内宮・外宮をはじめとする大規模な社殿の造替を行う式年遷宮が行われる。

所在地	三重県伊勢市豊川町279
アクセス	近鉄・JR伊勢市駅から徒歩5分

第二章 天皇家ゆかりの神社仏閣

専修寺（せんじゅじ）
三重県　親鸞聖人の遺骨を守る御廟がある

高田本山とも呼ばれる。栃木県真岡市の本寺専修寺とともに親鸞聖人の遺骨を奉安している。

- 所在地　三重県津市一身田町2819
- アクセス　JR紀勢本線一身田駅から徒歩5分

道成寺（どうじょうじ）
和歌山県　1300年前開創の和歌山県最古の寺

42代文武天皇が紀州に行幸し、大宝元年（701年）に開創された。本尊の千手観音像は平安時代の作。

- 所在地　和歌山県日高郡日高川町鐘巻1738
- アクセス　JR紀勢本線道成寺駅から徒歩10分

青岸渡寺（せいがんとじ）
和歌山県　西国三十三ヶ所一番札所となった聖地

永延2年（988）、花山法皇が西国三十三ヶ所第一番札所と定めた。本尊は那智滝の滝壺で発見されたと伝わる。

- 所在地　和歌山県東牟婁郡那智勝浦町那智山8
- アクセス　JR紀勢本線紀伊勝浦駅からバスで「那智山」下車、徒歩15分

青岸渡寺 三重塔（さんじゅうのとう）
和歌山県　那智の滝と調和する朱色の塔

那智山は熊野三山のひとつで、青岸渡寺は明治時代に熊野那智大社と分離した。三重塔と那智の滝の風景は、熊野古道の有名スポット。

廣田神社（ひろたじんじゃ）

兵庫県 伊勢神宮内宮の荒御魂を祀る

二十二社のひとつで、アマテラスの荒御魂を祀る。14代仲哀天皇の后・神功皇后の時代で、新羅遠征から帰国後に創建された。

- **所在地** 兵庫県西宮市大社町7-7
- **アクセス** 阪急電車西宮北口駅・阪神電車西宮駅・JR西ノ宮駅からバスで「広田神社前」下車すぐ

酒見寺（さがみじ）

兵庫県 45代聖武天皇の勅願寺

45代聖武天皇の勅願寺で、天平17年（745）、行基によって開創された。新西国三十三ヶ所霊場第二十九番札所。

- **所在地** 兵庫県加西市北条町北条1319
- **アクセス** 北条鉄道北条線北条町駅から徒歩12分

安仁神社（あにじんじゃ）

岡山県 神武天皇の3人の兄を祀る

祭神の五瀬命、稲氷命、御毛沼命は初代神武天皇の兄。創建年代は不明だが、承和8年（841）に「安仁神」の記録がある。

- **所在地** 岡山県岡山市東区西大寺一宮895
- **アクセス** JR赤穂線西大寺駅からタクシーで15分

本山寺（もとやまじ）

香川県 「太刀受けの弥陀」を奉安する

大同2年（807）、51代平城天皇の勅願で、弘法大師が開創。戦国時代には脇仏の阿弥陀如来像から血が流れたと伝えられる。

- **所在地** 香川県三豊市豊中町本山甲1445
- **アクセス** JR予讃線本山駅から徒歩15分

大分県

宇佐神宮
うさじんぐう

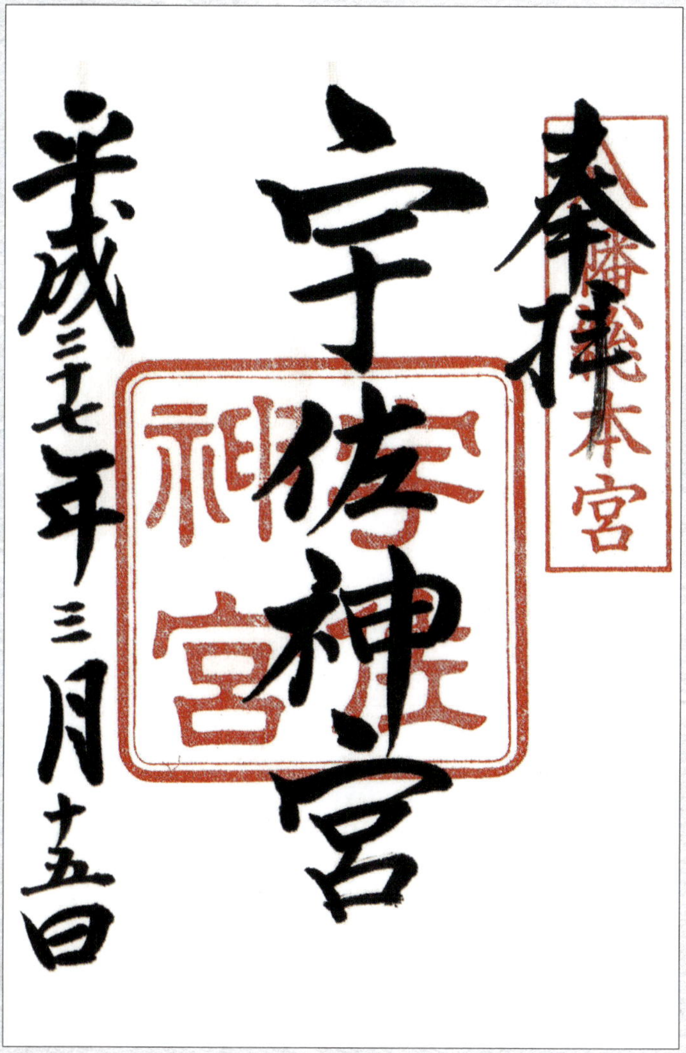

第二章 天皇家ゆかりの神社仏閣

兵庫県／岡山県／香川県／大分県

全国の八幡社の総本宮

15代応神天皇とその后、母・神功皇后を祀る。八幡神は571年にこの地に示顕したと伝えられ、社殿は神亀2年(725)に造営。全国に4万社以上ある八幡社の総本宮として知られる。

所在地 大分県宇佐市南宇佐2859
アクセス JR日豊本線宇佐駅からバスで「宇佐八幡」下車すぐ

宮崎県

宮崎神宮
みやざきじんぐう

東征前の神武天皇の宮跡に創建

神武天皇が奈良県橿原で初代天皇に即位する前に、日向（宮崎県）を治めていたと伝えられる。この旧宮跡に創建された神社で、かつては神武天皇社と呼ばれた。大正2年（1913）に現社名に改称され現在に至る。

所在地	宮崎県宮崎市神宮2-4-1
アクセス	JR日豊本線宮崎神宮駅から徒歩10分

熊本県

八代宮
やつしろぐう

懐良親王、良成親王を祀る

九州に遠征した、96代後醍醐天皇の皇子・懐良親王と後村上天皇の皇子・良成親王を祀る。明治17年（1884）に創建された。

所在地	熊本県八代市松江城町7-34
アクセス	JR八代駅からバスで「八代宮前」下車すぐ

福岡県

観世音寺
かんぜおんじ

日本最古の梵鐘がある

38代天智天皇が母である37代斉明天皇の冥福を祈るために発願し開創。天平18年（746）、45代聖武天皇の時代に完成した。

所在地	福岡県太宰府市観世音寺5-6-1
アクセス	西鉄大宰府線西鉄五条駅から徒歩10分

第三章

北海道・東北

北海道 開拓神社（かいたくじんじゃ）
北海道開拓の功労者を偲ぶ社

北海道開拓70周年の昭和13年（1938）、開拓功労者を偲んで北海道神宮内に創建。開拓の貢献者37柱を祀る。

所在地 北海道札幌市中央区宮ケ丘474
アクセス 地下鉄東西線円山公園駅から徒歩15分

北海道 新栄寺（しんえいじ）
明治時代、移住者のために開創

千葉県の成田山新勝寺の別院。明治18年（1885）、北海道への移住者のために開創された。明治42年（1909）に本堂が建立。

所在地 北海道札幌市中央区南七条西3-2
アクセス 地下鉄南北線すすきの駅から徒歩5分

青森県 最勝院（さいしょういん）
弘前城の鬼門を守護

天文元年（1532）、弘信によって開創された。慶長14年（1609）に弘前城が築かれると、その2年後に城の鬼門に遷された。

所在地 青森県弘前市大字銅屋町63
アクセス JR弘前駅からバスで「弘前高校前」下車、徒歩3分

青森県 恐山菩提寺（おそれざんぼだいじ）
日本三大霊場のひとつ・恐山の古刹

貞観4年（862）に天台宗の円仁によって開創。恐山は死者の魂が集まるとされ、死者の口寄せをするイタコで知られる。

所在地 青森県むつ市田名部字宇曽利山3-2
アクセス JR下北駅からバスで「霊場恐山」下車、徒歩3分

第三章 北海道・東北

青森県 青森県最古の神社建築
弘前八幡宮（ひろさきはちまんぐう）

弘前藩の総領鎮守の社。慶長17年（1612）に弘前城の鬼門に、鼻和郡八幡村の八幡社を鎮護とした。

- 所在地　青森県弘前市八幡町1-1-1
- アクセス　JR弘前駅からタクシーで10分

青森県 「奥の日光」という異名を取る社殿
岩木山神社（いわきやまじんじゃ）

創建は宝亀11年（780）。古い建造物は、青森の寒冬にも強い本州最北端の鎮守様の木材である県産のヒバが使用されている。

- 所在地　青森県弘前市百沢字寺沢27
- アクセス　JR弘前駅からバスで「岩木山神社前」下車すぐ

青森県 東北地方に色濃く残る水神信仰
十和田神社（とわだじんじゃ）

祭神はヤマトタケルだが、江戸時代には十和田山青龍大権現が祀られており、現在も奥の院に祀られている。

- 所在地　青森県十和田市奥瀬十和田湖畔休屋486
- アクセス　JR八戸駅からバスで「十和田湖（休屋）」下車、徒歩15分

青森県 青森市発祥の地の道中安全の神様
善知鳥神社（うとうじんじゃ）

奥州陸奥之国外ヶ浜鎮護の神として、宗像三女神を、善知鳥中納言安方が外ヶ浜にいた時に祀ったのがはじまり。

- 所在地　青森県青森市安方2-7-18
- アクセス　JR青森駅から徒歩10分

青森県 霊山の神様が鎮まる

八甲田神社（はっこうだじんじゃ）

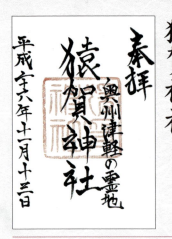

昭和18年（1943）、小笠原壽久が啓示を受けて八甲田大神を祭祀。昭和46年（1971）、現在地に社殿を建立した。

- 所在地　青森県青森市幸畑字阿部野163-79
- アクセス　JR青森駅からバスで「幸畑墓苑」下車、徒歩5分

青森県 東北一円から崇敬される霊地

猿賀神社（さるがじんじゃ）

大同2年（807）、苦戦していた将軍・坂上田村麻呂が田道命の霊感を受けて大勝したことから、「神蛇宮」として建立された。

- 所在地　青森県平川市猿賀石林175
- アクセス　弘南鉄道弘南線津軽尾上駅から徒歩15分

岩手県 宮沢賢治ゆかりの地

鼬幣稲荷神社（いたちべいいなりじんじゃ）

天和元年（1681）、29代南部重信が神託により鼬幣野（現在地）を社地として寄進し、鎮座した。

- 所在地　岩手県花巻市石神町336
- アクセス　JR花巻駅から徒歩30分

岩手県 七不思議が伝わる

丹内山神社（たんないさんじんじゃ）

藤原清衡が、篤く信仰したといわれる神社。南部領内の総鎮守となり、現在の社殿は文化7年（1810）に再建されたもの。

- 所在地　岩手県花巻市東和町谷内2区303
- アクセス　JR釜石線土沢駅からバスで「雲南」下車、徒歩5分

第三章 北海道・東北

福泉寺（ふくせんじ）
岩手県／高さ17mの木彫りの観音像がある

大正元年（1912）、佐々木宥尊（初代住職）によって開創。新四国八十八ヶ所霊場と新西国三十三ヶ所霊場の写し霊場がある。

- 所在地　岩手県遠野市松崎町駒木7-57
- アクセス　JR釜石線遠野駅からバスで「福泉寺」下車すぐ

駒形神社（こまがたじんじゃ）
岩手県／藤原四代の崇敬が篤い神社

1500年ほど前、焼石連峰の駒ケ岳山頂に祀られ、明治36年（1903）、現在地に鎮座。分社は百社以上に及ぶ。

- 所在地　岩手県奥州市水沢中上野町1-83
- アクセス　JR東北本線水沢駅から徒歩10分

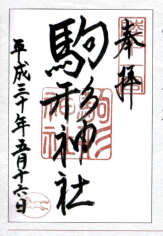

青森県／岩手県

釜石大観音（かまいしだいかんのん）
岩手県／釜石湾を一望する大観音像

昭和45年（1970）、石応禅寺・雲汀晴朗の発願により建立された。三十三観音のひとつ「魚籃観音」があり、高さは48.5m。

- 所在地　岩手県釜石市大平町3-9-1
- アクセス　JR釜石線・リアス線釜石駅からバスで「観音入口」下車、徒歩10分

志和稲荷神社（しわいなりじんじゃ）
岩手県／歴史を伝える東北屈指の古社

鎮守府将軍・源頼義を祀り、樹齢1000年の杉の古木がある。志和の「おいなりさん」として信仰されている。

- 所在地　岩手県紫波郡紫波町升沢字前平17-1
- アクセス　JR東北本線日詰駅からバスで「古稲荷前」下車すぐ

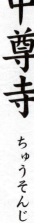

岩手県

中尊寺
ちゅうそんじ

金色堂で名高い世界遺産

天台宗大本山で、嘉祥3年(850)、比叡山延暦寺の円仁によって開創された、12世紀になると、奥州の藤原清衡によって前九年・後三年合戦で亡くなった霊を弔うために、大規模な堂塔の造営が行われた。

所在地 岩手県西磐井郡平泉町平泉衣関202
アクセス JR東北本線平泉駅からバスで「中尊寺」下車、徒歩10分

第三章 北海道・東北

岩手県
中尊寺 大日堂
だいにちどう

享和2年(1802)に再建された建物で、本尊は金剛界大日如来。前庭にある石造の宝篋印塔は文政6年(1823)に造立された。

岩手県
中尊寺 経蔵
きょうぞう

本尊・騎師文殊菩薩(重文)と紺紙金字一切経(国宝)は宝物館に移され、新たな騎師文殊菩薩が安置されている。

岩手県
中尊寺 金色堂
こんじきどう

内外に金箔が施された「皆金色」の阿弥陀堂で、天治元年(1124)に建立され、開創当初の姿を今に伝える。国宝建造物第1号。

岩手県

岩手県
中尊寺 阿弥陀堂
あみだどう

本尊は阿弥陀如来で蔵王権現、大黒天も安置している。建物は1715年に再建されたもの。1845年に奉納された和算の算額がある。

岩手県
中尊寺 弁財天堂
べんざいてんどう

本尊の弁財天十五童子は伊達家から宝永2年(1705)に寄進された。建物は享保元年(1716)に建立。千手観音菩薩二十八部衆も安置。

岩手県
中尊寺 地蔵堂
じぞうどう

本尊は地蔵菩薩で、現在の建物は明治10年(1877)に再建されたもの。地蔵堂に隣接する祠には道祖神が祀られている。

毛越寺（もうつうじ）

岩手県 中尊寺と並ぶ規模を誇った古刹

天台宗の別格本山。嘉祥3年（850）に円仁によって開創。奥州藤原氏の2代基衡、3代秀衡の時代に多くの伽藍が造営された。

- **所在地** 岩手県西磐井郡平泉町平泉字大沢58
- **アクセス** JR東北本線平泉駅から徒歩7分

盛岡八幡宮（もりおかはちまんぐう）

岩手県 12の社が鎮座する荘厳な境内

延宝8年（1680）、29代南部重信により建立された。人間生活の根源の神として、信仰されている。

- **所在地** 岩手県盛岡市八幡町13-1
- **アクセス** JR盛岡駅からバスで「八幡宮前」下車すぐ

金蛇水神社（かなへびすいじんじゃ）

宮城県 金運アップの水と蛇の神様

金蛇沢という深い谷の出口に鎮座している、水神信仰の霊場。商売繁昌、金運円満、病気平癒など広く信仰されている。

- **所在地** 宮城県岩沼市三色吉字水神7
- **アクセス** JR岩沼駅からバスで「金蛇水神社」下車、徒歩10分

竹駒神社（たけこまじんじゃ）

宮城県 年間160万人の参拝者が訪れる

承和9年（842）、陸奥国司・小野篁が東北開拓・殖産興隆を祈願して創建。境内には江戸時代後期の随身門や向唐門が並ぶ。

- **所在地** 宮城県岩沼市稲荷町1-1
- **アクセス** JR東北本線・常磐線岩沼駅から徒歩15分

第三章 北海道・東北

志波彦神社 鹽竈神社 （しわひこじんじゃ・しおがまじんじゃ）

宮城県 — 朝廷から格別の崇敬を受けた社

志波彦神社と鹽竈神社は同一の境内に鎮座。志波彦神社は1200年以上前に、陸奥国百社の名神大社として崇敬を集める。鹽竈神社は平安時代初期（820年頃）には文献に残る古社で、陸奥国一宮とされた。製塩方法を伝え、潮流を司る鹽土老翁神を祀る。

所在地 宮城県塩竈市一森山1-1
アクセス JR仙石線・本塩釜駅から徒歩15分

岩手県／宮城県

円通院 （えんつういん）

宮城県 — 伊達政宗の孫・光宗の菩提寺

正保4年（1647）に開創され、国の重要文化財三慧殿は、3世紀半もの間、秘蔵とされた。三陸三十三観音霊場第一番札所。

所在地 宮城県松島町松島字町内67
アクセス JR仙石線松島海岸駅から徒歩5分

御釜神社 （おかまじんじゃ）

宮城県 — 不思議な現象を持つ日本三奇

鹽竈神社の境外末社であり、その名の由来となった塩釜（四口の神釜）を奉安。祭神は鹽土老翁神。

所在地 宮城県塩竈市本町6-1
アクセス JR仙石線本塩釜駅から徒歩5分

黄金山神社
こがねやまじんじゃ

宮城県 国内最古の黄金の神様

約1250年前に創建。日本最古の黄金の神、生産の神として全国から崇敬されている。「3年続けてお詣りすれば一生お金に不自由しない」と伝えられ、孤島にもかかわらず参拝者が絶えない。

所在地 宮城県石巻市鮎川浜金華山5
アクセス JR石巻駅からバスで「鮎川港」下車、船で「金華山桟橋」下船、ワゴン車にて送迎

青葉神社
あおばじんじゃ

宮城県 北山丘陵の一画に鎮座

明治維新のとき、仙台藩祖・伊達政宗の遺徳を景仰する有志が請願し、祭神として祀り創建された。

所在地 宮城県仙台市青葉区青葉町7-1
アクセス JR仙山線・地下鉄南北線北仙台駅下車、徒歩8分

瑞巌寺
ずいがんじ

宮城県 伊達家が篤く信仰した禅寺

東北を代表する古刹で、天長5年(828)、53代淳和天皇の詔勅を奉じて、円仁によって開創された。

所在地 宮城県宮城郡松島町松島字町内91
アクセス JR仙石線松島海岸駅から徒歩10分

64

第三章 北海道・東北

宮城県 宮城県の英霊を祀る
宮城縣護國神社（みやぎけんごこくじんじゃ）

明治37年（1904）、仙台城（青葉城）本丸城址に招魂社として創建。明治維新から大東亜戦争までの郷土出身の英霊を祀る。

- 所在地　宮城県仙台市青葉区川内1
- アクセス　JR仙台駅からバスで「仙台城址」下車、徒歩5分

秋田県 三吉神社の総本宮
太平山三吉神社（たいへいざんみよしじんじゃ）

約1300年前の白鳳2年（673）に創建された。全国各地及びブラジル・サンパウロの三吉神社の総本宮。

- 所在地　秋田県秋田市広面字赤沼3-2
- アクセス　JR秋田駅からバスで「三吉神社入口」下車、徒歩2分

秋田県 秋田藩主によって創建
秋田県護國神社（あきたけんごこくじんじゃ）

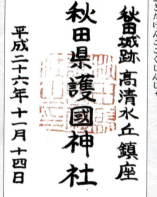

明治2年（1869）、秋田藩主・佐竹義堯が創建。戊辰戦争の戦没者や秋田出身の軍人を祀る。春は桜の名所として有名。

- 所在地　秋田県秋田市寺内大畑5-3
- アクセス　JR秋田駅からバスで「秋田城跡歴史資料館前」下車、徒歩3分

秋田県 秋田一の社格を誇る神社
古四王神社（こしおうじんじゃ）

四道将軍・大彦命が武甕槌命を祀って北門鎮護としたのがはじまりで、斉明天皇4年（658）に創建された。

- 所在地　秋田県秋田市寺内児桜1-5-55
- アクセス　JR秋田駅からバスで「寺内地域センター前」下車、徒歩2分

唐松神社（からまつじんじゃ）
秋田県　安産と子授けの神様

秋田物部氏によって天地の神々を祀り、唐松山頂に社殿を奉遷。神功皇后の腹帯を御神体としている。

- **所在地**　秋田県大仙市協和境字下台84
- **アクセス**　JR奥羽本線羽後境駅から徒歩15分

赤神神社 五社堂（あかがみじんじゃ ごしゃどう）
秋田県　多くの伝説と神話のシンボル

なまはげが積み上げたという伝説が残る999の石段の先に、社殿の五社堂が鎮座。宝永6年（1709）に造営された。

- **所在地**　秋田県男鹿市船川港本山門前字祓川35
- **アクセス**　JR男鹿線男鹿駅からバスで「門前駐車場」下車、徒歩25分

山形縣護國神社（やまがたけんごくじんじゃ）
山形県　皇族も訪れる由緒ある社

明治2年（1869）、旧薩摩藩大砲長・久永竜助などの国事殉難の士の慰霊のために創建。初詣の参拝者数が例年約10万人。

- **所在地**　山形県山形市薬師町2-8-75
- **アクセス**　JR山形駅からバスで「千歳公園待合所」下車すぐ

寒河江八幡宮（さがえはちまんぐう）
山形県　子宝・子授けの御神徳の宿り木

寒河江荘の総鎮守。建久2年（1191）、大江親広が鎌倉鶴ヶ岡八幡宮の分霊を勧請し、大江氏（寒河江氏）の産土神とした。

- **所在地**　山形県寒河江市八幡町5-70
- **アクセス**　JR左沢線西寒河江駅から徒歩10分

第三章 北海道・東北

立石寺 (りっしゃくじ)【山形県】
「閑さや 岩にしみ入る 蝉の声」の舞台

貞観2年(860)に開創され、「山寺」の名で知られる。元禄2年(1689)には松尾芭蕉が訪れた。境内には30余りの堂塔が残る。

所在地 山形県山形市山寺4456-1
アクセス JR仙石線山寺駅から徒歩10分

立石寺 性相院 (しょうそういん)【山形県】
運慶作の毘沙門天像

本尊は、円仁作と伝えられる阿弥陀如来で、運慶作の毘沙門天を安置している。山上にあった十二支院のひとつ。

谷地八幡宮 (やちはちまんぐう)【山形県】
国の重要文化財「林家舞楽」を保存

寛治5年(1091)、鎮守府将軍・源義家が創建した大社。林家に伝わる舞楽は国の重要無形民俗文化財に指定。

所在地 山形県西村山郡河北町谷地224
アクセス JR左沢線寒河江駅からバスで「谷地」下車すぐ

鮎貝八幡宮 (あゆかいはちまんぐう)【山形県】
神仏習合の名残がある境内

康平2年(1059)、源義家により創建されたと伝えられる。江戸時代には、領主・上杉景勝が米沢藩の祈願所とした。

所在地 山形県西置賜郡白鷹町鮎貝3303-1
アクセス 山形鉄道フラワー長井線四季の郷駅から徒歩10分

秋田県／山形県

出羽三山神社 三神合祭殿
でわさんざんじんじゃ さんじんごうさいでん

山形県 人々に愛されてきた山岳信仰

卯歳御縁年

出羽三山は、羽黒山、月山、湯殿山の総称で、修験道の聖地として知られる。三神合祭殿は三神を合祭した社殿で、文政元年(1818)に再建されたもの。中央に月山神社、右に出羽神社、左に湯殿山神社の祭神を祀る。

| 所在地 | 山形県鶴岡市羽黒町手向字手向7 |
| アクセス | JR羽越本線鶴岡駅からバスで「羽黒山頂」下車、徒歩20分 |

羽黒山荒澤寺正善院
はぐろさんこうたくじしょうぜんいん

山形県 金色に映える三十三体の観音像

東北の霊場・羽黒三山のひとつ・羽黒山の古刹で、羽黒山頂の大金堂(羽黒山三神合祭殿)に対し、小金堂と呼ばれた。

| 所在地 | 山形県鶴岡市羽黒町手向字手向232 |
| アクセス | JR羽越本線鶴岡駅からバスで「黄金堂」下車すぐ |

熊野大社
くまのたいしゃ

山形県 山形県最古の茅葺建築の拝殿

大同元年(806)、平城天皇の勅命により再建。日本三熊野のひとつであり、東北の伊勢とも呼ばれる。

| 所在地 | 山形県南陽市宮内3707-1 |
| アクセス | 山形鉄道フラワー長井線宮内駅から徒歩15分 |

第三章 北海道・東北

上杉神社（うえすぎじんじゃ）
山形県　上杉謙信を祀る

明治9年（1876）、上杉謙信を祀り、米沢城本丸跡に建立。現在の社殿は、米沢出身の神社建築の第一人者・伊東忠太の設計。

- 所在地　山形県米沢市丸の内1-4-13
- アクセス　JR米沢駅からバスで「上杉神社前」下車、徒歩5分

霊山神社（りょうぜんじんじゃ）
福島県　北畠家ゆかりの社

文化14年（1817）に松平定信が霊山碑を建て、明治14年（1881）に創建された。北畠親房・顕家・顕信・守親を祀っている。

- 所在地　福島県伊達市霊山町大石字古屋舘1
- アクセス　JR福島駅からタクシーで35分

伊佐須美神社（いさすみじんじゃ）
福島県　由緒正しい会津の総鎮守

10代崇神天皇の時代、四道将軍の大毘古命と建沼河別命親子がこの地で再会したことから「相津（会津）」の地の由来となった。二将軍がこの地でイザナギとイザナミを祀ったことから創建された。

- 所在地　福島県大沼郡会津美里町宮林甲4377
- アクセス　JR磐越西線会津若松駅からバスで「横町」下車、徒歩3分

福島県　馬場都々古別神社（ばばつつこわけじんじゃ）
森の中に佇む唐破風拝殿

福島県　八槻都々古別神社（やつきつつこわけじんじゃ）
農業の神として崇められる神社

都々古別三社の一社で、「東夷」を鎮定したヤマトタケルが、建鉾山より箭を放ち、箭の着いた場所に創建された。

所在地 福島県東白川郡棚倉町八槻字大宮224
アクセス JR水郡線近津駅から徒歩13分

都々古別三社の一社で、寛永元年(1624)に棚倉藩主・丹羽長重が棚倉城を築城するため現在の地に神社を遷座した。

所在地 福島県東白川郡棚倉町棚倉字馬場39
アクセス JR水郡線磐城棚倉駅から徒歩17分

福島県　福島縣護國神社（ふくしまけんごこくじんじゃ）
福島県の英霊を祀る

福島県　石都々古和氣神社（いわつつこわけじんじゃ）
飛鳥時代創建の古社

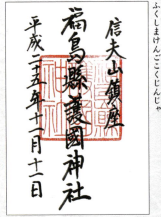

明治時代に郷土出身の戊辰戦争や西南戦争で戦死した英霊を祀り創建された。春には桜の名所として知られる。

所在地 福島県福島市駒山1
アクセス JR福島駅からバスで「福島テレビ」下車、徒歩10分

古代の祭祀場跡が残る八幡山に鎮座。延喜式内社のひとつに数えられ、都々古別三社の一社ともいわれる。

所在地 福島県石川郡石川町字下泉150
アクセス JR水郡線磐城石川駅から徒歩10分

第四章

東京都

題経寺（だいきょうじ）
東京都 寅さんゆかりの柴又帝釈天

寛永年間の1629年に開創され、日蓮が彫ったといわれる帝釈天像を本尊とする。庚申の日が縁日。

- 所在地　東京都葛飾区柴又7-10-3
- アクセス　京成電鉄金町線柴又駅から徒歩3分

亀有香取神社（かめありかとりじんじゃ）
東京都 開運厄除け・足腰健康のご神徳

香取（経津主大神）と鹿島（武甕槌大神）・息栖（岐大神）の両大神を合わせ祀り、東国三社明神のお社として信仰される。

- 所在地　東京都葛飾区亀有3-42-24
- アクセス　JR常磐線亀有駅南口から徒歩3分

法乗院（ほうじょういん）
東京都 日本最大の閻魔大王座像

寛永6年(1629)の開創で、深川えんま堂として知られる。閻魔像の高さは3.5m。「日本三大仇討ち」の曽我五郎の足跡石がある。

- 所在地　東京都江東区深川2-16-3
- アクセス　東京メトロ東西線・都営大江戸線門前仲町駅から徒歩5分

最勝寺（さいしょうじ）
東京都 江戸五色不動のひとつ、目黄不動

貞観2年(860)に円仁が開創。奉安されている不動明王像は、天平年間(729～766)に良弁が隅田川で見つけたもの。

- 所在地　東京都江戸川区平井1-25-32
- アクセス　JR総武線平井駅から徒歩20分

第四章 東京都

東京都 亀戸香取神社 勝利を導くスポーツ振興の神様

かめいどかとりじんじゃ

天智天皇4年（665）、藤原鎌足が旅の安泰を祈り、神徳を仰ぎ創建。武道修行の祖神としてアスリートから信仰される。

- 所在地　東京都江東区亀戸3-57-22
- アクセス　JR総武線亀戸駅から徒歩10分

東京都 亀戸天神社 東国天満宮、花の天神様

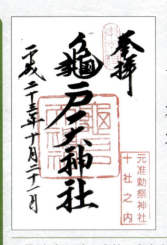

かめいどてんじんしゃ

正保3年（1646）、本社の太宰府天満宮の神官だった菅原大鳥居信祐が、神のお告げによって神像を祀ったことに始まる。

- 所在地　東京都江東区亀戸3-6-1
- アクセス　JR総武線亀戸駅から徒歩15分

東京都 深川不動堂 深川のお不動様

ふかがわふどうどう

成田山新勝寺の東京別院。元禄16年（1703）に成田山の本尊を江戸に奉持し、特別拝観したのがはじまり。

- 所在地　東京都江東区富岡1-17-13
- アクセス　東京メトロ東西線・都営大江戸線門前仲町駅から徒歩2分

東京都 富岡八幡宮 信仰を集める江戸最大の八幡様

とみおかはちまんぐう

寛永4年（1627）、永代島と呼ばれていた現在地に神託により創建。庶民の信仰は変わらず今も参拝者が絶えない。

- 所在地　東京都江東区富岡1-20-3
- アクセス　東京メトロ東西線・都営大江戸線門前仲町駅から徒歩3分

芝大神宮
しばだいじんぐう

東京都 縁結びと名高い関東のお伊勢様

伊勢神宮の祭神の二柱を主祭神として祀る。平安時代に一条天皇の時代に創建された。源頼朝から社地の寄贈を受けた。

- 所在地　東京都港区芝大門1-12-7
- アクセス　都営浅草線・大江戸線大門駅から徒歩1分

豊川稲荷東京別院
とよかわいなりとうきょうべついん

東京都 大岡越前が信仰したお稲荷さん

文政11年（1828）に大岡越前こと大岡忠相が自宅に祀ったことにはじまる。明治20年（1887）に現在地に遷座した。

- 所在地　東京都港区元赤坂1-4-7
- アクセス　東京メトロ丸ノ内線・銀座線赤坂見附駅から徒歩5分

金地院
こんちいん

東京都 東京タワーの足もとにある古刹

徳川家康の顧問・金地院崇伝によって、元和5年（1619）に江戸城北の丸に開創され、寛永16年（1639）に現在地に遷座した。

- 所在地　東京都港区芝公園3-5-4
- アクセス　都営大江戸線赤羽橋駅から徒歩10分

高野山東京別院
こうやさんとうきょうべついん

東京都 高輪結び大師として知られる

高野山真言宗総本山の金剛峯寺の東京別院。慶長年間（1596～1615）に開創され、延宝元年（1673）に建立された。

- 所在地　東京都港区高輪3-15-18
- アクセス　京急電鉄京急本線・都営浅草線泉岳寺駅から徒歩10分

第四章 東京都

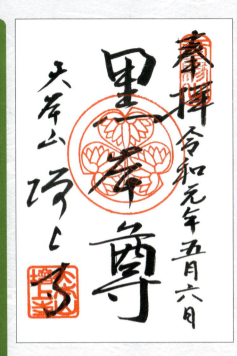

> 東京都

増上寺
ぞうじょうじ

6人の徳川将軍の霊廟がある

浄土宗の大本山で、9世紀に開創された。文明2年(1470)には勅願所になった。慶長3年(1598)、徳川家康によって現在地に遷座され、徳川家の菩提寺となり、歴代徳川将軍(2、6、7、9、12、14代)の墓所がある。

所在地	東京都港区芝公園4-7-35
アクセス	都営三田線御成門駅から徒歩3分

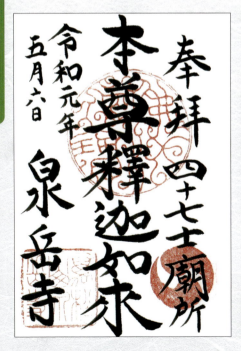

> 東京都

泉岳寺
せんがくじ

赤穂四十七義士の墓所がある

徳川家康の命によって、慶長17年(1612)に開創され、曹洞宗江戸三ヶ寺のひとつに数えられた。寛永18年(1641)の寛永の大火によって現在地に遷座され、赤穂藩主・浅野家の菩提寺となり、赤穂義士の墓所がある。

所在地	東京都港区高輪2-11-1
アクセス	京急本線・都営浅草線泉岳寺駅から徒歩3分

東京都 烏森神社 からすもりじんじゃ
烏が多く集まって巣をかけた土地

天慶3年（940）、むかで退治で有名な鎮守府将軍・藤原秀郷が戦勝を祈願し、夢に出てきた白狐に導かれ創建された。

所在地	東京都港区新橋2-15-5
アクセス	JR・東京メトロ銀座線・都営浅草線新橋駅から徒歩2分

東京都 魚籃寺 ぎょらんじ
難病の子どもを助ける観音様

貞応元年（1652）に開創された。本尊は魚のカゴを持った魚籃観音で、5月の大施餓鬼会法要の時のみ御開帳される。

所在地	東京都港区三田4-8-34
アクセス	都営三田線・東京メトロ南北線白金高輪駅から徒歩3分

東京都 赤坂氷川神社 あかさかひかわじんじゃ
赤坂・六本木の氏神様

天暦5年（951）、豊島郡一ツ木村（人次ヶ原）に祀られた。江戸幕府の信仰は篤く8代将軍・徳川吉宗が現社殿を建立。

所在地	東京都港区赤坂6-10-12
アクセス	東京メトロ千代田線赤坂駅から徒歩8分

東京都 威徳寺 いとくじ
最澄ゆかりの赤坂不動尊

最澄が唐からの帰国の際に暴風雨にあった際に沈めた不動明王が、天安2年（858）に現れ祀られたのがはじまり。

所在地	東京都港区赤坂4-1-10
アクセス	東京メトロ丸ノ内線・銀座線赤坂見附駅から徒歩2分

第四章 東京都

東京都 明治天皇夫妻の精神を伝える
乃木神社（のぎじんじゃ）

明治天皇が崩御後、先帝に殉じて自刃を遂げた乃木希典と静子夫人の御霊を乃木邸内に祀ったことによって創建された。

| 所在地 | 東京都港区赤坂8-11-27 |
| アクセス | 東京メトロ千代田線乃木坂駅から徒歩すぐ |

東京都 加藤清正を祀る清正公堂がある
覚林寺（かくりんじ）

豊臣秀吉の朝鮮出兵の際に加藤清正に捕えられ、のちに小湊誕生寺の18世となった日延によって、寛永8年(1631)に開創。

| 所在地 | 東京都港区白金台1-1-47 |
| アクセス | 都営三田線・東京メトロ南北線白金高輪駅から徒歩5分 |

東京都 港七福神・宝船の社
十番稲荷神社（じゅうばんいなりじんじゃ）

末広神社(旧坂下町鎮座)と竹長稲荷神社(旧永坂町鎮座)を合併。江戸時代から、伝統を受け継ぐ老舗がある街を見守る。

| 所在地 | 東京都港区麻布十番1-4-6 |
| アクセス | 東京メトロ南北線麻布十番駅から徒歩すぐ |

東京都 『奥の細道』の出発点の地域
素盞雄神社（すさのおじんじゃ）

黒珍が奇岩を霊場と崇め礼拝したところ、光を放ち二柱の神が現れ神託を授けて創建された。鎮座1200年以上を迎えている。

| 所在地 | 東京都荒川区南千住6-60-1 |
| アクセス | JR・東京メトロ・つくばエクスプレス南千住駅から徒歩8分 |

東京都 荘厳寺
1561年開創の幡ヶ谷のお不動尊
しょうごんじ

永禄4年（1561）に開創。本尊は円珍作とされ、平貞盛、藤原秀郷、武田信玄などが崇敬し、延享4年（1747）に奉安された。

- 所在地　東京都渋谷区本町2-44-3
- アクセス　都営新宿線初台駅から徒歩6分

東京都 金王八幡宮
崇敬される渋谷・青山の総鎮守
こんのうはちまんぐう

73代堀河天皇の時代、寛治6年（1092）に鎮座。源義家がこの地に八幡宮を勧請。現在、境内に渋谷城砦の石が保存されている。

- 所在地　東京都渋谷区渋谷3-5-12
- アクセス　JR・東京メトロ・東急電鉄・京王井の頭線渋谷駅から徒歩5分

東京都 鳩森八幡神社
将棋の向上を目指す人々の守護神
はとのもりはちまんじんじゃ

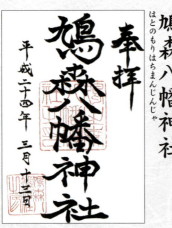

貞観2年（860）の創建。祭神は応神天皇・神功皇后。境内には東京都の有形民俗文化財指定の冨士塚がある。

- 所在地　東京都渋谷区千駄ヶ谷1-1-24
- アクセス　JR中央・総武線千駄ヶ谷駅・都営大江戸線国立競技場駅から徒歩5分

東京都 東郷神社
勝利の神様と信仰される
とうごうじんじゃ

日露戦争などで活躍した東郷平八郎の死去後、「一生を貫かれた御徳を長く後世に伝えてほしい」との国民の声から創建。

- 所在地　東京都渋谷区神宮前1-5-3
- アクセス　JR山手線原宿駅から徒歩3分

第四章 東京都

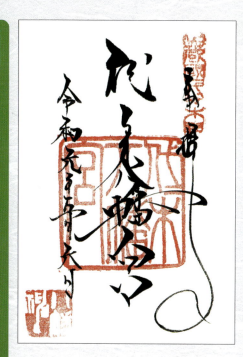

東京都
代々木八幡宮
よよぎはちまんぐう

都会の中に現る緑豊かな鎮守の社

建暦2年(1212)、源頼朝の側近の家来だった荒井外記智明(げきともあきら)は、霊夢の中で八幡大神の託宣と宝珠の鏡を感得し、鶴岡八幡宮を勧請して創建された。境内からは縄文時代の住居跡などが発見された。

所在地　東京都渋谷区代々木5-1-1
アクセス　小田急線代々木八幡駅から徒歩5分

東京都
成子天神社
なるこてんじんじゃ

静かに佇む天神様のお社

延喜3年(903)、菅原道真死去の報せを受け、家臣の佐伯と斎宮がその徳を慕い、菅公神社の神域として創建された。江戸時代には春日局によって社殿が造営された。

所在地　東京都新宿区西新宿8-14-10
アクセス　東京メトロ丸ノ内線西新宿駅から徒歩2分

東京都 放生寺
徳川家光ゆかりの寺

ほうじょうじ

寛永18年（1641）に穴八幡宮の別当寺として開創された。慶安2年（1649）、徳川家光が参詣して寺号が贈られた。

所在地 東京都新宿区西早稲田2-1-14
アクセス 東京メトロ東西線早稲田駅から徒歩2分

東京都 穴八幡宮
江戸城の北方を鎮護した古社

あなはちまんぐう

康平5年（1062）、源義家が兜と太刀を納めて創建。寛永18年（1641）、山裾から神穴が出現したため穴八幡宮と呼ばれる。

所在地 東京都新宿区西早稲田2-1-11
アクセス 東京メトロ東西線早稲田駅から徒歩5分

東京都 花園神社
日本最大の繁華街に鎮座する

はなぞのじんじゃ

徳川家康の江戸開府（1603年）以前からの鎮座で、大和国吉野山より勧請。芸能の神様として、多数の芸能人が参拝に訪れる。

所在地 東京都新宿区新宿5-17-3
アクセス 東京メトロ丸ノ内線・副都心線・都営新宿線新宿三丁目駅から徒歩すぐ

東京都 稲荷鬼王神社
日本唯一の「鬼王」を名乗る

いなりきおうじんじゃ

この地の鎮守だった稲荷神社に、天保3年（1832）、熊野の鬼王権現を合祀。豆腐断ちの祈願で病気が平癒するといわれる。

所在地 東京都新宿区歌舞伎町2-17-5
アクセス 東京メトロ副都心線・都営大江戸線東新宿駅から徒歩3分

東京都

善國寺
ぜんこくじ

神楽坂のランドマークの毘沙門天

文禄4年(1595)の開創。初代住職・日惺(にっせい)と親交があった徳川家康は、天正18年(1590)に『鎮護山・善國寺』の山・寺号額をしたためて贈った。寛政4年(1792)の火災によって現在地に遷座された。

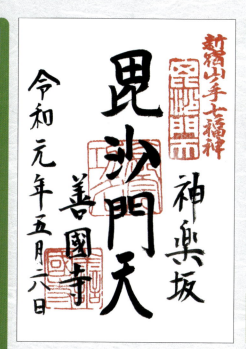

所在地	東京都新宿区神楽坂5-36
アクセス	JR・東京メトロ飯田橋駅から徒歩5分

東京都

赤城神社
あかぎじんじゃ

スタイリッシュな近代的神社

正安2年(1300)、大胡彦太郎重治が赤城神社の分霊をお祀りし創建。のちに大胡宮内少輔(牛込氏)が現在の場所に遷した。平成22年(2010)、社殿・境内が整備され現在の姿になった。

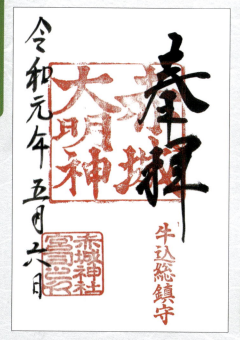

所在地	東京都新宿区赤城元町1-10
アクセス	東京メトロ東西線神楽坂駅から徒歩1分

東京都 新宿十二社熊野神社
しんじゅくじゅうにそうくまのじんじゃ
緑に囲まれた都心の神社

室町時代、鈴木九郎が、故郷の紀州・熊野三山から十二所権現を移し祀った。江戸時代には、社殿の整備や修復が行われた。

- 所在地 東京都新宿区西新宿2-11-2
- アクセス 都営大江戸線西新宿五丁目駅から徒歩4分

東京都 皆中稲荷神社
かいちゅういなりじんじゃ
百人町の由来は鉄砲組百人隊

天文2年(1533)、稲荷神を神社に奉斎。寛永年間、徳川幕府の鉄炮組百人隊の与力の夢枕に稲荷神が立ち霊符を示した。

- 所在地 東京都新宿区百人町1-11-16
- アクセス JR山手線新大久保駅から徒歩2分

東京都 鎧神社
よろいじんじゃ
人々の生活を護る伝説の社

隣接する円照寺の鬼門鎮護のため創建。ヤマトタケルや平将門がこの地に甲冑六具や鎧を埋めたとも伝えられる。

- 所在地 東京都新宿区北新宿3-16-18
- アクセス JR中央・総武線大久保駅から徒歩11分

東京都 馬橋稲荷神社
まばしいなりじんじゃ
龍神が巻きつく鳥居

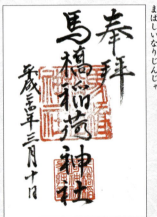

鎌倉時代末期に創建。天保3年(1832)に京都の神祇伯より正式に「正一位足穂稲荷大明神」の神号を賜る。

- 所在地 東京都杉並区阿佐ヶ谷南2-4-4
- アクセス JR中央・総武線阿佐ヶ谷駅から徒歩10分

第四章 東京都

井草八幡宮（いぐさはちまんぐう）
東京都｜源頼朝ゆかりの遅野井の地

創建当時は春日社を祀り、のちに源頼朝公が戦勝祈願をして八幡神を奉斎した。室町時代には太田道灌が戦勝祈願をした。

- 所在地　東京都杉並区善福寺1-33-1
- アクセス　JR中央・総武線・東京メトロ丸ノ内線荻窪駅からバスで「井草八幡宮」下車すぐ

阿佐ヶ谷神明宮（あさがやしんめいぐう）
東京都｜都内最大級のお伊勢さん

ヤマトタケルが東征の帰途、阿佐谷の地で休息したことから、のちに伊勢神宮の宮川の霊石を御神体として創建された。

- 所在地　東京都杉並区阿佐谷北1-25-5
- アクセス　JR中央・総武線阿佐ヶ谷駅から徒歩2分

世田谷山観音寺（せたがやさんかんのんじ）
東京都｜特攻隊を慰霊する世田谷の観音様

世田谷観音として知られ、昭和26年（1951）に建立。本尊は聖観世音菩薩。特攻隊員4615柱を慰霊する特攻観音堂がある。

- 所在地　東京都世田谷区下馬4-9-4
- アクセス　東急田園都市線・世田谷線三軒茶屋駅から徒歩15分

大宮八幡宮（おおみやはちまんぐう）
東京都｜東京のへそ・子育て厄除け八幡様

康平6年（1063）、京都の石清水八幡宮から勧請され、源頼義が創建。太古からの聖域「多摩の大宮」と称される。

- 所在地　東京都杉並区大宮2-3-1
- アクセス　京王井の頭線西永福駅から徒歩7分

教学院 きょうがくいん

東京都 江戸五色不動のひとつ、目青不動

慶長9年(1604)に江戸城内で開創され、本尊は恵心作の阿弥陀如来。現在地に遷座されたのは、明治41年(1908)のこと。

| 所在地 | 東京都世田谷区太子堂4-15-1 |
| アクセス | 東急田園都市線・世田谷線三軒茶屋駅から徒歩3分 |

松陰神社 しょういんじんじゃ

東京都 幕末の教育者が眠る地

吉田松陰の刑死後、門下生であった高杉晋作、伊藤博文らにより、この地に改葬。明治15年(1882)、墓畔に社を築かれた。

| 所在地 | 東京都世田谷区若林4-35-1 |
| アクセス | 東急世田谷線松陰神社前駅から徒歩3分 |

築土神社 つくどじんじゃ

東京都 区内最古の狛犬がお迎え

天慶3年(940)、平将門を祀り、津久戸大明神と称した。江戸明神と呼ばれ、日枝神社、神田神社とともに江戸三社のひとつ。

| 所在地 | 東京都千代田区九段北1-14-21 |
| アクセス | 東京メトロ東西線・半蔵門線・都営新宿線九段下駅から徒歩すぐ |

等々力不動尊 とどろきふどうそん

東京都 役之行者作の不動明王

平安時代末に開創され、室町時代に吉良氏の居城兎々呂城の祈願寺として現在地に遷座された。等々力不動尊として知られる。

| 所在地 | 東京都世田谷区等々力1-22-47 |
| アクセス | 東急大井町線等々力駅から徒歩5分 |

第四章 東京都

柳森神社 やなぎもりじんじゃ
東京都 鳥居におたぬき様が鎮座

太田道灌が江戸城築城の際、鬼門除けとして京都の伏見稲荷を勧請。万治2年（1659）、現在地へ遷座。

所在地 東京都千代田区神田須田町2-25-1
アクセス 都営新宿線岩本町駅から徒歩3分

靖國神社 やすくにじんじゃ
東京都 国家の守り神

明治天皇が殉職した御霊を慰め、その事績を永く後世に伝えるために創建。「祖国を平安にする」いう願いが込められている。

所在地 東京都千代田区九段北3-1-1
アクセス JR・東京メトロ・都営地下鉄飯田橋駅から徒歩10分

平河天満宮 ひらかわてんまんぐう
東京都 縁結びの梅がシンボル

江戸平河城城主・太田道灌が、菅原道真の霊夢を見たと思い、文明10年（1478）に自ら施主となり、天満宮を建立。

所在地 東京都千代田区平河町1-7-5
アクセス 東京メトロ半蔵門線半蔵門駅から徒歩3分

東京大神宮 とうきょうだいじんぐう
東京都 あらゆる縁を結ぶ神社

伊勢神宮の遥拝殿として明治13年（1880）に創建。昭和3年（1928）に現在地に遷座。縁結びの神様として人気がある。

所在地 東京都千代田区富士見2-4-1
アクセス JR・東京メトロ・都営地下鉄飯田橋駅から徒歩5分

東京都
日枝神社
ひえじんじゃ

日本の中心の皇城の鎮(しずめ)

江戸の郷の守護神として山王宮を祀り、川越山王社を勧請。神威赫赫として江戸の町の繁栄の礎を築く。徳川歴朝の産神として大いに崇敬される。万物の成長発展・産業万般の生成化育を守護する。

所在地	東京都千代田区永田町2-10-5
アクセス	東京メトロ千代田線赤坂駅から徒歩3分

東京都
神田神社
かんだじんじゃ

江戸のすべてを守護した明神様

天平2年(730)に出雲氏族で大己貴命の子孫・真神田臣によりに創建。江戸幕府が開かれると、江戸城の表鬼門守護にあたる現在の地に遷座。今なお、東京の108の町々の総氏神として、発展と創造を繰り返す都心を見守る。

所在地	東京都千代田区外神田2-16-2
アクセス	JR中央・総武線・東京メトロ丸ノ内線御茶ノ水駅から徒歩5分

第四章 東京都

小野神社（おのじんじゃ）
東京都 武蔵国の一宮

創建は3代安寧天皇の時代。武蔵国内第一の鎮守である一宮・小野大明神として崇敬を集める。

- 所在地　東京都多摩市一の宮1-18-8
- アクセス　京王線聖蹟桜ヶ丘駅から徒歩6分

真源寺（しんげんじ）
東京都 恐れ入谷の鬼子母神

万治2年(1659)に開創され、入谷鬼子母神として知られる。腫れ物に悩む大名の奥女中が願掛けをして完治したと伝わる。

- 所在地　東京都台東区下谷1-12-16
- アクセス　東京メトロ日比谷線入谷駅から徒歩1分

今戸神社（いまどじんじゃ）
東京都 2匹の大きな招き猫がお出迎え

後冷泉天皇の康平6年(1063)、京都の石清水八幡を勧請し、今戸八幡を創建。縁結びの神として信仰される。

- 所在地　東京都台東区今戸1-5-22
- アクセス　東京メトロ・東武鉄道・都営地下鉄浅草駅から徒歩15分

小野照崎神社（おのてるさきじんじゃ）
東京都 若き日の渥美清が参拝

平安初期の儒学者・歌人である小野篁を祀る。芸能・学問の神様として、仕事や学業、習い事の向上のご神徳がある。

- 所在地　東京都台東区下谷2-13-14
- アクセス　東京メトロ日比谷線入谷駅から徒歩3分

英信寺（えいしんじ）
東京都 3つの顔を持つ三面大黒天

慶長年間（1596～1615）の開創。本尊は阿弥陀如来。下谷七福神のひとつで、空海作と伝わる三面大黒天が祀られている。

- 所在地　東京都台東区下谷2-5-14
- アクセス　東京メトロ日比谷線入谷駅から徒歩3分

元三島神社（もとみしまじんじゃ）
東京都 正岡子規ゆかりの地

夢で大山祇命の神託を受け、武蔵国豊島郡上野山内に分霊を勧請・奉斎。のちに熊野神社と合祀された。

- 所在地　東京都台東区根岸1-7-11
- アクセス　JR山手線・京浜東北線鶯谷駅から徒歩1分

寛永寺（かんえいじ）
東京都 天海によって開創

天台宗別格大本山。寛永2年(1625)年、江戸城の鬼門に建立。徳川将軍家の菩提寺で、4、5、8、10、11、13代将軍の霊廟がある。

- 所在地　東京都台東区上野桜木1-14-11
- アクセス　JR山手線・京浜東北線鶯谷駅から徒歩10分

鳥越神社（とりこえじんじゃ）
東京都 鎮座1350年の白鳥飛ぶ古社

源義家が奥州征伐のときに白い鳥に導かれたという故事から「鳥越大明神」の社号が贈られた。

- 所在地　東京都台東区鳥越2-4-1
- アクセス　JR総武線浅草橋駅から徒歩8分

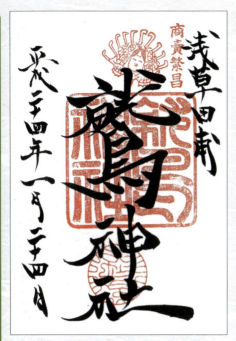

東京都

鷲神社
おおとりじんじゃ

酉の市発祥の地として有名

祭神の天日鷲命は、弦という楽器に鷲がとまるのを見て、世を明るくする瑞象を現した鳥だとして「鷲大明神」と称された。11月の酉の市発祥の神社として知られ、「おとりさま」として崇敬を集めている。

| 所在地 | 東京都台東区千束3-18-7 |
| アクセス | 東京メトロ日比谷線入谷駅から徒歩7分 |

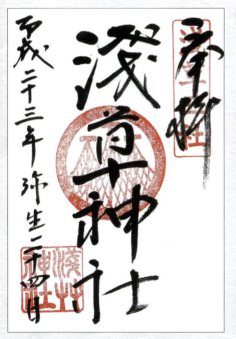

東京都

浅草神社
あさくさじんじゃ

浅草の人から親しまれる三社様

628年、隅田川で漁師の檜前浜成・竹成の兄弟が漁をしていたところ、仏像が網にかかった。土師真中知に相談したところ、聖観世音菩薩の仏像であるという。これを祀ると、大漁となったことから3人はこの仏像を奉安して三社権現社が創建した。明治時代、神仏分離で浅草神社に社名が改められた。

| 所在地 | 東京都台東区浅草2-3-1 |
| アクセス | 東京メトロ・東武鉄道・都営地下鉄浅草駅から徒歩7分 |

東京都 上野東照宮（うえのとうしょうぐう）
上野公園にある徳川家ゆかりの社

徳川将軍の初代家康・8代吉宗・15代慶喜を祀る。寛永4年（1627）に家康のブレーンだった天海によって創建された。

- 所在地　東京都台東区上野公園 9-88
- アクセス　JR上野駅から徒歩10分

東京都 浅草寺（せんそうじ）
海外旅行客にも人気の有名寺院

628年に隅田川に見つかった観音像を祀ったことを起源とする都内最古の寺院で、現在は聖観音宗の総本山となっている。

- 所在地　東京都台東区浅草2-3-1
- アクセス　東京メトロ銀座線浅草駅から徒歩5分

東京都 蛇窪神社（へびくぼじんじゃ）
人々を救った龍神様を祀る

元亨2年（1322）の大旱魃で、古池のほとりにある龍神社に雨乞いをしたところ大雨が降ったことで創建された。

- 所在地　東京都品川区二葉4-4-12
- アクセス　都営浅草線・東急大井町線中延駅から徒歩5分

東京都 中野沼袋氷川神社（なかのぬまぶくろひかわじんじゃ）
三本願い松と道灌杉の御神木

貞和2年（1346）に武蔵国一宮の氷川神社から勧請されて創建。境内には太田道灌が植えたと伝わる道灌杉などがある。

- 所在地　東京都中野区沼袋1-31-4
- アクセス　西武新宿線沼袋駅から徒歩2分／JR中央・総武線、地下鉄東西線中野駅から徒歩20分

第四章 東京都

東京都 小網神社 (こあみじんじゃ)
強運厄除の神様として信仰される

文正元年（1466）に疫病を鎮めた神として創建された。太平洋戦争では小網神社の御守を受けた兵士が全員生還したという。

- **所在地** 東京都中央区日本橋小網町16-23
- **アクセス** 東京メトロ日比谷線人形町駅から徒歩5分

東京都 愛宕神社 (あたごじんじゃ)
愛宕山にある出世の石段

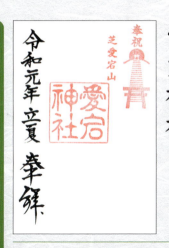

慶長8年（1603）、徳川家康が江戸開府にあたって防火の神様として創建された。石段は出世のご神徳があるといわれる。

- **所在地** 東京都港区愛宕1-5-3
- **アクセス** 日比谷線神谷町駅から徒歩5分、虎ノ門ヒルズ駅から徒歩5分

東京都 赤羽八幡神社 (あかばねはちまんじんじゃ)
台地上に創建された八幡様

延暦3年（784）に奥州を征討した坂上田村麻呂によって創建された。源氏や太田氏、徳川家などの武家から信仰された。

- **所在地** 東京都北区赤羽台4-1-6
- **アクセス** JR赤羽駅から徒歩10分

東京都 自由が丘熊野神社 (じゆうがおかくまのじんじゃ)
ハイセンスな街・自由が丘の鎮守

創建年代は不明だが、熊野信仰が盛んになった鎌倉時代に鎮座したと考えられる。境内には自由が丘の祖・栗山久次郎の銅像がある。

- **所在地** 東京都目黒区自由が丘1-24-12
- **アクセス** 東急東横線・東急大井町線自由が丘駅から徒歩3分

羽田神社 はねだじんじゃ

東京都 飛行機デザインの授与品がある

羽田の氏神として、羽田全域から現羽田空港まで広い氏子区域を有する。航空会社の信仰が篤く、安全祈願が行われる。

- **所在地** 東京都大田区本羽田3-9-12
- **アクセス** 京急空港線大鳥居駅から徒歩5分

下谷神社 したやじんじゃ

東京都 都内一最古のお稲荷さん

45代聖武天皇の時代の天平2年（730）、峡田稲置らが、大年神、ヤマトタケルの2神を上野忍ヶ丘に祀り、創建された。

- **所在地** 東京都台東区東上野3-29-8
- **アクセス** JR・東京メトロ上野駅から徒歩6分

多摩川浅間神社 たまがわせんげんじんじゃ

東京都 田園調布の氏神様

北条政子が夫の源頼朝の武運長久を富士浅間神社に祈り、持仏の観音像を祀り創建。境内から5〜6世紀の古墳が発見された。

- **所在地** 東京都大田区田園調布1-55-12
- **アクセス** 東急東横線・目黒線・多摩川線多摩川駅から徒歩2分

穴守稲荷神社 あなもりいなりじんじゃ

東京都 羽田空港の守り神

文化文政の頃、鈴木新田（現在の羽田空港内）を開墾する際に創建。金運・商売繁盛・旅行安全のご神徳がある。

- **所在地** 東京都大田区羽田5-2-7
- **アクセス** 京急空港線穴守稲荷駅から徒歩3分

第四章 東京都

東京都 日蓮宗を開いた日蓮入滅の霊跡

池上本門寺（いけがみほんもんじ）

日蓮宗大本山。弘安5年（1282）に日蓮が入滅した池上宗仲の館があった地で、池上宗仲は約7万坪の寺域を寄進し建立された。

- 所在地　東京都大田区池上1-1-1
- アクセス　東急池上線池上駅から徒歩10分

東京都 災難を除き、波を乗り切る

波除稲荷神社（なみよけいなりじんじゃ）

祭神は明暦の大火の後に4代将軍家綱による海面埋立工事を助けたと伝わる。辺境の地開拓のご神徳がある。

- 所在地　東京都中央区築地6-20-37
- アクセス　都営大江戸線築地市場駅から徒歩5分

東京都 900年前の不動明王像

薬研堀不動院（やげんぼりふどういん）

本尊は、保延3年（1137）に覚鑁作と伝えられる。明治25年（1892）、神奈川県の川崎大師の東京別院となった。

- 所在地　東京都中央区東日本橋2-6-8
- アクセス　都営浅草線東日本橋駅から徒歩3分

東京都 商業施設内に鎮座

福徳神社（ふくとくじんじゃ）

武蔵野の村落である福徳村の稲荷神社として祀られた。武将の信仰が篤く、源義家が深く崇敬。福徳の森が隣接する。

- 所在地　東京都中央区日本橋室町2-4-14
- アクセス　JR総武線新日本橋駅から徒歩すぐ

乗蓮寺 (じょうれんじ)

東京都 日本屈指の大きさの東京大仏

応永年間(1394～1427)開創で、昭和48年(1973)に現在地に遷座。昭和52年(1977)に建立された阿弥陀如来坐像は高さ13m。

- 所在地　東京都板橋区赤塚5-28-3
- アクセス　東武東上線下赤塚駅から徒歩20分

梅照院 (ばいしょういん)

東京都 新井薬師として知られる

天正14年(1586)の創建、永禄年間(1558～1570)に梅の木に薬師如来が現れたことから、薬師堂が建立された。

- 所在地　東京都中野区新井5-3-5
- アクセス　西武新宿線新井薬師前駅から徒歩6分

品川寺 (ほんせんじ)

東京都 パリ万博出品の洋行帰りの鐘がある

真言宗醍醐派別格本山。大同年間(806～810)に空海が開創。長禄年間(1457～1461)に太田道灌によって伽藍が建立。

- 所在地　東京都品川区南品川3-5-17
- アクセス　京急本線青物横丁駅から徒歩5分

居木神社 (いるぎじんじゃ)

東京都 大木「ゆるぎの松」が由来

江戸時代初期、村内に鎮座の「貴船明神」「春日明神」「子権現」「稲荷明神」の四社をあわせて祀り、「五社明神」と称される。

- 所在地　東京都品川区大崎3-8-20
- アクセス　JR山手線・りんかい線大崎駅から徒歩3分

第四章 東京都

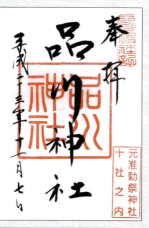

品川神社（しながわじんじゃ）
東京都 東海七福神の大黒天が鎮座

約800年前、源頼朝が安房国の洲崎明神を迎えて、海上交通安全を祈願して創建された。

- 所在地　東京都品川区北品川3-7-15
- アクセス　京急本線新馬場駅から徒歩1分

海雲寺（かいうんじ）
東京都 鎮守の千躰三宝大荒神王を祀る

建長3年（1251）に開創、慶長元年（1596）に曹洞宗に改められた。明和7年（1770）、鍋島家の千躰三宝荒神が勧請された。

- 所在地　東京都品川区南品川3-5-21
- アクセス　京急本線青物横丁駅から徒歩4分

護国寺（ごこくじ）
東京都 将軍家綱ゆかりの古刹

真言宗豊山派大本山。天和元年（1681）、5代将軍・徳川綱吉の母・桂昌院の発願により開創された。

- 所在地　東京都文京区大塚5-40-1
- アクセス　東京メトロ有楽町線護国寺駅から徒歩すぐ

根津神社（ねづじんじゃ）
東京都 1900年前からある神威高い名社

ヤマトタケルが創祀し、文明年間（1469〜1487）には太田道灌が、江戸時代には5代将軍・徳川綱吉が、社殿を奉建した。

- 所在地　東京都文京区根津1-28-9
- アクセス　東京メトロ南北線東大前駅から徒歩5分

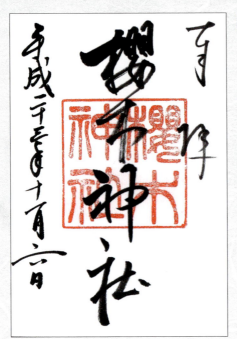

東京都

櫻木神社
さくらぎじんじゃ

菅原道真がご祭神の合格祈願所

文明年間(1469〜1487)、京都北野天満宮より江戸城内に勧請し創建された。現在地に遷座されたのは、元禄4年(1691)のこと。祭神の菅原道真の神徳や「サクラサク」に通じる社名にあやかって、受験生が多く訪れる。

所在地	東京都文京区本郷4-3-1
アクセス	東京メトロ丸ノ内線・都営大江戸線本郷三丁目駅から徒歩2分

東京都

湯島天満宮
ゆしまてんまんぐう

学問の神様として古くから有名

21代雄略天皇の時代の458年、天之手力雄命を奉斎し創建。徳川家康公からの崇敬は篤く、豊島郡湯島郷に朱印地を寄進した。著名な学者・文人の参拝が絶えることなく続き、5代将軍・徳川綱吉が文教の中心として湯島天満宮を崇敬。

所在地	東京都文京区湯島3-30-1
アクセス	東京メトロ千代田線湯島駅から徒歩2分

第四章 東京都

白山神社 はくさんじんじゃ
東京都／都心の新名所・あじさい神社

天暦2年(948)、加賀一宮白山神社を本郷元町に奉勧請。徳川綱吉と桂昌院の信仰を受け、小石川の鎮守になった。

所在地　東京都文京区白山5-31-26
アクセス　都営三田線白山駅から徒歩2分

南谷寺 なんこくじ
東京都／江戸五色不動のひとつ、目赤不動

元和年間(1615〜1624)に不動明王を信奉する万行が三重県の赤目山で不動明王を授かり開創された。

所在地　東京都文京区本駒込1-20-20
アクセス　東京メトロ南北線本駒込駅から徒歩4分

金乗院 こんじょういん
東京都／江戸五色不動のひとつ、目白不動

天正年間(1573〜1592)に永順が聖観世音菩薩を勧請して開創された。戦中に焼失した目白不動堂を合寺した。

所在地　東京都豊島区高田2-12-39
アクセス　都電荒川線学習院下駅から徒歩3分

鬼子母神堂 きしもじんどう
東京都／安産・子育の神様として信仰が篤い

永禄4年(1561)、文京区目白台から掘り出された鬼子母神を本尊に開創された。天正6年(1578)に現在地にお堂が建立された。

所在地　東京都豊島区雑司ヶ谷3-15-20
アクセス　東京メトロ副都心線雑司が谷駅から徒歩5分

東京都 高岩寺（こうがんじ）
巣鴨のとげぬき地蔵として有名

慶長元年（1596）に開創され、約60年後に下谷に移り、現在地には、明治24年（1891）に遷座した。とげぬき地蔵が有名。

所在地	東京都豊島区巣鴨3-35-2
アクセス	JR山手線・都営三田線巣鴨駅から徒歩5分

東京都 王子神社（おうじじんじゃ）
東京の北方守護として鎮座

5柱の御祭神を総称して王子大神と呼び、地名の由来になった。領主・豊島氏が紀州熊野三社より王子大神を勧請して合祀。

所在地	東京都北区王子本町1-1-12
アクセス	JR京浜東北線・東京メトロ南北線王子駅から徒歩3分

東京都 十条冨士神社（じゅうじょうふじじんじゃ）
富士山を模した塚を有する

元和元年（1615）、古来この地にあった古墳に創建された。都内七冨士巡りのひとつの十条冨士として知られる。

所在地	東京都北区中十条2-14
アクセス	JR京浜東北線東十条駅から徒歩5分

東京都 三宝寺（さんぽうじ）
石神井公園の近くにある古刹

応永元年（1394）に開創され、文明9年（1477）に太田道灌によって現在地に遷座。長屋門はもともと勝海舟邸にあった門。

所在地	東京都練馬区石神井台1-15-6
アクセス	西武池袋線石神井公園駅から徒歩18分

第四章 東京都

隅田川神社 (すみだがわじんじゃ)
東京都　水神様を祀る水神宮

源頼朝が関東下向のときに、暴風雨に遭ったため祈願したと伝えられる。墨田の鎮守として信仰される。

- 所在地　東京都墨田区堤通2-17-1
- アクセス　東武伊勢崎線鐘ヶ淵駅から徒歩10分

牛嶋神社 (うしじまじんじゃ)
東京都　狛牛が鎮座するユニークな社

貞観2年(860)、円仁が神託により創建。5年に一度の神幸祭は、今日では珍しく黒雄和牛が神牛となり鳳輦を曳いている。

- 所在地　東京都墨田区向島1-4-5
- アクセス　都営浅草線本所吾妻橋駅から徒歩15分

祐天寺 (ゆうてんじ)
東京都　祐天の遺命から開創

享保3年(1718)、増上寺住職・祐天の遺命を受けた弟子の祐海が建立。明治31年(1898)、将軍家の御霊殿を移した。

- 所在地　東京都目黒区中目黒5-24-53
- アクセス　東急東横線祐天寺駅から徒歩8分

瀧泉寺 (りゅうせんじ)
東京都　江戸五色不動のひとつ、目黒不動

大同3年(808)、円仁が霊夢を見て彫ったのが本尊の目黒不動明王と伝えられる。日本最古の縄文時代の土板が発見された。

- 所在地　東京都目黒区下目黒3-20-26
- アクセス　東急目黒線不動前駅から徒歩15分

東京都

深大寺
じんだいじ

奈良時代開創の東日本屈指の古刹

貞観年間（859〜877）、蔵宗が反乱を起こし、勅命をうけた比叡山の恵亮が降伏を祈念して平定したことから56代清和天皇から寺が贈られた。正暦2年（991）、比叡山から元三大師自刻像が移された。

所在地	東京都調布市深大寺元町5-15-1
アクセス	JR中央線三鷹駅からバスで「深大寺」下車、徒歩3分

東京都

大國魂神社
おおくにたまじんじゃ

1900年鎮座の武蔵國の守り神

12代景行天皇の時代に神託によって創建。祭神は、大國魂大神で武蔵の国魂の神様とされる。中古以降、武蔵の総社となる。5月に行われるくらやみ祭りはかつては深夜に行われていた古祭。

所在地	東京都府中市宮町3-1
アクセス	京王線府中駅から徒歩5分

第四章 東京都

布多天神社（ふだてんじんじゃ）
東京都　多摩地方有数の古社

11代垂仁天皇の時代に創建。少名毘古那神と菅原道真を祀る。江戸時代に甲州街道が作られ布田五宿と呼ばれた。

- 所在地　東京都調布市調布ヶ丘1-8-1
- アクセス　京王線・相模線調布駅から徒歩5分

阿豆佐味天神社（あずさみてんじんじゃ）
東京都　安産・子授けの守り神

砂川の新田開発のときに村の鎮守の神として、寛永6年(1629)に創建。知恵や芸術の力をもつ少彦名命、天児屋根命を祀る。

- 所在地　東京都立川市砂川町4-1-1
- アクセス　JR立川駅からバスで「砂川四番」下車、徒歩3分

大盛寺（たいせいじ）
東京都　井の頭弁才天として知られる

井の頭公園の弁天堂の本坊で、開創年代は定かではない。井之頭の池は神田川の水源で、江戸時代から信仰された。

- 所在地　東京都三鷹市井の頭4-26-1
- アクセス　JR中央線・京王井の頭線吉祥寺駅から徒歩10分

塩船観音寺（しおふねかんのんじ）
東京都　永遠の命を得た八百比丘尼が開祖

大化年間(645～650)に八百比丘尼によって開創され、貞観年間(859～877)には安然によって12の坊舎が建立された。

- 所在地　東京都青梅市塩船194
- アクセス　JR青梅線河辺駅からバスで「塩船観音入口」下車、徒歩10分

東京都

金剛寺
こんごうじ

高幡不動として知られる

真言宗智山派別格本山で、関東三大不動のひとつ。大宝年間（701〜704）に清和天皇の勅願によって開創された。新選組の土方歳三の菩提寺で、土方歳三の位牌や新選組隊士慰霊の大位牌のほか、新撰組の資料がある。

所在地	東京都日野市高幡699
アクセス	京王線・動物園線高幡不動駅から徒歩5分

東京都

高尾山薬王院
たかおさんやくおういん

**ミシュランが認めた
観光地の古刹**

真言宗智山派の大本山。天平16年（744）に、45代聖武天皇の勅令により東国鎮守の祈願寺として開創された。高尾山は天狗信仰の霊山としても知られ、ミシュランの日本版旅行ガイドブックで三つ星の観光地となっている。

所在地	東京都八王子市高尾町2177
アクセス	京王高尾線高尾山口駅からケーブルカー清滝駅まで徒歩5分 ケーブルカーで「高尾山駅」下車、徒歩20分

第五章

関東

茨城県

筑波山神社
つくばさんじんじゃ

3000年の歴史を有する古社

10代崇神天皇の時代に、東の霊峰・筑波山を御神体として創建された。筑波山は二峰あることからイザナギとイザナミが祀られた。境内は中腹の拝殿から山頂を含む約370万㎡。

所在地	茨城県つくば市筑波1
アクセス	つくばエクスプレスつくば駅から筑波山シャトルバスで40分

茨城県

筑波山神社 女体山
にょたいさん

神々の母神であるイザナミを祀る

イザナギの妻であるイザナミを祀る女体山御本殿がある。標高は877m。男体山と女体山の間には山頂連絡路がある。

茨城県

筑波山神社 男体山
なんたいさん

神々の父神であるイザナギを祀る

筑波山は男体山と女体山の2つの峰があり、男体山にはイザナギを祀る男体山御本殿がある。標高871m。

第五章 関東

鹿島神宮（かしまじんぐう）
茨城県　由緒ある東国随一の古社

初代神武天皇の東征の危機を救った霊剣を、東征後に祀ったのがはじまり。国の守護神として信仰される。

- 所在地　茨城県鹿嶋市宮中2306-1
- アクセス　JR鹿島線・鹿島臨海鉄道鹿島神宮駅からタクシーで15分

酒列磯前神社（さかつらいそさきじんじゃ）
茨城県　宝くじが当たる有名な神社

斉衡3年（856）、7kmほど離れた大洗磯前神社とともに創建。参道や境内は常緑広葉樹で自然が広がる。

- 所在地　茨城県ひたちなか市磯崎町4607-2
- アクセス　ひたちなか海浜鉄道湊線磯崎駅から徒歩10分

大杉神社（おおすぎじんじゃ）
茨城県　日本唯一の夢むすび大明神

約670社ある大杉神社の総本宮。「あんばさま」と称され、豪華な社殿群は「茨城の日光東照宮」と称される。

- 所在地　茨城県稲敷市阿波958
- アクセス　JR成田線神崎駅から直通バス運行（土日のみ）

笠間稲荷神社（かさまいなりじんじゃ）
茨城県　清々しいエネルギーが集まる地

白雉2年（651）に創建。江戸時代には歴代藩主の篤い尊崇を受け、日本三大稲荷のひとつとして広く人々に親しまれる。

- 所在地　茨城県笠間市笠間1
- アクセス　JR水戸線笠間駅から徒歩20分

茨城県 牛久大仏（うしくだいぶつ）
ギネスにも認定された巨大大仏

全高120mあり、1995年には世界一高い青銅製大仏としてギネスブック認定された。展望台や写経体験ができる施設もある。

- 所在地　茨城県牛久市久野町2083
- アクセス　JR常磐線牛久駅からバスで「牛久大仏」下車、徒歩6分

茨城県 正福寺（しょうふくじ）
1300年を超える坂東の古刹

白雉2年（651）に開創され、佐伯観音として知られる。本尊は千手千眼十一面観世音菩薩。坂東三十三観音霊場のひとつ。

- 所在地　茨城県笠間市笠間1056-1
- アクセス　JR水戸線笠間駅からバスで「日動美術館」下車、徒歩5分

茨城県 茨城縣護國神社（いばらきけんごこくじんじゃ）
茨城県の英霊を祀る

昭和16年（1941）、水戸桜山の現在地に創建。幕末から第二次世界大戦までの茨城県出身の戦没者の英霊を祀る。

- 所在地　茨城県水戸市見川1-2-1
- アクセス　JR水戸駅からバスで「桜山」下車、徒歩4分

茨城県 水戸東照宮（みととうしょうぐう）
地元での愛称は「権現さん」

元和7年（1621）、水戸藩初代藩主・徳川頼房公が徳川家康公を祀る神社として創建した。戦災で社殿は焼失し、1962年に再建。

- 所在地　茨城県水戸市宮町2-5-13
- アクセス　JR水戸駅北口から徒歩10分

第五章 関東

大洗磯前神社（おおあらいいそさきじんじゃ）
茨城県 圧巻の関東一の大鳥居

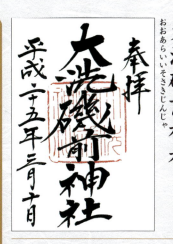

斉衡3年（856）、この地に大己貴命・少彦名命が降臨して創建された。社殿は水戸藩主・徳川光圀によって再建された。

- 所在地　茨城県東茨城郡大洗町磯浜町6890
- アクセス　鹿島臨海鉄道大洗鹿島線大洗駅からバスで「大洗磯前神社下」下車すぐ

常磐神社（ときわじんじゃ）
茨城県 水戸黄門ゆかりの地

明治時代はじめ、徳川光圀・斉昭の徳を慕う多くの人々によって偕楽園内に創建。陣太鼓が展示された義烈館がある。

- 所在地　茨城県水戸市常磐町1-3-1
- アクセス　JR水戸駅からバスで「偕楽園・常磐神社前」下車、徒歩6分

八坂神社（やさかじんじゃ）
茨城県 社殿の見事な透かし彫りが目をひく

寛永3年（1626）の創建。本殿と拝殿に施された透かし彫りは、「天の岩戸」「日本武尊」「神功皇宮」の神話が描かれている。

- 所在地　茨城県取手市東1-2-9
- アクセス　JR常磐線取手駅から徒歩12分

御岩神社（おいわじんじゃ）
茨城県 「かびれ山」と称される御岩山の古社

御岩山は『常陸国風土記』にも記された古代からの聖地で、20柱の神々と御岩山の総祭神188柱を祀る。

- 所在地　茨城県日立市入四間町752
- アクセス　JR日立駅からタクシーで20分

惣宗寺
そうしゅうじ

栃木県 関東の三大師・佐野厄除け大師

息栖神社
いきすじんじゃ

茨城県 東国三社に数えられる古社

天慶7年(944)に宥尊によって開創され、慶長7年(1602)に現在地に移された。佐野厄除け大師として知られる。

- 所在地　栃木県佐野市春日岡山2233
- アクセス　東武佐野線佐野市駅から徒歩10分

15代応神天皇の時代の創建と伝えられ、大同2年(807)に藤原内麻呂によって現在の場所に遷座したと伝えられる。

- 所在地　茨城県神栖市息栖2882
- アクセス　JR総武線小見川駅下車、タクシーで10分

間々田八幡宮
ままだはちまんぐう

栃木県 日光街道の宿場・間々田宿の鎮守

宇都宮二荒山神社
うつのみやふたあらやまじんじゃ

栃木県 宇都宮の街中にある神社

天平年間(729〜749)の創建と伝えられ、関東で乱を起こした平将門を討った藤原秀郷が戦勝を祈願したと伝えられる。

- 所在地　栃木県小山市間々田2330
- アクセス　JR宇都宮線間々田駅からタクシーで5分

社伝によると16代仁徳天皇の時代に、下毛野国の国造・奈良別王が祖神を祀った。承和5年(838)に現在地に移された。

- 所在地　栃木県宇都宮市馬場通り1-1-1
- アクセス　JR宇都宮駅からバスで「馬場町(二荒山神社前)」下車、徒歩2分

第五章 関東

栃木県 学問の神様を祀る佐野の鎮守
朝日森天満宮（あさひもりてんまんぐう）

栃木県 日本一の大フクロウ像が出迎える
鷲子山上神社（とりのこさんしょうじんじゃ）

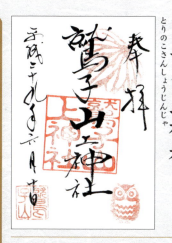

大同2年（807）に鷲子山に創建された。祭神の使いであるフクロウは「不苦労」に通じることから境内にはフクロウ像が多くある。

- 所在地　栃木県那須郡那珂川町矢又1948
- アクセス　JR烏山線烏山駅からタクシーで20分

無実の罪に問われた足利家綱が大宰府天満宮で祈願し冤罪が晴れたため創建された。慶長7年（1602）に現在地に遷座された。

- 所在地　栃木県佐野市天神町807
- アクセス　JR両毛線佐野駅から徒歩15分

茨城県／栃木県

栃木県 天狗信仰が伝わる「天狗の社」
古峯神社（ふるみねじんじゃ）

鎮座地は古峯ヶ原と呼ばれ、日光を開山した勝道が修行した聖地で、日光の26院80坊の僧たちが参拝した。

- 所在地　栃木県鹿沼市草久3027
- アクセス　JR日光線鹿沼駅からバスで「古峯神社」下車

大前神社 （おおさきじんじゃ）

栃木県 — 北関東の装飾建築の先駆け

武将・平将門が戦の勝利を祈願したと伝えられる。極彩色の本殿は安土桃山時代末期の様式である。

- **所在地** 栃木県真岡市東郷937
- **アクセス** JR宇都宮駅からバスで「大前神社前」下車、徒歩6分

唐澤山神社 （からさわやまじんじゃ）

栃木県 — 人気映画のロケ地にもなった

明治16年（1883）、唐澤山山頂にある唐澤山城本丸跡に創建。藤原秀郷を祀った神社で、唐澤山一帯を守護する。

- **所在地** 栃木県佐野市富士町1409
- **アクセス** 東武佐野線田沼駅からタクシーで10分

白鷺神社 （しらさぎじんじゃ）

栃木県 — 優雅で荘厳な白鷺の神域

疫病が大流行した延暦2年（783）、ヤマトタケルの神託により、国守・平松下野守が疫病退散の祈願のために一祠を建立。境内には、鎮座1220年を記念して造られた長さ12m以上の「平和の剣」がある。

- **所在地** 栃木県河内郡上三川町しらさぎ1-41-6
- **アクセス** JR宇都宮線石橋駅からバスで「峰町」下車、徒歩12分

第五章 関東

栃木県 関東屈指の霊場・日光の古刹
輪王寺（りんのうじ）

日光山は、天平神護2年（766）に勝道により開山。江戸時代になると天海が住職となり、天皇家から「輪王寺」の名称が勅許された。

所在地 栃木県日光市山内2300
アクセス JR日光線日光駅・東武日光線東武日光駅からバスで「神橋」下車、徒歩5分

栃木県 圧巻の豪華絢爛な美しさ
日光東照宮（にっこうとうしょうぐう）

境内には国宝8棟、重要文化財34棟を含む55棟の建造物が並び、その豪華絢爛な美しさは圧巻。

所在地 栃木県日光市山内2301
アクセス JR日光線日光駅・東武日光線東武日光駅からバスで「神橋」下車、徒歩8分

栃木県 広大な神域を持つ
日光二荒山神社（にっこうふたらさんじんじゃ）

日光の鎮守であり、男体山をご神体とする。社殿は、元和5年（1619）、2代将軍・徳川秀忠によって造営された。

所在地 栃木県日光市山内2307
アクセス JR日光線日光駅・東武日光線東武日光駅からバスで「大献院二荒山神社前」下車すぐ

栃木県 男女のご縁を結ぶ神社
足利織姫神社（あしかがおりひめじんじゃ）

足利産業の守護神であり、機織りの神を祀る。朱塗りが鮮やかな織姫神社は、恋人の聖地としても人気。

所在地 栃木県足利市西宮町3889
アクセス JR両毛線足利駅・東部伊勢崎線足利市駅から徒歩30分

栃木県 陶器の街・益子の観音様

西明寺（さいみょうじ）

天平9年（737）、行基によって開創された。坂東三十三観音霊場のひとつ。閻魔堂には「笑い閻魔」が奉安されている。

所在地 栃木県芳賀郡益子町益子4469
アクセス 真岡鐵道真岡線益子駅からタクシーで10分

群馬県 分福茶釜の釜が残る

茂林寺（もりんじ）

室町時代の開創で分福茶釜ゆかりの寺。境内には信楽焼のたぬき像が多くあり、たぬきにまつわる行事が多く行われている。

所在地 群馬県館林市堀工町1570
アクセス 東武伊勢崎線茂林寺前駅から徒歩7分

群馬県 高崎白衣大観音として知られる

慈眼院（じげんいん）

もとは高野山金剛峯寺の塔頭寺院のひとつで、昭和16年（1941）に移転された。観音像は全高42mで昭和11年（1936）に建立。

所在地 群馬県高崎市石原町2710-1
アクセス JR高崎駅からバスで「観音山頂」下車、徒歩10分

群馬県 群馬県の英霊を祀る

群馬縣護國神社（ぐんまけんごこくじんじゃ）

明治42年（1909）、群馬県招魂会が結成され、戦死した英霊を奉斎するため高崎公園内に英霊殿が建立されたのがはじまり。

所在地 群馬県高崎市乗附町2000
アクセス JR高崎駅からタクシーで8分

第五章 関東

群馬県 高崎のだるま市で有名
達磨寺 だるまじ

延宝年間（1673〜1681）の開創と伝えられる黄檗宗の寺院。200年以上の歴史がある高崎名物の縁起だるまで知られる。

- 所在地　群馬県高崎市鼻高町296
- アクセス　JR高崎駅からバスで「少林山入口」下車、徒歩4分

群馬県 伊香保姫のご持仏が本尊
水澤寺 みずさわでら

温泉地・伊香保にある古刹で、推古天皇・持統天皇の勅願によって開創された。坂東三十三観音霊場のひとつ。

- 所在地　群馬県渋川市伊香保町水沢214
- アクセス　JR上越線・吾妻線渋川駅からバスで「水沢観音」下車すぐ

群馬県 日本三大温泉薬師のひとつ
光泉寺 こうせんじ

養老5年（721）、行基によって開基され、正治2年（1200）に草津領主の湯本氏が再建されたと伝えられる。

- 所在地　群馬県吾妻郡草津町草津甲446
- アクセス　JR吾妻線長野原草津口駅からバスで「草津温泉バスターミナル」下車、徒歩1分

群馬県 養蚕産業の守護神が鎮座
一之宮貫前神社 いちのみやぬきさきじんじゃ

531年に創建され、武神の経津主神と農耕と機織の神の姫大神を祀る。社殿は参道を下りた低地にある珍しい形態。

- 所在地　群馬県富岡市一ノ宮1535
- アクセス　上信電鉄上信線上州一ノ宮駅から徒歩15分

群馬県 伊香保神社 （いかほじんじゃ）
伊香保の石段街を見下ろす

承和6年（839）の記録に残る古社で、伊香保温泉の鎮守として信仰され、温泉街の365段の石段の上に鎮座している。

- 所在地　群馬県渋川市伊香保町伊香保2
- アクセス　JR吾妻線渋川駅からバスで「伊香保温泉」下車、徒歩8分

群馬県 於菊稲荷神社 （おきくいなりじんじゃ）
人々に慕われた於菊伝承

創建年代は不明だが、天正10年（1582）の神流川合戦の後に北条氏が再建。江戸時代に於菊の夢枕に稲荷神が現れたと伝えられる。

- 所在地　群馬県高崎市新町247
- アクセス　JR高崎線新町駅から徒歩8分

群馬県 世良田東照宮 （せらだとうしょうぐう）
徳川氏発祥の地の東照宮

徳川家康の祖先である新田氏の所領地に創建。江戸時代には「お江戸見たけりゃ世良田へござれ」といわれた。

- 所在地　群馬県太田市世良田町3119-1
- アクセス　東武伊勢崎線世良田駅から徒歩20分

群馬県 伊勢崎神社 （いせさきじんじゃ）
戦時中奉納の巨大プロペラが出迎え

建保元年（1213）に三浦義澄によって創建。嘉永元年（1848）に造営された社殿には精緻な彫刻が施されている。

- 所在地　群馬県伊勢崎市本町21-1
- アクセス　JR両毛線・東武伊勢崎線伊勢崎駅から徒歩10分

第五章 関東

埼玉県 調神社（つきじんじゃ）
狛兎がある神社

『調宮縁起』によると、10代崇神天皇の勅命により創建。江戸時代には月読社とも呼ばれ、月と兎にゆかりがある。

- **所在地** 埼玉県さいたま市浦和区岸町3-17-25
- **アクセス** JR浦和駅から徒歩10分

埼玉県 元郷氷川神社（もとごうひかわじんじゃ）
子宝の御神徳がある「しあわせの宮」

室町時代後期にこの地を治めていた平柳蔵人が武蔵國一宮氷川神社を勧請して創建。父娘神を祀り安産の神様として信仰される。

- **所在地** 埼玉県川口市元郷1-30-2
- **アクセス** JR京浜東北線川口駅からバスで「元郷1丁目」下車すぐ

埼玉県 前川神社（まえかわじんじゃ）
勢貴大明神と称される三柱の女神

創建年代には不明だが、永正9年（1512）に記録がある。荒川の水難守護のために創建され、三柱の女神を祀っている。

- **所在地** 埼玉県川口市前川3-49-1
- **アクセス** JR京浜東北線蕨駅からバスで「前川」下車、徒歩5分

埼玉県 妻沼聖天山（めぬましょうでんざん）
日本三大聖天のひとつ

治承3年（1179）に大聖歓喜天を祀ったのにはじまり、建久8年（1197）に別当坊の歓喜院が開創された。

- **所在地** 埼玉県熊谷市妻沼1511
- **アクセス** JR高崎線熊谷駅・秩父鉄道秩父駅からバスで「妻沼聖天前」下車、徒歩1分

群馬県／埼玉県

久伊豆神社（ひさいづじんじゃ）

埼玉県 クイズカをもたらす岩槻の総鎮守

約1500年前、出雲族が祖神の大巳貴命を勧請したのがはじまり。「平成の大造営」を行い、社殿が新しくなった。

所在地 埼玉県さいたま市岩槻区宮町2-6-55
アクセス 東武アーバンパークライン岩槻駅から徒歩15分

慈恩寺（じおんじ）

埼玉県 三蔵法師の遺骨を安置する

天長元年(824)に開創。昭和17年(1942)に中国で発見された三蔵法師の遺骨を奉安している。坂東三十三観音霊場のひとつ。

所在地 埼玉県さいたま市岩槻区慈恩寺139
アクセス 東武アーバンパークライン豊春駅から徒歩25分

氷川神社（ひかわじんじゃ）

埼玉県 地名にも由来の「大いなる宮居」

関東最古の神社のひとつで、日本有数の古社。約1200年前の聖武天皇の御代には武蔵一宮と定められ関東一円の信仰を集める。

所在地 埼玉県さいたま市大宮区高鼻町1-407
アクセス JR大宮駅から徒歩15分

玉敷神社（たましきじんじゃ）

埼玉県 400年以上の歴史をもつ能楽

大宝3年(703)年に多治比真人三宅麿が創建。戦国時代に一度は焼失したが、1627年頃に現在の地に移転鎮座された。

所在地 埼玉県加須市騎西552-1
アクセス JR高崎線鴻巣駅からバスで「騎西一丁目」下車、徒歩8分

第五章 関東

鷲宮神社（わしのみやじんじゃ）
埼玉県　関東最古の神社のひとつ

関東の総社また関東鎮護の神様として、歴史上の有力な武将からも信仰された。アニメの巡礼聖地としても人気。

- 所在地　埼玉県久喜市鷲宮1-6-1
- アクセス　東武伊勢崎線鷲宮駅から徒歩8分

金鑚神社（かなさなじんじゃ）
埼玉県　埼玉県最北の山の聖地

ヤマトタケルが東国平定の途中に、倭姫命から授かった火打金を神体山に納めたことを起源とする古社。

- 所在地　埼玉県児玉郡神川町字二ノ宮751
- アクセス　JR高崎線本庄駅からバスで「新宿」下車、徒歩20分

春日部八幡神社（かすかべはちまんじんじゃ）
埼玉県　栄枯盛衰を経て春日部の総鎮守

鎌倉にある鶴岡八幡宮を敬信していた春日部重行という人物が、鎌倉時代に鶴岡八幡宮を模して八幡神社を造営。

- 所在地　埼玉県春日部市粕壁5597
- アクセス　東武アーバンパークライン八木崎駅から徒歩5分

新座観音 神護院（にいざかんのん じんごいん）
埼玉県　昭和時代に建立の新座観音

真言宗系の単立寺院。昭和57年（1982）に栃木県にある満願寺の千手観音の分身を本尊にして開創された。

- 所在地　埼玉県新座市道場1-12-31
- アクセス　西武池袋線ひばりヶ丘駅からバスで「片山小学校」下車、徒歩5分

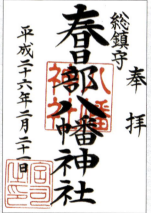

埼玉県 小江戸・川越のお大師様

喜多院（きたいん）

淳和天皇の勅願によって天長7年（830）、無量寿寺として開創された。江戸時代初期に喜多院に改称され、徳川家から信仰された。

- **所在地** 埼玉県川越市小仙波町1-20-1
- **アクセス** JR・東武東上線川越駅から徒歩20分

埼玉県 成田山の川越別院

本行院（ほんぎょういん）

奉拝 不動明王 川越成田山 平成二十九年一月二十八日

嘉永6年（1853）に廃寺だった本行院を再興したことにはじまり、明治10年（1877）、成田山新勝寺の最初の別院となった。

- **所在地** 埼玉県川越市久保町9-2
- **アクセス** JR・東武東上線川越駅からバスで「成田山前」下車すぐ

埼玉県 老若男女から愛される神社

川越八幡宮（かわごえはちまんぐう）

創建約1000年の由緒あるお宮。境内には、縁結び銀杏や厄除け桃、足腰健康の民部稲荷神社などがある。

- **所在地** 埼玉県川越市南通町19-3
- **アクセス** JR・東武東上線川越駅から徒歩6分

埼玉県 夫婦円満・縁結びの神様

川越氷川神社（かわごえひかわじんじゃ）

奉拝 川越總鎭守 氷川神社 令和元年 五月 十四日

541年の創建。長禄元年（1457）の川越城の築城以来、歴代城主により篤く崇敬されてきた。縁結びの神社としても有名。

- **所在地** 埼玉県川越市宮下町2-11-3
- **アクセス** JR・東武東上線川越駅からバスで「川越氷川神社」下車すぐ

第五章 関東

安楽寺（あんらくじ）
埼玉県 — 行基が彫った観音菩薩を安置

約1200年前に、行基作の観音菩薩を岩窟に納めたことがはじまりと伝えられる。坂東三十三観音霊場のひとつ。

- 所在地　埼玉県比企郡吉見町御所374
- アクセス　東武東上線東松山駅からタクシーで10分

箭弓稲荷神社（やきゅういなりじんじゃ）
埼玉県 — 武蔵国最古の稲荷神社

和銅5年（712）に創建された、1300年以上の歴史をもつ古社。2016年にギネスに認定された世界一大きい御朱印がある。

- 所在地　埼玉県東松山市箭弓町2-5-14
- アクセス　東武東上線東松山駅から徒歩3分

聖天院（しょうでんいん）
埼玉県 — 奈良時代開創の出世開運の古刹

天平勝宝3年（751）、朝鮮半島の渡来人によって開拓された高麗郷に開創。本尊・不動明王と高麗王若光守護仏の聖天尊を祀る。

- 所在地　埼玉県日高市新堀990-1
- アクセス　JR川越線・八高線高麗川駅から徒歩30分

高麗神社（こまじんじゃ）
埼玉県 — 6人の首相を出した出世明神

天智5年（666）、高句麗から高麗王若光が渡来し、未開の原野だった武蔵国を開拓した。その神霊を祭神として創建された。

- 所在地　埼玉県日高市新堀833
- アクセス　JR川越線・八高線高麗川駅から徒歩20分

埼玉県 足腰守護の子の権現

天龍寺（てんりゅうじ）

延喜11年（911）、子年子月子日子刻に生まれた子ノ聖が開創。弟子の恵聖によって子ノ聖大権現社として建立された。

所在地 埼玉県飯能市大字南461
アクセス 西武池袋線飯能駅からタクシーで40分

埼玉県 疫病除けの天王様

竹寺（たけでら）

天安元年（857）に円仁によって開創された。本尊はインド祇園精舎の守護神・牛頭天王で、神仏習合を色濃く残す寺院。

所在地 埼玉県飯能市南704
アクセス 西武池袋線飯能駅からタクシーで30分

埼玉県 新緑の澄んだ力が溢れる社

寶登山神社（ほどさんじんじゃ）

東国各地を征討したヤマトタケルによって創建。火災盗難よけ・諸難よけの守護神として多くの参拝者が訪れる。

所在地 埼玉県秩父郡長瀞町長瀞1828
アクセス 秩父鉄道秩父本線長瀞駅から徒歩10分

埼玉県 山犬の狛犬が迎える

寶登山神社 奥宮（おくみや）

ヤマトタケルが神霊を祀った宝登山山頂にある。狛犬は、山犬の姿をしている。5月2日（八十八夜）には奥宮祭が行われる。

第五章 関東

埼玉県 お金儲けの縁起の神様
聖神社(ひじりじんじゃ)

和銅の露天掘りの遺跡が近くにあり、和銅元年(708)に創建。和同開珎ゆかりの神社として、銭神様と呼ばれる。

- 所在地　埼玉県秩父市黒谷字菅仁田2191
- アクセス　秩父鉄道秩父線和銅黒谷駅から徒歩5分

埼玉県 龍神を祀る人気の神社
三峯神社(みつみねじんじゃ)

ヤマトタケルが、この国が永遠に平和であることを祈り、イザナギ・イザナミの宮を造営し二神を祀ったことにはじまる。

- 所在地　埼玉県秩父市三峰298-1
- アクセス　秩父鉄道秩父線秩父駅からバスで「三峰神社」下車、徒歩14分

埼玉県 「知知夫国」の総鎮守
秩父神社(ちちぶじんじゃ)

知知夫彦命が祖神を祀り創建されたと伝わる。現存する社殿は、天正20年(1592)に徳川家康が寄進したもの。

- 所在地　埼玉県秩父市番場町1-3
- アクセス　秩父鉄道秩父線秩父駅から徒歩3分

埼玉県 深谷の人々が信仰した湧水の神
瀧宮神社(たきのみやじんじゃ)

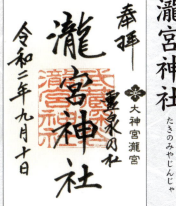

この地に湧き出る池を称えて創建され、康正2年(1456)に深谷城を築いた上杉氏が、城の裏鬼門の守護神として信仰した。

- 所在地　埼玉県深谷市西島5-6-1
- アクセス　JR高崎線深谷駅南口より徒歩1分

日本寺 にほんじ
千葉県 — 病苦を救う薬師瑠璃光如来が本尊

神亀2年(725)に行基によって開創された。本尊は薬師瑠璃光如来。境内には1500体を超える石像があり、多くの文人が訪れた。

- 所在地　千葉県安房郡鋸南町元名184
- アクセス　JR内房線保田駅からバスで「鋸山保田口」下車、徒歩20分

鴻神社 こうのとりのお宮 こうじんじゃ
埼玉県 — 鴻巣の由来となった神社

その昔、御神木にこうのとりが巣をつくり蛇を撃退した伝承がある。明治6年(1873)に近隣の3社を合祀し、もとは鴻三社と呼ばれた。

- 所在地　埼玉県鴻巣市本宮町1-9
- アクセス　JR高崎線鴻巣駅から徒歩8分

埴生神社 はぶじんじゃ
千葉県 — 土師器をつくった一族の祖神

創建年代は不明だが、約1500年前に土師器をつくった一族が祭祀を行ったことにはじまり、社殿は古墳の跡に建立されている。

- 所在地　千葉県成田市郷部994
- アクセス　JR成田線成田駅から徒歩15分／京成電鉄京成線京成成田駅から徒歩15分

麻賀多神社 まかたじんじゃ
千葉県 — 近隣の麻賀多18社の本宮

平安時代に編纂された『縁起式』神名帳にも記載されている古社で、樹齢約1300年の御神木は東日本一の大杉と親しまれる。

- 所在地　千葉県成田市台方1
- アクセス　京成電鉄京成本線公津の杜駅からバスで「麻賀多神社前」下車

第五章 関東

八街神社（やちまたじんじゃ）
千葉県 交通の要衝に鎮座するライダーズ神社

明治6年（1873）に八街の開墾とともに創建された。バイク愛好家に信仰される「ライダーズ神社」としても知られる。

- 所在地　千葉県八街市八街へ217
- アクセス　JR総武本線八街駅からタクシーで10分

検見川神社（けみがわじんじゃ）
千葉県 八方除総鎮護として信仰される

貞観11年（869）に全国に流行した疫病を鎮めるために創建され、寛永年間（1624〜1644）に現在地に遷座された。

- 所在地　千葉県千葉市花見川区検見川町1-1
- アクセス　JR総武線新検見川駅から徒歩6分／京成電鉄京成千葉線検見川駅から徒歩1分

鶴峯八幡宮（つるみねはちまんぐう）
千葉県 関東三鶴の一社

建治3年（1277）の創建で、鶴岡八幡宮（神奈川県鎌倉市）、鶴谷八幡宮（千葉県館山市）と並び関東三鶴の一社とされる。

- 所在地　千葉県市原市中高根1223
- アクセス　小湊鉄道光風台駅から徒歩15分

洲崎神社（すのさきじんじゃ）
千葉県 源頼朝が戦勝祈願した神社

平安時代の『延喜式』神名帳にも記載がある古社で、鎌倉幕府を興した源頼朝が戦勝祈願したと伝えられる。

- 所在地　千葉県館山市洲崎1697
- アクセス　JR内房線館山駅からバスで「洲の崎神社前」下車、徒歩5分

大福寺(だいふくじ)

千葉県 崖の観音として知られる

本尊は、養老元年(717)に行基が山の岩肌に彫った十一面観世音菩薩。その後、円仁によって堂宇が建立された。

- **所在地** 千葉県館山市船形835
- **アクセス** JR内房線那古船形駅から徒歩15分

誕生寺(たんじょうじ)

千葉県 日蓮の生家跡に建立された古刹

日蓮宗大本山。日蓮宗を開いた日蓮の生誕地で、建治2年(1276)に弟子が生家跡に堂宇を建立したことにはじまる。

- **所在地** 千葉県鴨川市小湊183
- **アクセス** JR外房線安房小湊駅からバスで「誕生寺入口」下車、徒歩5分

千葉縣護國神社(ちばけんごこくじんじゃ)

千葉県 千葉県の英霊を祀る

明治11年(1878)、国難に殉ぜられた千葉出身の人々の勲を永く顕彰するため、千葉県庁公園内に千葉縣招魂社として創建。

- **所在地** 千葉県千葉市若葉区桜木4-1-1
- **アクセス** JR千葉駅からバスで「市営霊園」下車、徒歩5分

千葉寺(せんようじ)

千葉県 千葉市内最古の古刹

和銅2年(709)に開創され、開創の翌年に植えられた銀杏は現存する。銀杏は、高さ27m、目通り幹囲は8mある。

- **所在地** 千葉県千葉市中央区千葉寺町161
- **アクセス** 京成電鉄千原線千葉寺駅から徒歩10分

第五章 関東

千葉県 安房神社（あわじんじゃ）
西国からきた開拓の神様

神武天皇の命を受けた天富命が房総半島南端に上陸。先祖の天太玉命と天比理刀咩命を祀り創建された。

- 所在地　千葉県館山市大神宮589
- アクセス　JR内房線館山駅からバスで「安房神社前」下車、徒歩5分

千葉県 人見神社（ひとみじんじゃ）
海岸地域に鎮守する氏神様

人見山山頂にあり、神社まで幾段もの石段を登る。頂上の高台からは市街地が一望でき、千葉県の眺望百景に登録されている。

- 所在地　千葉県君津市人見892
- アクセス　JR内房線君津駅からバスで「人見神社」下車、徒歩1分

千葉県 香取神宮（かとりじんぐう）
400社ある香取神社の総本社

国譲り神話に登場する経津主大神を国家鎮護の神様として祀っている。武神として武道関係者の崇敬が篤い。

- 所在地　千葉県香取市香取1697-1
- アクセス　JR成田線佐原駅からバスで「香取神宮」下車、徒歩4分

千葉県 立國寺（りっこくじ）
源頼朝ゆかりの出世観音

大敗した源頼朝が再起をかけて祈願をしたところ天下を平定したことから、出世観音として信仰されている。

- 所在地　千葉県市原市戸面401
- アクセス　小湊鉄道養老渓谷駅から徒歩20分

高照寺 こうしょうじ
千葉県 子育てを助ける「おっぱい銀杏」がある

文明12年（1480）に創建された、勝浦の朝市発祥の古刹。乳不足に悩む婦人を治した僧ゆかりの乳公孫樹がある。

- 所在地 千葉県勝浦市勝浦49
- アクセス JR外房線勝浦駅から徒歩15分

遠見岬神社 とみさきじんじゃ
千葉県 勝浦を古くから見守る天富命

安房を開拓した勝占忌部氏が祖神を祀り創建。勝占忌部が住んだことが勝浦の地名の由来となった。

- 所在地 千葉県勝浦市浜勝浦1
- アクセス JR外房線勝浦駅から徒歩15分

松戸神社 まつどじんじゃ
千葉県 水戸中納言光圀公が篤く崇敬

寛永3年（1626）の創建とされ、慶長期には、街道の宿場町「松戸宿」として賑わうなかで、水戸徳川家からも崇拝を受ける。

- 所在地 千葉県松戸市松戸1457
- アクセス JR・新京成電鉄松戸駅から徒歩7分

小御門神社 こみかどじんじゃ
千葉県 自然に溢れた祭典が行われる

後醍醐天皇の忠臣・贈太政大臣・藤原師賢公を祀る。境内には千葉県天然記念物に指定された「小御門神社の森」がある。

- 所在地 千葉県成田市名古屋898
- アクセス JR成田線滑河駅からバスで「小御門神社前」下車すぐ

第五章 関東

千葉県

新勝寺
しんしょうじ

関東を守る成田のお不動様

天慶3年(940)、平将門の乱の混乱を鎮めるために寛朝によって開創された。江戸時代に、歌舞伎役者の市川團十郎が不動明王をテーマにした舞台が大当たりしたことから信仰し、成田屋の屋号を名乗ったことでも知られる。

|所在地|千葉県成田市成田1|
|アクセス|JR成田線成田駅、京成電鉄京成成田駅から徒歩10分|

千葉県

千葉県

新勝寺 出世稲荷
しゅっせいなり

江戸時代に佐倉藩主・稲葉丹後守によって寄進された本尊を奉安する。商売繁昌、開運成就のご利益がある。

千葉県

新勝寺 釈迦堂
しゃかどう

安政5年(1858)に建立されたかつての本堂。釈迦如来や、普賢、文殊、弥勒、千手観音の四菩薩が奉安されている。

千葉県

新勝寺 光明堂
こうみょうどう

元禄14年(1701)に建立され、大日如来、愛染明王、不動明王を奉安している。後方には奥之院の洞窟がある。

千葉県 東京湾観音 とうきょうわんかんのん
昭和に建立された大観音像

昭和36年(1961)に世界平和を祈願して建立された観音像で高さは56m。天上界(展望台)からは東京湾が一望できる。

所在地	千葉県富津市小久保1588
アクセス	JR内房線佐貫町駅から徒歩30分

千葉県 玉前神社 たまさきじんじゃ
女性に人気の社

古くから朝廷・豪族・幕府の信仰を集めた上総国一宮。「上総の裸まつり」は関東一円から大勢の人々が集まる。

所在地	千葉県長生郡一宮町一宮3048
アクセス	JR外房線上総一之宮駅から徒歩8分

千葉県 子守神社 こまもりじんじゃ
千葉氏が信仰した子守の古社

創建年代は不明だが、建久4年(1194)に社殿が造営されたと伝わる。「下総三山の七年祭り」に参加する一社。

所在地	千葉県千葉市花見川区幕張町2-990
アクセス	京成電鉄千葉線京成幕張駅から徒歩10分

千葉県 櫻木神社 さくらぎじんじゃ
桜舞う野田市最古のお社

仁寿元年(851)、藤原嗣良によって倉稲魂命と武甕槌命の神を祀ったのがはじまり。桜が咲き誇る美しい里だった。

所在地	千葉県野田市桜台210
アクセス	東武アーバンパークライン野田市駅から徒歩12分

第五章 関東

延命院（えんめいいん）
神奈川県 成田山の横浜別院

明治3年（1870）、外国との窓口となり居住者が急増した横浜に成田山の観音院の不動明王像を遷座して開創された。

- **所在地** 神奈川県横浜市西区宮崎町30
- **アクセス** JR・横浜市営地下鉄桜木町駅から徒歩8分

伊勢山皇大神宮（いせやまこうたいじんぐう）
神奈川県 汽笛の聞こえるお伊勢さん

明治初年に国費で創建。横浜の総鎮守。国家の鎮護を祈る目的で、明治3年（1870）から社殿と境内が整備された。

- **所在地** 神奈川県横浜市西区宮崎町64
- **アクセス** JR・横浜市営地下鉄桜木町駅から徒歩10分

思金神社（おもいかねじんじゃ）
神奈川県 智恵と才能のご神徳

昭和3年（1928）、白山神社の拝殿として創建された。天岩戸で活躍した、知恵の神である「思金神」を祀る。

- **所在地** 神奈川県横浜市栄区上郷町745-1
- **アクセス** JR根岸線・横浜線港南台駅からバスで「紅葉橋」下車、徒歩4分

本牧神社（ほんもくじんじゃ）
神奈川県 お馬流しと厄除けの社

源頼朝が鎌倉幕府を開くとき、鬼門守護のために創建された。地元では生業の守護神と信仰されている。

- **所在地** 神奈川県横浜市中区本牧和田19
- **アクセス** JR根岸線・横浜線根岸駅からバスで「三の谷」下車、徒歩3分

神奈川県 日本を代表する禅寺

總持寺（そうじじ）

曹洞宗大本山で国際的にも知られる禅寺。石川県輪島で開創され、明治44年(1911)に現在地に移された。

- **所在地** 神奈川県横浜市鶴見区鶴見2-1-1
- **アクセス** JR京浜東北線・鶴見線鶴見駅から徒歩7分

神奈川県 1300年の歴史がある横浜最古の寺

弘明寺（ぐみょうじ）

天平9年(737)に開創された古刹。弘仁5年(814)には、空海が一千座の護摩を焚いて庶民の除災招福を祈願したと伝わる。

- **所在地** 神奈川県横浜市南区弘明寺町267
- **アクセス** 京急本線弘明寺駅から徒歩2分

神奈川県 小高い丘に立つ緑豊かな社

星川杉山神社（ほしかわすぎやまじんじゃ）

1200年の歴史をもち、東に横浜の港、西に霊峰富士山を望む高台に鎮座。港へ入る船の指標として役立っていた。

- **所在地** 神奈川県横浜市保土ケ谷区星川1-19-1
- **アクセス** 相鉄本線星川駅から徒歩10分

神奈川県 東海道川崎宿の総鎮守

稲毛神社（いなげじんじゃ）

武神・武甕槌神を祀り、天皇軍の戦勝を祈る社として創建。源頼朝の命を受けて佐々木四郎高綱によって社殿が造営された。

- **所在地** 神奈川県川崎市川崎区宮本町7-7
- **アクセス** JR川崎駅・京急川崎駅から徒歩7分

第五章 関東

神奈川県 叶神社（西）かのうじんじゃ（にし）
願いを叶える叶明神が鎮座

叶神社は浦賀の港を行き来する「浦賀の渡し」で結ばれている東西それぞれの岸に社がある。

- 所在地 神奈川県横須賀市西浦賀町1-1-13
- アクセス 京急本線浦賀駅からバスで「紺屋町」下車、徒歩1分

神奈川県 走水神社 はしりみずじんじゃ
弟橘媛の愛を伝える古社

ヤマトタケルが走水を渡る際に、海の神を鎮めるために身を投げた弟橘媛の櫛を祀り創建された。

- 所在地 神奈川県横須賀市走水2-12-5
- アクセス 京急本線馬堀海岸駅からバスで「走水神社」下車、徒歩2分

神奈川県 鶴岡八幡宮 つるがおかはちまんぐう
国際的史都鎌倉の中心的施設

康平6年（1063）、源頼義が戦勝に感謝して創祀。建久2年（1191）、鎌倉幕府の宗社として現在の姿に整えられた。

- 所在地 神奈川県鎌倉市雪ノ下2-1-31
- アクセス JR・江ノ電鎌倉駅から徒歩10分

神奈川県 叶神社（東）かのうじんじゃ（ひがし）
東西向かい合った神社

西の叶神社の勾玉を、東の叶神社のお守り袋に納めてそれを身につけると、良縁が運ばれるといわれている。

- 所在地 神奈川県横須賀市東浦賀2-21-25
- アクセス 京急本線浦賀駅からバスで「新町」下車、徒歩5分

菊名神社 きくなじんじゃ

神奈川県 近隣五社が合祀された菊名の鎮守

昭和10年（1935）に近隣の五社が合祀され菊名神社となった。最も古い阿府神社の創建は、仁和元年（885）と伝えられる。

- 所在地　神奈川県横浜市港北区菊名6-5-14
- アクセス　JR横浜線・東急東横線菊名駅から徒歩3分

金刀比羅大鷲神社 ことひらおおとりじんじゃ

神奈川県 横浜開港で創建されたおとり様

安政6年（1859）に横浜が開港される際に金刀比羅宮から勧請された。大鷲神社は明治5年（1872）が勧請され、のちに合祀された。

- 所在地　神奈川県横浜市南区真金町1-3
- アクセス　横浜市営地下鉄阪東橋駅から徒歩5分

若宮八幡宮 わかみやはちまんぐう

神奈川県 八幡様の子・仁徳天皇を祀る

創建年代は不明だが、八幡塚六郷神社から分祀されたと伝わる。境内には「かなまら様」と称される金山神社がある。

- 所在地　神奈川県川崎市川崎区大師駅前2-13-16
- アクセス　京急電鉄京急大師線川崎大師駅から徒歩3分

大稲荷神社 だいいなりじんじゃ

神奈川県 「だいなりさん」の愛称で親しまれる

天正18年（1590）に創建された。境内にある錦織神社は芸能上達の御神徳があるとして芸能関係者の参拝も多い。

- 所在地　神奈川県小田原市城山1-22-1
- アクセス　JR東海道線小田原駅から徒歩5分

第五章 関東

神奈川県 5柱の神々を祀る
亀ヶ池八幡宮（かめがいけはちまんぐう）

創建年代は不詳だが、源頼朝の重臣・和田義盛が祈願した伝承がある。境内には亀八七福神やゴールド神社がある。

- 所在地　神奈川県相模原市中央区上溝1678
- アクセス　JR相模線上溝駅から徒歩15分

神奈川県 新たな開墾地に創建
相模原氷川神社（さがみはらひかわじんじゃ）

天保14年（1843）にこの地が開墾された際に創建。本殿は「外の御前」という建物の一部を白蛇が運んだ伝承がある。

- 所在地　神奈川県相模原市中央区清新4-1-5
- アクセス　JR横浜線相模原駅から徒歩10分

神奈川県 日本最大級の木造仏像がある
長谷寺（はせでら）

奈良の長谷寺に対して、新長谷寺と呼ばれた。天平8年（736）の開創で、聖武天皇の時代に勅願所に定められた。

- 所在地　神奈川県鎌倉市長谷3-11-2
- アクセス　江ノ電長谷駅から徒歩5分

神奈川県 鎌倉五山の第一位の名刹
建長寺（けんちょうじ）

臨済宗建長寺派の大本山で、建長5年（1253）に鎌倉幕府5代執権・北条時頼が宋の高僧を迎えて創建された。

- 所在地　神奈川県鎌倉市山ノ内8
- アクセス　JR横須賀線北鎌倉駅から徒歩15分

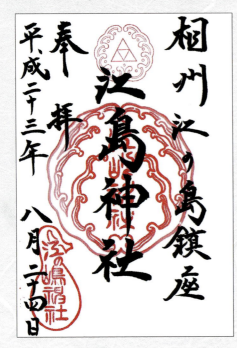

神奈川県

江島神社
えのしまじんじゃ

三姉妹の女神様がご祭神

古くは江島明神と呼ばれていたが、江島弁財天として信仰されるようになり、三女神を江島大神と称する。宗像大社や厳島神社と同神。奉安殿には、日本三大弁財天のひとつである裸弁財天・妙音弁財天が安置されている。

所在地 神奈川県藤沢市江の島2-3-8
アクセス 小田急江ノ島線片瀬江ノ島駅から徒歩15分

神奈川県 関東総鎮護の霊山

大山阿夫利神社
おおやまあふりじんじゃ

10代崇神天皇の時代に創建。神仏習合の霊山として栄えた。江戸時代には大山詣りが盛んで、年間で数10万人が訪れた。

所在地 神奈川県伊勢原市大山355
アクセス 小田急伊勢原駅からバスで「大山ケーブル」下車、ケーブルカーで「阿夫利神社」下車

神奈川県 樹齢700年の大銀杏がある

遊行寺
ゆぎょうじ

正中2年(1325)に創建。戦国時代によって兵火で焼失するが、慶長12年(1607)に再興された。時宗総本山。

所在地 神奈川県藤沢市西富1-8-1
アクセス JR・小田急・江ノ電藤沢駅から徒歩15分

第五章 関東

神奈川県

寒川神社（さむかわじんじゃ）
全国唯一の八方除の神様

21代雄略天皇の時代に奉幣され、神亀4年（727）に社殿が建立された記録がある。八方除は古くから全国に知られる。

- 所在地　神奈川県高座郡寒川町宮山3916
- アクセス　JR相模線宮山駅から徒歩5分

川勾神社（かわわじんじゃ）
町民から愛される霊地

11代垂仁天皇の時代、磯長国造・阿屋葉造が国の勅命によって創祀された。敷地2000坪を有し、森に囲まれた神聖な霊地。

- 所在地　神奈川県中郡二宮町山西2122
- アクセス　JR東海道線・湘南新宿ライン二宮駅から徒歩30分

比々多神社（ひびたじんじゃ）
2000点以上の考古資料を有する

神武天皇の時代に大山を神体山として創建された。基台からは縄文時代の遺跡が発見され、太古からの信仰の地。

- 所在地　神奈川県伊勢原市三ノ宮1472
- アクセス　小田急小田原線伊勢原駅からバスで「比々多神社前」下車すぐ

前鳥神社（さきとりじんじゃ）
菟道稚郎子命を祀る珍しい社

源頼朝夫人・政子の安産祈願で神馬の奉献があり、建暦2年（1212）に将軍家祈祷所と定めた。

- 所在地　神奈川県平塚市四之宮4-14-26
- アクセス　小田急小田原線本厚木駅からバスで「前鳥神社前」下車、徒歩3分

神奈川県 座間神社 親しまれる相模の飯綱様
（ざまじんじゃ）

長野県の飯綱権現社を本社とする神社。飯綱権現の化身が現れ悪疫を退治したという伝承がある。

- 所在地　神奈川県座間市座間1-3437
- アクセス　JR相模線相武台下駅から徒歩5分

神奈川県 平塚八幡宮 相模国八幡庄の惣社
（ひらつかはちまんぐう）

16代仁徳天皇が大震災後に国土安穏を願い、応神天皇を祀ったのがはじまり。42代文武天皇は宝剣「天晴彦」を奉納した。

- 所在地　神奈川県平塚市浅間町1-6
- アクセス　JR東海道線・湘南新宿ライン平塚駅から徒歩8分

神奈川県 森戸神社 海を見渡す葉山の総鎮守
（もりとじんじゃ）

源頼朝が信仰する三嶋明神の分霊をこの聖地に勧請して創建された。故・石原裕次郎が愛した地としても有名。

- 所在地　神奈川県三浦郡葉山町堀内1025
- アクセス　JR横須賀線・湘南新宿ライン逗子駅からバスで「森戸神社」下車、徒歩1分

神奈川県 星谷寺 七不思議の言い伝えが残る
（しょうこくじ）

天平年間（729～749）開創と伝えられ、昼でも星が映るという星の井戸などの七不思議が伝えられる。

- 所在地　神奈川県座間市入谷3-3583
- アクセス　小田急小田原線座間駅から徒歩7分

第五章 関東

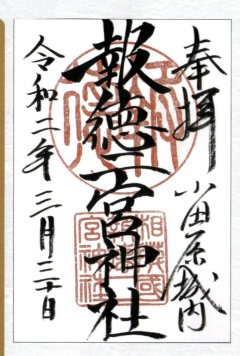

神奈川県

報徳二宮神社
ほうとくにのみやじんじゃ

北条氏が栄華を築いた城下町
明治27年(1894)、二宮尊徳の教えを慕う6ヶ国の報徳社の総意により、二宮尊徳を祭神として創建された。生誕地が小田原だったため、小田原城の一角に社殿が建立された。

所在地　神奈川県小田原市城内8-10
アクセス　JR・小田急小田原駅から徒歩15分

神奈川県

神奈川県 浪子不動として知られる 高養寺 こうようじ

神奈川県 大正天皇、昭和天皇が行幸 神武寺 じんむじ

明治時代の徳冨蘆花の小説『不如帰』の舞台が逗子だったことから、主人公「浪子」にあやかり浪子不動と呼ばれる。

所在地　神奈川県逗子市新宿5-5-5
アクセス　JR横須賀線・湘南新宿ライン逗子駅から徒歩17分

神亀元年(724)、聖武天皇の勅願で開創された。鎌倉時代には、源頼朝の妻・政子が安産祈願を行ったと伝えられる。

所在地　神奈川県逗子市沼間2-1402
アクセス　JR横須賀線東逗子駅から徒歩10分

神奈川県　天狗伝説が残る大雄山の古刹

最乗寺 さいじょうじ

応永元年(1394)に了庵慧明が開創。釈迦牟尼仏を本尊とする。弟子の道了は、天狗に変身して山奥に入っていったと伝わる。

- 所在地　神奈川県南足柄市大雄町1157
- アクセス　伊豆箱根鉄道大雄山線大雄山駅からバスで「道了尊」下車、徒歩6分

神奈川県　北条家ゆかりの古刹

東昌寺 とうしょうじ

鎌倉時代に北条泰時によって執権家歴代の菩提寺となった。享保12年(1727)に焼失したが、50年にわたり復興された。

- 所在地　神奈川県逗子市池子2-8-33
- アクセス　京急電鉄京急逗子線神武寺駅から徒歩3分

神奈川県　芦ノ湖の龍神を祀る

九頭龍神社 くずりゅうじんじゃ

祭神の九頭龍大神は、芦ノ湖に棲んでいた毒龍で、改心して金運や縁結びの善神となったと伝えられる。

神奈川県　関東山岳信仰の一大霊場

箱根神社 はこねじんじゃ

古来、関東総鎮守箱根大権現と尊崇されてきた名社。官道として東海道が東西交通の要になるとますます信仰が盛んになった。

- 所在地　神奈川県足柄下郡箱根町元箱根80-1
- アクセス　箱根登山鉄道箱根湯本駅からバスで「元箱根」下車、徒歩10分

第六章

甲信越・北陸

山梨県

大善寺（だいぜんじ）
甲州ぶどうのはじまりを伝える

養老2年（718）に行基の夢に、手にぶどうを持った薬師如来が現れたことから開創された。

- 所在地　山梨県甲州市勝沼町勝沼3559
- アクセス　JR中央本線勝沼ぶどう郷駅からタクシーで5分

浅間神社（あさまじんじゃ）
子授のご神徳がある夫婦梅

11代垂仁天皇の時代に神山の麓に創建。甲斐国一宮として延喜の制に従う明神大社。子授安産の神として信仰される。

- 所在地　山梨県笛吹市一宮町一ノ宮1684
- アクセス　JR中央本線山梨市駅からタクシーで10分

山梨縣護國神社（やまなしけんごこくじんじゃ）
山梨県の英霊を祀る

明治12年（1879）、山梨県出身の政府軍の兵士として戦没した50柱の英霊を祀り創建。300本咲く桜の名所としても有名。

- 所在地　山梨県甲府市岩窪町608
- アクセス　JR中央本線・身延線甲府駅からバスで「護国神社入口」下車、徒歩5分

円光院（えんこういん）
武田信玄ゆかりの古刹

武田信玄の先祖が開創した清光院を、永禄3年（1560）に京都より高僧を迎えて、現在地に移された。

- 所在地　山梨県甲府市岩窪町500
- アクセス　JR中央本線・身延線甲府駅からバスで「護国神社入口」下車、徒歩15分

第六章 甲信越・北陸

山梨県

武田神社 (たけだじんじゃ)
甲斐の国の守護神・武田信玄

大正天皇の即位に際し、武田信玄墓前に従三位追贈されたことを契機に創建され、大正8年（1919）に社殿が竣工した。

- 所在地　山梨県甲府市古府中町2611
- アクセス　JR中央本線・身延線甲府駅からバスで「武田神社」下車すぐ

金櫻神社 (かなざくらじんじゃ)
昇仙峡を登りつめた地に鎮座

約2000年前、悪疫退散と万民息災を祈願し、金峰山山頂に少彦名命を祀り創建。金櫻を拝むと一生涯金運に恵まれると伝わる。

- 所在地　山梨県甲府市御岳町2347
- アクセス　JR中央本線・身延線甲府駅からバスで「昇仙峡滝上」下車、徒歩25分

甲斐善光寺 (かいぜんこうじ)
善光寺の諸仏寺宝を守った

永禄元年（1558）、武田信玄が川中島の合戦の際に、長野市の善光寺の焼失を恐れて、諸仏寺宝類を奉遷したことにはじまる。

- 所在地　山梨県甲府市善光寺3-36-1
- アクセス　JR身延線善光寺駅から徒歩7分

東光寺 (とうこうじ)
武田信玄が定めた甲府五山のひとつ

鎌倉時代に再興された古刹で、臨済宗に帰依した武田信玄が定めた甲府五山のひとつ。本尊は薬師如来。

- 所在地　山梨県甲府市東光寺3-7-37
- アクセス　JR身延線善光寺駅から徒歩15分

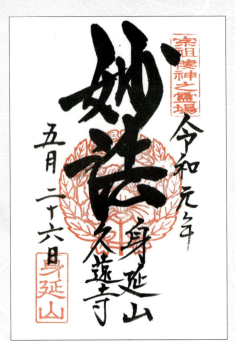

山梨県

久遠寺
くおんじ

霊峰・身延山にある日蓮宗総本山

文永11年(1274)、日蓮が身延山に入山し、麓で草庵をあんだことにはじまる。弘安4年(1281)には本格的な堂宇が建立された。日蓮が池上の地で亡くなると、遺骨は身延山に埋葬された。宝永3年(1706)には、皇室の勅願所になった。

所在地 山梨県南巨摩郡身延町身延3567
アクセス JR身延線身延駅からバスで「身延山」下車、徒歩13分

山梨県

富士御室浅間神社
ふじおむろせんげんじゃ

武田家三代が慕う富士山最古の社

699年、藤原義忠によって霊山富士2合目に奉斉され、大同2年(807)に社殿が建立された。祭神は木花開耶姫命。

所在地 山梨県南都留郡富士河口湖町勝山3951
アクセス 富士急行線河口湖駅からバスで「冨士御室浅間神社」下車すぐ

山梨県

東圓寺
とうえんじ

空海が発見した温泉地に創建

弘仁年間(810〜824)、空海が富士北麓の地に温泉が湧いているのを見つけ開創された。正徳元年(1711)、現在地に移された。

所在地 山梨県南都留郡忍野村忍草38
アクセス 富士急行富士急行富士山駅からバスで「お宮橋」下車、徒歩2分

第六章 甲信越・北陸

北口本宮冨士浅間神社（きたぐちほんぐうふじせんげんじんじゃ）
山梨県　世界遺産の聖地

ヤマトタケルが「富士の神山はこの地から拝せよ」といったことから、大塚丘に浅間大神とヤマトタケルを祀り創建。

- 所在地　山梨県富士吉田市上吉田5558
- アクセス　富士急行富士急行線富士山駅からバスで「浅間神社前」下車、徒歩6分

小室浅間神社（おむろせんげんじんじゃ）
山梨県　富士吉田一円の総鎮守

延暦12年（793）、坂上田村麻呂が東征の際、冨士山に戦勝を祈願して大勝したことから、神様に感謝して創建された。

- 所在地　山梨県富士吉田市下吉田3-32-18
- アクセス　富士急行富士急行線下吉田駅から徒歩3分

四柱神社（よはしらじんじゃ）
長野県　すべて叶う、願いごとむすびの神

明治7年（1874）に松本に神道中教院が設立され、天之御中主・高皇産霊神・神皇産霊神・天照大神が祀られた。

- 所在地　長野県松本市大手3-3-20
- アクセス　JR中央本線松本駅から徒歩10分

新屋山神社（あらややまじんじゃ）
山梨県　日本三大金運神社のひとつ

富士山の麓にある神社で、天文3年（1534）に創建。経営の神様といわれた船井幸雄氏が信仰したことでも知られる。

- 所在地　山梨県富士吉田市新屋4-2-2
- アクセス　富士急行線富士山駅からバスで「新屋公民館入口」下車、徒歩5分

長野県 生島足島神社（いくしまたるしまじんじゃ）
2神を祀る信濃屈指の古社

生島大神と足島大神を祀る。太古より国土の守り神として古い由緒を持つ二神で、歴代天皇から崇敬された。

- 所在地　長野県上田市下之郷中池西701
- アクセス　上田電鉄別所線下之郷駅から徒歩3分

長野県 長野縣護國神社（ながのけんごこくじんじゃ）
長野県出身の英霊を祀る

昭和13年（1938）創建。翌年に内務大臣指定護国神社となり、のちに神社本庁の別表神社に松本市で最初に指定された。

- 所在地　長野県松本市美須々6-1
- アクセス　JR松本駅からバスで「追分」下車、徒歩1分

長野県 常楽寺（じょうらくじ）
別所温泉の厄除観音

天長2年（825）に開創された。北向観音堂は、円仁によって開かれた霊場で、国内でも北向きの本堂はほとんど例がない。

- 所在地　長野県上田市別所温泉2347
- アクセス　上田電鉄別所線別所温泉駅から徒歩15分

長野県 中禅寺（ちゅうぜんじ）
薬師堂は最古の木造建築物

鎌倉時代初期に開創された寺院で、本尊の薬師如来座像、神将像とともに国の重要文化財に指定されている。

- 所在地　長野県上田市前山1721
- アクセス　JR・上田電鉄・しなの鉄道上田駅からタクシーで30分

第六章 甲信越・北陸

長野県

安楽寺 (あんらくじ)
鎌倉の建長寺と並ぶ臨済宗の古刹

平安時代の開創と伝えられ、鎌倉時代に隆盛を誇った。木造八角三重塔は貴重な建築で、長野県で最も早く「国宝」に指定された。

- 所在地　長野県上田市別所温泉2361
- アクセス　上田電鉄別所線別所温泉駅から徒歩10分

武水別神社 (たけみずわけじんじゃ)
親しまれるお八幡さん

安和年間（968～970）に京都の石清水八幡宮から、誉田別命・息長足比売命・比咩大神が勧請され、創建された。

- 所在地　長野県千曲市大字八幡3012
- アクセス　しなの鉄道しなの鉄道線屋代駅からバスで「八幡」下車すぐ

若一王子神社 (にゃくいちおうじじんじゃ)
樹齢400年の杉の神木

三重塔や観音堂があり、神と仏を一体とする「神仏習合」の影響を色濃く残す神社。現在の本殿は弘治2年（1556）の造営。

- 所在地　長野県大町市大町2097
- アクセス　JR大糸線北大町駅から徒歩10分

長國寺 (ちょうこくじ)
真田家の菩提寺

天文16年（1547）、真田幸隆によって一族の菩提寺として開創。元和8年（1622）、真田信之の移封によって現在地に遍座。

- 所在地　長野県長野市松代町松代1015-1
- アクセス　JR長野駅からバスで「松代中町」下車、徒歩5分

長野県

戸隠神社 奥社
とがくしじんじゃ おくしゃ

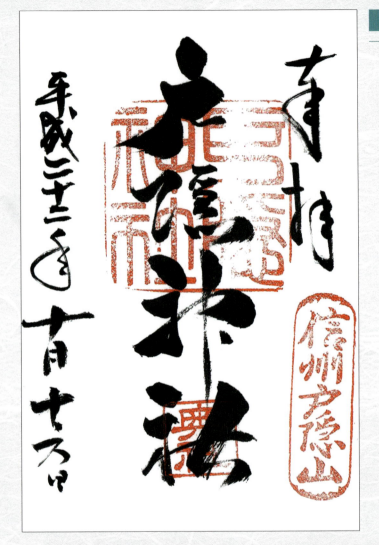

2000年以上の歴史ある神社

天照大神が天岩戸に隠れた際、神力を使って天の岩戸を開き、天照大神を導いた天手力雄命を戸隠山の麓に奉斎したことで創祀。随神門を抜けると天然記念物指定の樹齢約400年を超える杉並木が続く。

所在地 長野県長野市戸隠3690
アクセス JR長野駅からバスで「戸隠奥社入口」下車

第六章 甲信越・北陸

戸隠神社 宝光社
長野県／女性や子どもの守り神

270余段の石段の先にあるのが、神仏習合時代の面影を残す荘厳な社殿。祭神は中社祭神の御子神。

所在地 長野県長野市戸隠2110
アクセス JR長野駅からバスで「戸隠宝光社」下車

戸隠神社 火之御子社
長野県／夫婦の杉と西行桜が有名

承徳2年（1098）頃の創建で、天鈿女命が主祭神。舞楽芸能の神、縁結びの神、火防の神として信仰されている。

所在地 長野県長野市戸隠2412
アクセス JR長野駅からバスで「戸隠宝光社」下車

戸隠神社 中社
長野県／河鍋暁斎の「龍の天井絵」

（画像省略）

天岩戸神話で、天岩戸を開く方法を考えた知恵の神が祭神。境内に戸隠神社の社務所が置かれている。

所在地 長野県長野市戸隠3506
アクセス JR長野駅からバスで「戸隠中社」下車

戸隠神社 九頭龍社
長野県／戸隠信仰の地主神

天手力雄命が奉斎される以前に地主神として祀る。心願成就のご神徳から多くの信仰を集める。

所在地 長野県長野市戸隠3690
アクセス JR長野駅からバスで「戸隠奥社入口」下車

諏訪大社 上社本宮

長野県 日本最古の神社のひとつ

信濃國一宮 すわたいしゃかみしゃほんみや
平成二十四年十一月四日

祭神はタケミナカタで、建造物は諏訪大社四社の中で一番多く残る。神体山を拝するという古代祭祀の特徴を今に伝える。

- 所在地　長野県諏訪市中洲宮山1
- アクセス　JR中央本線上諏訪駅からタクシーで20分

諏訪大社 上社前宮

長野県 古くは神殿に附属したお社

信濃國一宮 すわたいしゃかみしゃまえみや
平成二十四年十一月四日

祭神が最初に居を構え、諏訪信仰発祥の地と伝えられる。現在の社殿は昭和7年（1932）、伊勢神宮の御用材で建られた。

- 所在地　長野県茅野市宮川2030
- アクセス　JR中央本線茅野駅からタクシーで9分

諏訪大社 下社春宮

長野県 春から夏の時期に祭神を祀る

信濃國一宮 すわたいしゃしもしゃはるみや
平成二十四年十一月四日

入口にある御影石の大鳥居は万治2年（1659）に造営された。2月から7月にかけて祭神が祀られる。

- 所在地　長野県諏訪郡下諏訪町193
- アクセス　JR中央本線下諏訪駅から徒歩19分

諏訪大社 下社秋宮

長野県 秋から冬の時期に祭神を祀る

信濃國一宮 すわたいしゃしもしゃあきみや
平成二十四年十一月四日

春宮と半年ごとに祭神を祀る。8月に春宮から秋宮へ祭神が遷座され、2月1日には秋宮から春宮へ遷座される。

- 所在地　長野県諏訪郡下諏訪町5828
- アクセス　JR中央本線下諏訪駅から徒歩13分

第六章 甲信越・北陸

穂高神社（ほたかじんじゃ）
長野県 信州の中心に鎮座

穂高見命を祭神として、奥宮は穂高連峰の麓の上高地に、嶺宮は北アルプスの主峰奥穂高岳にある。

- 所在地　長野県安曇野市穂高6079
- アクセス　JR大糸線穂高駅から徒歩3分

岩松院（がんしょういん）
長野県 葛飾北斎作の21畳の鳳凰図がある

文明4年（1472）に開創され、戦国武将・福島正則の霊廟のほか、俳人・小林一茶が詠んだ蛙合戦の池などがある。

- 所在地　長野県上高井郡小布施町雁田615
- アクセス　長野電鉄長野線小布施駅からバスで「岩松院入口」下車、徒歩4分

手長神社（てながじんじゃ）
長野県 「てなが様」として信仰される

諏訪神社上社の末社で、祭神の手摩乳神はこの地の地主神で、諏訪の神に協力したと伝わる。

- 所在地　長野県諏訪市上諏訪茶臼山9556
- アクセス　JR中央本線上諏訪駅から徒歩15分

元善光寺（もとぜんこうじ）
長野県 善光寺だけでは片詣りといわれる

長野市の善光寺の本尊が最初に奉安された寺院で、霊木で同じ姿の尊像が彫られ残された。「善光寺だけでは片詣り」といわれる。

- 所在地　長野県飯田市座光寺2638
- アクセス　JR飯田線元善光寺駅から徒歩8分

定勝寺 じょうしょうじ
長野県　木曽三大寺の最古刹

室町時代初期に開創された古刹で、木曽三大寺のひとつ。菩提寺だった木曽家の資料や日本で最初のそばきりの資料などがある。

- 所在地　長野県木曽郡大桑村須原831-1
- アクセス　JR中央本線須原駅から徒歩10分

光徳寺 こうとくじ
長野県　幕末に考案された人力車の祖型がある

明応9年(1500)に開創された古刹。樹齢250年の「枝垂桜」や人力車の祖型といわれる車付駕籠がある。

- 所在地　長野県木曽郡南木曽町吾妻605-1
- アクセス　JR中央本線南木曽駅からバスで「妻籠橋」下車、徒歩7分

興禅寺 こうぜんじ
長野県　東洋一の大きさの枯山水

木曽三大寺のひとつで、永享6年(1434)、木曽義仲追善供養のため開創。昭和38年(1963)造立の枯山水の庭「看雲庭」が有名。

- 所在地　長野県木曽郡木曽町福島門前5659
- アクセス　JR中央本線木曽福島駅から徒歩20分

深志神社 ふかしじんじゃ
長野県　信州松本城下南深志の地

信濃国守護・国司・小笠原貞宗公が諏訪明神の霊夢を受けて社殿が造営され、暦応2年(1339)に創建された。

- 所在地　長野県松本市深志3-7-43
- アクセス　JR中央本線松本駅から徒歩15分

第六章 甲信越・北陸

実相寺（じっそうじ）
新潟県 — 郷里の両親を偲ぶ日蓮聖人像がある

文永9〜11年（1272〜1274）まで一谷で過ごした日蓮が、古松に袈裟をかけて口をすすぎ、親恩に感謝した地に開創。

- 所在地　新潟県佐渡市市野沢856
- アクセス　両津港からタクシーで25分

眞田神社（さなだじんじゃ）
長野県 — 上田城本丸跡に鎮座

歴代の上田城主の真田氏・仙石氏・松平氏を祀る。徳川軍の攻撃にも上田城が落城しなかったことから受験生に人気がある。

- 所在地　長野県上田市二の丸1-12 上田城鎮座
- アクセス　JR上田駅から徒歩10分

妙照寺（みょうしょうじ）
新潟県 — 日蓮が2年半過ごした霊跡

日蓮が庵を結び、文永9〜11年（1272〜1274）までの約2年半を過ごした。日蓮宗の霊跡で、草庵跡地に祖師堂がある。

- 所在地　新潟県佐渡市市野沢454
- アクセス　両津港からタクシーで35分

根本寺（こんぽんじ）
新潟県 — 根本経典を著した日蓮宗の霊跡

流罪となった日蓮が当時死人の捨て場とされていた塚原の三昧堂に入り、根本経典の『開目鈔』を著した地に開創された。

- 所在地　新潟県佐渡市新穂大野1837
- アクセス　両津港からタクシーで20分

長野県／新潟県

新潟県 佐渡一宮の風格

度津神社（わたつじんじゃ）

五十猛命を祭神に交通の守護神として島民から信仰されている。佐渡の式内社9社のひとつで、一宮と称する格式高い神社。

- **所在地** 新潟県佐渡市羽茂飯岡550-4
- **アクセス** 小木港からタクシーで15分

新潟県 上杉謙信ゆかりの寺院

林泉寺（りんせんじ）

明応6年（1497）、上杉謙信の祖父・長尾能景が開創した。謙信は7～14歳までをこの寺で過ごしたと伝わる。

- **所在地** 新潟県上越市中門前1-1-1
- **アクセス** えちごトキめき鉄道妙高はねうまライン春日山駅から徒歩20分

新潟県 廻る高麗犬で知られる

湊稲荷神社（みなといなりじんじゃ）

享保元年（1716）に神託を受けた初代宮司がこの地を開拓し創建。高麗犬を廻して願掛けをする「願懸の高麗犬」で知られる。

- **所在地** 新潟県新潟市中央区稲荷町3482
- **アクセス** JR新潟駅からバスで「歴史博物館前」下車、徒歩5分

新潟県 新潟県最初の県社

金峯神社（きんぷじんじゃ）

和銅2年（709）に元明天皇の勅願によって吉野の蔵王権現が勧請されて創建。江戸時代には越後中越地方の総鎮守とされた。

- **所在地** 新潟県長岡市西蔵王2-6-19
- **アクセス** JR信越本線北長岡駅から徒歩15分

第六章 甲信越・北陸

新潟県 新潟縣護國神社
新潟県の英霊を祀る
にいがたけんごこくじんじゃ

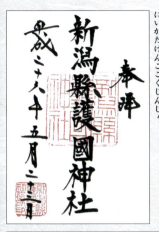

明治維新で殉難した英霊の慰霊祭を行う。昭和16年(1941)、現在地に新潟縣護國神社を創建。海沿いに広がる広々とした境内。

所在地 新潟県新潟市中央区西船見町5932-300
アクセス JR新潟駅からバスで「岡本小路」下車、徒歩3分

新潟県 白山神社
仲を取り持ち和す縁結びの神様
はくさんじんじゃ

祭神は、加賀の霊峰・白山頂上に祀られている女神・菊理媛大神で、古くより北陸の大社として信仰される。

所在地 新潟県新潟市中央区一番堀通町1-1
アクセス JR新潟駅からバスで「市役所前」下車すぐ

新潟県 彌彦神社 御神廟
越の国を開拓した神様を祀る
ごしんびょう

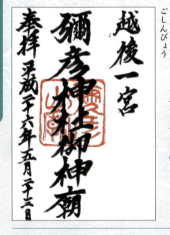

弥彦山の山頂にある神廟で、天香山命とその妃が祀られている。佐渡や越後平野が一望できる。

新潟県 彌彦神社
2400年以上の歴史を有する
やひこじんじゃ

祭神の天香山命が越の国開拓の神業を終えたのちに、子である天五田根命が廟社を築き奉祀したことにはじまる。

所在地 新潟県西蒲原郡弥彦村弥彦2887-2
アクセス JR弥彦線弥彦駅から徒歩15分

雄山神社 芦峅中宮 祈願殿
富山県 樹齢500年の杉並木がある

雄山神社の三社殿のひとつで、山麓芦峅寺に鎮座している。立山信仰の資料がある立山博物館が隣接している。

- 所在地　富山県中新川郡立山町芦峅寺2
- アクセス　富山地方鉄道立山線千垣駅からバスで「雄山神社前」下車すぐ

雄山神社 前立社壇
富山県 霊山・立山信仰の里

雄山神社は、峰本社、前立社壇、祈願殿の三社殿からなる。前立社壇は山麓岩峅寺に鎮座している。

- 所在地　富山県中新川郡立山町岩峅寺1
- アクセス　富山地方鉄道立山線・上滝線岩峅寺駅から徒歩10分

高瀬神社
富山県 必見の境内のなでうさぎ

鎮座は景行天皇の時代といわれ、大国主命が北国御開拓の際、自らの御魂をこの地に鎮め祀ったと伝わる。

- 所在地　富山県南砺市高瀬291
- アクセス　JR城端線福野駅からタクシーで7分

越中立山 多賀宮
富山県 雄山神社と多賀大社の祭神を祀る

立山を開山した佐伯有頼の子・有種が、立山の大神と近江国の多賀の大神を邸内社として創建したのがはじまり。

- 所在地　富山県中新川郡立山町岩峅寺74
- アクセス　富山地方鉄道立山線・上滝線岩峅寺駅から徒歩5分

第六章 甲信越・北陸

富山県

大佛寺（だいぶつじ）
日本三大仏のひとつ・高岡大仏

境内には、高さ16mの阿弥陀如来坐像があり、奈良、鎌倉と並ぶ日本三大仏とされる。現在の大仏は3代目。

- 所在地　富山県高岡市大手町11-29
- アクセス　JR・あいの風とやま鉄道高岡駅から徒歩10分

射水神社（いみずじんじゃ）
二上山に鎮まる神

越中国の守り神として、祭神である二上の神を祀る。桜の名所として知られ、春になると多くの参拝客で賑わう。

- 所在地　富山県高岡市古城1-1
- アクセス　JR・あいの風とやま鉄道高岡駅から徒歩10分

富山縣護國神社（とやまけんごこくじんじゃ）
富山県の英霊を祀る

幾多の戦役で国のために戦没された富山県出身の方々の御霊を祀る。毎月第一日曜日の「富山のみの市」は名物行事。

- 所在地　富山県富山市磯部町1-1
- アクセス　JR富山駅から市内電車で「安野屋電停」下車、徒歩3分

勝興寺（しょうこうじ）
浄土真宗の代表的寺院

文明3年（1471）、本願寺八世蓮如が布教の拠点として開創。天正12年（1584）に現在地に移された。

- 所在地　富山県高岡市伏木古国府17-1
- アクセス　JR氷見線伏木駅から徒歩5分

金城寺 (きんじょうじ)
富山県 病気平癒のなでぼとけ寺

境内にある賓頭盧尊者像はなでると病気平癒や諸願成就のご利益があり、「なでぼとけ寺」と称される。

- 所在地　富山県南砺市松島16-3
- アクセス　JR金沢駅からバスで「交通広場」下車、徒歩8分

宇奈月神社 (うなづきじんじゃ)
富山県 宇奈月温泉の鎮守

法学者の聖地といわれる宇奈月温泉の鎮守で、昭和2年(1927)の創建。ハラスメント除けの「権利ノ濫用除お守り」がある。

- 所在地　富山県黒部市黒部峡谷口30
- アクセス　黒部峡谷鉄道宇奈月駅から徒歩3分

日枝神社 (ひえじんじゃ)
富山県 市内中心部に位置する山王さん

戦国武将の佐々成政が篤く崇敬。その後富山城に入城した前田利長は現在の場所に境内地を寄進、社殿を造営。

- 所在地　富山県富山市山王町4-12
- アクセス　JR・あいの風とやま鉄道富山駅からバスで「総曲輪」下車、徒歩5分

善徳寺 (ぜんとくじ)
富山県 東本願寺の城端別院

500年以上前に本願寺八世蓮如によって開創された。親鸞直筆の「唯信鈔断簡」をはじめ、約1万点の寺宝を所蔵している。

- 所在地　富山県南砺市城端405
- アクセス　JR城端線城端駅から徒歩10分

第六章　甲信越・北陸

金澤神社（かなざわじんじゃ）
石川県　日本三名園のひとつ・兼六園の鎮守

寛政6年（1794）に加賀藩11代藩主・前田治脩によって藩校の鎮守として創建。災難除けの白蛇竜神の御神体がある。

- 所在地　石川県金沢市兼六町1-3
- アクセス　JR金沢駅からバスで「出羽町金沢医療センター」下車、徒歩3分

倶利迦羅不動寺（くりからふどうじ）
石川県　日本三不動のひとつ

養老2年（718）、元正天皇の勅願によりインドの高僧が彫った倶利迦羅不動明王像を奉安されたことにはじまる。

- 所在地　石川県河北郡津幡町倶利伽羅リ-2
- アクセス　JR七尾線・IRいしかわ鉄道津幡駅からタクシーで20分

永光寺（ようこうじ）
石川県　4代にわたり勅願寺となった

正和元年（1312）に開創された曹洞宗の寺院で、元亨元年（1321）、後醍醐天皇から「曹洞宗出世道場」として、勅願寺となった。

- 所在地　石川県羽咋市酒井町イ11
- アクセス　JR七尾線羽咋駅からバスで「寺境」下車、徒歩25分

氣多大社（けたたいしゃ）
石川県　古い歴史をもつ能登一宮

古くからの大社で、『万葉集』には、天平20年（748）、越中国守であった大伴家持が能登巡行の際の歌がある。

- 所在地　石川県羽咋市寺家町ク1-1
- アクセス　JR七尾線羽咋駅からバスで「一の宮」下車、徒歩5分

富山県／石川県

石川県 豊財院（ぶざいいん） 能登初の禅修行の道場

石川県 妙成寺（みょうじょうじ） 前田家ゆかりの古刹

瑩山によって能登で初の禅修業の場として開創され、瑩山が永光寺を開いたのち、正和元年（1312）、堂宇が建立された。

- 所在地 石川県羽咋市白瀬町ル8
- アクセス JR七尾線羽咋駅からバスで「飯山」下車、徒歩15分

永仁2年（1294）、日像によって開創された。慶長8年（1603）、3代藩主・前田利常の母・寿福院が帰依し、菩提寺になった。

- 所在地 石川県羽咋市滝谷町ヨ1
- アクセス JR七尾線羽咋駅からバスで「妙成寺口」下車、徒歩10分

石川県 医王寺（いおうじ） 山中温泉を守護する寺院

石川県 薬王院温泉寺（やくおういんおんせんじ） 山代温泉を守護する寺院

約1300年前に行基が発見した行基の開創と伝えられる。境内には「甘露水」と呼ばれる霊水が湧く。日本三薬師のひとつ。

- 所在地 石川県加賀市山中温泉薬師町リ1
- アクセス JR北陸本線加賀温泉駅からバスで「山代湯泉総湯」下車、徒歩3分

約1300年前、行基が白山で霊鳥に導かれて温泉を発見した。この温泉守護のために、仏像を彫刻して堂宇を建立したのがはじまり。

- 所在地 石川県加賀市山代温泉18-40甲
- アクセス JR北陸本線加賀温泉駅からバスで「山代温泉」下車、徒歩5分

第六章 甲信越・北陸

石川県 大野湊神社
1300年の歴史を有する古社

飛鳥朝時代に創建。天正14年(1586)、前田利家が任国の際、社殿を再興し、社領を寄進。大神様が海と湊の安全を守護。

- 所在地　石川県金沢市寺中町ハ163
- アクセス　JR金沢駅からバスで「西警察署前」下車、徒歩5分

石川県 菅生石部神社
全国の斎藤氏の氏神

疫病を鎮めるために585年に、菅生石部神を祀り、同時に五穀の豊穣を祈願してはじまる。

- 所在地　石川県加賀市大聖寺敷地ル乙81
- アクセス　JR北陸本線加賀温泉駅からタクシーで5分

石川県 石川護国神社
県内最大規模を誇る神社

戊辰戦争において戦死した加賀藩の108名の御霊を、明治3年(1870)、卯辰山に招魂社を造営して祀ったのがはじまり。

- 所在地　石川県金沢市石引4-18-1
- アクセス　JR金沢駅からバスで「出羽町」下車、徒歩2分

石川県 天徳院
前田利常の正室・珠姫の菩提寺

元和9年(1623)、3代藩主・前田利常の正室で、2代将軍・徳川秀忠の次女・珠姫の菩提寺として開創された。

- 所在地　石川県金沢市小立野4-4-4
- アクセス　JR金沢駅からバスで「天徳院前」下車、徒歩2分

石川県 尾山神社（おやまじんじゃ）
和漢洋の様式を取り入れた神門

慶長4年（1599）、前田利家が亡くなると、2代利長は、物部八幡宮と榊葉神明宮を遷座して利家の御霊を合祀した。

- 所在地　石川県金沢市尾山町11-1
- アクセス　JR金沢駅からバスで「南町・尾山神社」下車、徒歩3分

石川県 雨宝院（うほういん）
文豪・室生犀星が過ごした寺

天平8年（736）、白山を開山の泰澄によって開創された。文禄2年（1593）、雄勢により再興された。室生犀星ゆかりの資料もある。

- 所在地　石川県金沢市千日町1-3
- アクセス　JR金沢駅からバスで「広小路」下車、徒歩3分

石川県 白山比咩神社（しらやまひめじんじゃ）
全国白山神社の総本宮

高くそびえる白山は古くから霊山信仰の聖地として仰がれてきた。加賀の登拝の拠点として鎮座2100年を超える霊峰白山。

- 所在地　石川県白山市三宮町ニ105-1
- アクセス　北陸鉄道石川線鶴来駅からバスで「一の宮」下車、徒歩5分

石川県 那谷寺（なたでら）
白山信仰が息づく寺院

養老元年（717）に泰澄によって開創された。花山法皇によって那智山と谷汲山から一字ずつ取り、那谷寺と改名されたと伝えられる。

- 所在地　石川県小松市那谷町ユ122
- アクセス　JR北陸本線粟津駅からバスで「那谷寺」下車すぐ

第六章 甲信越・北陸

石川県 曹洞宗大本山・総持寺の祖院
總持寺祖院（そうじじそいん）

元亨元年(1321)に開創。明治31年(1898)に境内は焼失し、本山は明治44年(1911)、神奈川県横浜市に移り祖院となった。

- 所在地　石川県輪島市門前町門前1-18-1
- アクセス　のと鉄道七尾線穴水駅からバスで「門前」下車、徒歩5分

福井県 火の見回りをする石仏
引接寺（いんじょうじ）

天台宗真盛派の別格本山で、長亨2年(1488)に開創された。境内の石仏は、夜中に火の用心の見回りに歩くといわれる。

- 所在地　福井県越前市京町3-3-5
- アクセス　ハピラインふくい線武生駅から徒歩10分

福井県 道元が開いた坐禅修行の聖地
永平寺（えいへいじ）

寛元2年(1244)、道元が坐禅修行道場として開いた。応安5年(1372)、後圓融天皇より「日本曹洞第一道場」となった。

- 所在地　福井県吉田郡永平寺町志比5-15
- アクセス　えちぜん鉄道勝山永平寺線永平寺口駅からバスで「永平寺」下車、徒歩5分

福井県 武将から篤く信仰された
瀧谷寺（たきだんじ）

永和元年(1375)、睿憲によって開創された。朝倉氏、柴田勝家、福井藩主・松平家などの祈願所として、信仰された。

- 所在地　福井県坂井市三国町滝谷1-7-15
- アクセス　えちぜん鉄道三国芦原線三国駅から徒歩10分

福井県 元号「天徳」の名がついた寺院	福井県 北陸地方唯一の成田山の別院

天徳寺（てんとくじ）
九頭龍寺（くずりゅうじ）

約1300年前に泰澄によって開創されたと伝えられ、平安時代に62代村上天皇の勅願寺となり、年号の「天徳」が名付けられた。

- 所在地　福井県三方上中郡若狭町天徳寺38-3
- アクセス　JR小浜線上中駅からバスで「天徳寺」下車、徒歩9分

昭和33年（1958）に千葉県の成田山新勝寺から本尊・不動明王の分霊を迎えて開創。「四国霊場お砂踏み」などがある。

- 所在地　福井県坂井市三国町緑ケ丘4-9-10
- アクセス　えちぜん鉄道三国芦原線三国駅から徒歩10分

福井県 国の重文の毘沙門天像	福井県 霊鳥・鳳凰が飛来した地

羽賀寺 毘沙門天（びしゃもんてん）
羽賀寺（はがじ）

国の重要文化財に指定されている毘沙門天像で平安時代末の作とされる。昭和25年（1950）に大規模修理された。

霊亀2年（716）に行基が開創。この地に鳳凰が飛んできて、羽を落としたという伝説から羽賀寺と名付けられた伝わる。

- 所在地　福井県小浜市羽賀83-5
- アクセス　JR小浜線小浜駅からタクシーで16分

第六章 甲信越・北陸

福井県

若狭彦神社（わかさひこじんじゃ）
神話が残る若狭国一の宮

霊亀元年（715）に鎮座。6年後、二社の若狭姫神社が鎮座。両社を併せて「上下宮」とも「若狭国一宮」とも総称する。

- 所在地　福井県小浜市竜前28-7
- アクセス　JR小浜線東小浜駅から徒歩15分

劔神社（つるぎじんじゃ）
織田信長が氏神と崇めた社

神功皇后の第2皇子忍熊王が劔大神を祀り、「劔大明神」として信仰した。戦国時代には、織田信長が篤く信仰した。

- 所在地　福井県丹生郡越前町織田154
- アクセス　ハピラインふくい線武生駅からでバスで「明神前」下車すぐ

西福寺（さいふくじ）
極楽浄土を表した書院庭園

応安元年（1368）、後光厳天皇の勅願により良如によって開創された。1400坪の書院庭園は極楽浄土を地上に表現したといわれる。

- 所在地　福井県敦賀市原13-7
- アクセス　JR敦賀駅からバスで「西福寺」下車、徒歩3分

福井県護国神社（ふくいけんごこくじんじゃ）
福井県の英霊を祀る

昭和16年（1941）3月に創建。明治維新以来、日清・日露の両戦役から大東亜戦争に至る3万2000余柱の英霊を祀る。

- 所在地　福井県福井市大宮2-13-8
- アクセス　JR福井駅からバスで「護国神社前」下車、徒歩1分

福井県 別格官幣社のひとつ

福井神社（ふくいじんじゃ）

幕末に活躍した越前福井藩主・松平慶永を祭神として祀る。昭和18年（1943）に創建された。

- 所在地　福井県福井市大手3-16-1
- アクセス　JR福井駅から徒歩5分

福井県 歴代将軍家が安堵する御朱印地

神明神社（しんめいじんじゃ）

60代醍醐天皇の時代、北庄の明光長者という人物が、篤く天照大御神を崇敬し、この地に社殿を造営し、大神宮を勧請した。

- 所在地　福井県福井市宝永4-8-1
- アクセス　JR福井駅から徒歩12分

福井県 龍神を祀る北陸の古社

毛谷黒龍神社（けやくろたつじんじゃ）

黒龍川（九頭竜川）の守護と国土安穏・万民守護のために高屋郷黒龍村（舟橋）毛谷の杜に高龗神と闇龗神の2柱の御霊を祀る。

- 所在地　福井県福井市毛矢3-8-1
- アクセス　福井鉄道福武線足羽山公園口駅から徒歩5分

福井県 武将・新田義貞ゆかりの地

藤島神社（ふじしまじんじゃ）

後醍醐天皇の功臣「贈正一位新田義貞公」を主祭神として祀る。旧別格官幣社で、建武中興十五社のひとつ。

- 所在地　福井県福井市毛矢3-8-21
- アクセス　JR福井駅からバスで「不動山口」下車、徒歩5分

第七章

東海

玉龍寺 ぎょくりゅうじ

岐阜県 — 5種のモミジがある紅葉の名所

江戸時代初期に飛騨国主だった金森長近が再興した寺院で、秋になると紅葉の名所となり、地元で「もみじ寺」と呼ばれている。

- 所在地　岐阜県下呂市金山町中切1545
- アクセス　JR高山本線下呂駅からタクシーで8分

温泉寺 おんせんじ

岐阜県 — 下呂温泉の起源となった薬師如来

寛文11年(1671)に開創。シラサギが止まった松の木の根元で温泉が見つかり、木の根元にあった薬師如来を本尊とする。

- 所在地　岐阜県下呂市湯之島680
- アクセス　JR高山本線下呂駅から徒歩15分

関善光寺 せきぜんこうじ

岐阜県 — 善光寺を模して建立された

宝暦3年(1753)、広瀬家により開創され、文政10年(1827)に長野市の善光寺本堂を模して建立された。

- 所在地　岐阜県関市西日吉町35
- アクセス　長良川鉄道越美南線関駅から徒歩3分

弥勒寺 みろくじ

岐阜県 — 官衙の跡地に開創された寺院

白鳳時代(645～710)に開創され、元禄2年(1689)に円空が再興し、滋賀県の三井寺の末寺になった。

- 所在地　岐阜県関市池尻10-1
- アクセス　長良川鉄道関市役所前駅からタクシーで8分

第七章 東海

岐阜県

伊奈波神社（いなばじんじゃ）
金華山の麓にある古社

五十瓊敷入彦命の偉徳を偲び、稲葉山（金華山）の地に鎮斎して創建された。龍神を祀る境内の黒龍社は人気となっている。

- 所在地　岐阜県岐阜市伊奈波通1-1
- アクセス　JR岐阜駅からバスで「伊奈波通り」下車、徒歩10分

迫間不動尊（はさまふどうそん）
美濃三不動のひとつ

弘仁14年（823）に開創され、疫病が蔓延した際に52代嵯峨天皇が迫間不動に祈願すると厄災が治まったと伝えられる。

- 所在地　岐阜県関市迫間891
- アクセス　JR高山本線新鵜沼駅からタクシーで15分

岐阜護國神社（ぎふごこくじんじゃ）
岐阜県の英霊を祀る

大正7年（1918）、岐阜県知事や在郷軍人などが護國神社の創立を出願するが受理されず、昭和15年（1940）になって創建された。

- 所在地　岐阜県岐阜市御手洗393
- アクセス　JR・名鉄岐阜駅からバスで「長良橋」下車、徒歩5分

乙津寺（おっしんじ）
日本三躰厄除弘法大師のひとつ

天平10年（738）、行基が開創。52代嵯峨天皇の勅願により、空海が伽藍を造営し、自らの像を彫ったと伝えられる。

- 所在地　岐阜県岐阜市鏡島2-8-1
- アクセス　JR・名鉄岐阜駅からバスで「鏡島弘法前」下車、徒歩2分

正法寺 (しょうぼうじ)
岐阜県 日本三大大仏のひとつ・岐阜大仏

天保3年(1832)に完成した岐阜大仏は、高さ13.7mで乾漆仏としては日本一の大きさを誇る。黄檗宗・宇治万福寺の末寺。

- **所在地** 岐阜県岐阜市大仏町8
- **アクセス** JR・名鉄岐阜駅からバスで「岐阜公園・歴史博物館前」下車、徒歩3分

慈恩禅寺 (じおんぜんじ)
岐阜県 四季を感じる奥庭のてっ草園

慶長11年(1606)に八幡城主・遠藤慶隆によって開創された。花園天皇の自筆の書面や郡上藩主・金森頼錦が寄付した和歌などがある。

- **所在地** 岐阜県郡上市八幡町島谷339
- **アクセス** JR・名鉄岐阜駅からバスで「八幡愛宕町慈恩禅寺前」下車、徒歩1分

大雄寺 (だいおうじ)
岐阜県 飛騨最古の鐘楼が残る

年代は不明だが、鎌倉時代に吉城郡上広瀬に開創され、天正14年(1586)、金森長近により現在地に移されたと伝わる。

- **所在地** 岐阜県高山市愛宕町67
- **アクセス** JR高山本線高山駅から徒歩17分

水無神社 (みなしじんじゃ)
岐阜県 飛騨人の心の拠り所

平安初期、従五位上の神位を授けられ、飛騨国の一宮として鎮座。飛騨生きびな祭りや例祭、初詣などは多くの参拝者で賑わう。

- **所在地** 岐阜県高山市一之宮町5323
- **アクセス** JR高山本線飛騨一ノ宮から徒歩8分

第七章 東海

岐阜県 櫻山八幡宮（さくらやまはちまんぐう）
参拝者が急増する秋の例祭

征討将軍の勅命を受けた難波根子武振熊命が戦勝祈願をして創建された。8世紀になり境内は整えられた。

- 所在地　岐阜県高山市桜町178
- アクセス　JR高山本線高山駅から徒歩20分

岐阜県 天猷寺（てんにゅうじ）
花の季節に多くが訪れる椿寺

元和2年（1616）、馬場昌次が開創した馬場氏の菩提寺。天保6年（1835）に、国内唯一のハナノキで作られた山門がある。

- 所在地　岐阜県瑞浪市釜戸町1517-1
- アクセス　JR中央本線釜戸駅から徒歩10分

岐阜県 永保寺（えいほうじ）
樹齢700年の大イチョウがある

正和2年（1313）、禅寺として開創された。開山堂と観音堂は国宝に指定されている。境内は紅葉の名所として知られる。

- 所在地　岐阜県多治見市虎渓山町1-40
- アクセス　JR中央本線・太多線多治見駅からバスで「虎渓山」下車、徒歩5分

岐阜県 円興寺（えんこうじ）
1200年の歴史を誇る古刹

延暦9年（790）に開創、万治元年（1658）に現在地に移ったと伝えられる。樹齢300年を超える大クスノキがある。

- 所在地　岐阜県大垣市青墓町5-880
- アクセス　JR美濃赤坂線美濃赤坂駅からタクシーで10分

小山寺 （しょうさんじ）

岐阜県　木曽義仲ゆかりの小山観音

平安時代末に、木曽義仲が小船で中の島に渡る際、馬頭観音が現れて波を鎮めたため、開創されたと伝えられる。

所在地　岐阜県美濃加茂市下米田町小山104
アクセス　JR高山本線古井駅から徒歩10分

慈徳院 （じとくいん）

岐阜県　高山城跡近くにある寺院

臨済宗妙心寺派の寺院で、天文13年（1544）に崇禅寺の境内に建立され、寛文元年（1661）に高山村に移築開創した。

所在地　岐阜県土岐市土岐津町高山427-1
アクセス　JR中央本線土岐市駅から徒歩14分

南宮大社 （なんぐうたいしゃ）

岐阜県　鉱山・金属業の総本宮

主祭神は金山彦大神。旧国幣大社で美濃国一宮として、また全国の鉱山・金属業の総本宮として、篤い崇敬を集める。

所在地　岐阜県不破郡垂井町宮代1734-1
アクセス　JR東海道本線垂井駅から徒歩20分

瑞林寺 （ずいりんじ）

岐阜県　柿寺として知られる

柿の産地である美濃加茂市蜂屋町に室町時代に開創された古刹。「蜂屋大仏」と呼ばれる高さ5mの木造弥勒仏坐像がある。

所在地　岐阜県美濃加茂市蜂屋町上蜂屋9-1
アクセス　JR・長良川鉄道美濃太田駅からタクシーで10分

第七章 東海

松雲寺（しょううんじ）
静岡県 参勤交代の寺本陣

正保元年(1644)に日明が構えた庵が前身となり、明暦2年(1656)に開創。尾張や紀伊徳川家が休息所として用いた。

- 所在地　静岡県三島市三ツ谷新田7-1
- アクセス　JR・伊豆箱根鉄道三島駅からバスで「松雲寺前」下車すぐ

華厳寺（けごんじ）
岐阜県 谷汲さんで知られる桜・紅葉の名所

延暦17年(798)の開創。西国三十三番満願霊場で、満願を果たした巡礼者が着物などを納める笈摺堂などがある。

- 所在地　岐阜県揖斐郡揖斐川町谷汲徳積23
- アクセス　樽見鉄道樽見線谷汲口駅からバスで「谷汲山」下車、徒歩12分

伊古奈比咩命神社（いこなひめのみことじんじゃ）
静岡県 最愛の后神を祀る社

祭神・三嶋大明神は3人の子と共に伊豆の白浜に上陸。后・伊古奈比命を迎えて鎮座し、伊豆七島が生まれたと伝わる。

- 所在地　静岡県下田市白浜2740
- アクセス　伊豆急行伊豆急下田駅からバスで「白浜神社」下車すぐ

達磨寺（だるまじ）
静岡県 日本最大の達磨坐像がある

京都の法輪寺の分院で、本堂には不死身達磨大師と呼ばれる、高さ5m、重さ3トンの日本最大の達磨大師坐像が安置されている。

- 所在地　静岡県伊豆市小下田463-1
- アクセス　伊豆箱根鉄道駿豆線修善寺駅からバスで「富士見台」下車すぐ

修禅寺 (しゅぜんじ)

静岡県 修善寺温泉街の中心に位置する

大同2年(807)、空海によって開創され、鎌倉時代に臨済宗に改宗された。幕末に伽藍などが消失したが明治時代に再建された。

- 所在地 静岡県伊豆市修善寺964
- アクセス 伊豆箱根鉄道駿豆線修善寺駅からバスで「修善寺温泉」下車、徒歩5分

了仙寺 (りょうせんじ)

静岡県 幕末の下田条約の舞台

寛永12年(1635)、下田奉行・今村正長によって開創。徳川家から信仰され、寺紋は三つ葉葵となっている。

- 所在地 静岡県下田市七軒町3-12-12
- アクセス 伊豆急行伊豆急下田駅から徒歩10分

浄感寺 (じょうかんじ)

静岡県 江戸時代に浄感寺塾が開かれる

永仁年間(1293～1299)に開創されたが、約300年前に本尊以外の建物が焼失。弘化4年(1847)に再興され、現在に至る。

- 所在地 静岡県賀茂郡松崎町松崎234-1
- アクセス 伊豆急蓮台寺駅からバスで「松崎バスターミナル」下車、徒歩20分

本興寺 (ほんこうじ)

静岡県 北原白秋が歌に詠んだ古刹

浜名八景のひとつに数えられる景勝地にある古刹。境内には、北原白秋の歌碑や星野立子の句碑がある。

- 所在地 静岡県湖西市鷲津384
- アクセス JR東海道本線鷲津駅から徒歩10分

第七章 東海

静岡県 三嶋大社（みしまたいしゃ）
東海随一の神格を誇る社

中世以降、伊豆に流された源頼朝が深く崇敬し、源氏再興を祈願した。祭神は山森農産の守護神・大山祇命。

- 所在地　静岡県三島市大宮町2-1-5
- アクセス　JR・伊豆箱根鉄道三島駅から徒歩15分

静岡県 小國神社（おくにじんじゃ）
自然生い茂る山麓に鎮座

555年、本宮峯に御神霊が祀られた。都より勅使が差遣せられ、山麓に社殿を造営。「遠江国一宮」として崇敬されている。

- 所在地　静岡県周智郡森町一宮3956-1
- アクセス　天竜浜名湖鉄道遠江一宮駅から送迎マイクロバス（日曜日及び指定日運行）

静岡県 極楽寺（ごくらくじ）
1万3千株のあじさい

養老年間（717～724）に行基が開創し、「極楽のゆく人の乗る紫の雲の色なるあじさいの花」の歌から、あじさいが植えられている。

- 所在地　静岡県周智郡森町一宮5709
- アクセス　天竜浜名湖鉄道遠江一宮駅から徒歩18分

静岡県 焼津神社（やいづじんじゃ）
例祭は東海一の荒祭

409年にヤマトタケルの知恵と勇気と優しさを称え、焼津の守神として祀った。徳川家などの武家の信仰も篤い。

- 所在地　静岡県焼津市焼津2-7-2
- アクセス　JR東海道本線焼津駅から徒歩13分

静岡県 静岡県の英霊を祀る	静岡県 高さ4・2mの焼津千住大観音
静岡縣護國神社（しずおかけんごこくじんじゃ） 	大覚寺（だいかくじ）

明治32年（1899）、共祭招魂社として静岡市北番町に創建。明治維新以来の静岡県出身者・縁故ある英霊を祀る。

所在地 静岡県静岡市葵区柚木366
アクセス JR東海道本線東静岡駅から徒歩10分

嘉祥3年（850）に開創。弘治3年（1557）、曹洞宗に改宗された。平成15年（2003）、本尊は新たに千手観音の大仏となった。

所在地 静岡県焼津市大覚寺1-19-1
アクセス JR東海道本線焼津駅からバスで「大覚寺」下車、徒歩8分

静岡県 全国東照宮の創祀	静岡県 月の名所、竹の寺
久能山東照宮（くのうざんとうしょうぐう） 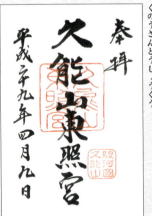	吐月峰柴屋寺（とげっぽうさいおくじ） 

徳川家康の遺命により遺骸を久能山に埋葬。その地に2代将軍秀忠の命により久能山東照宮が創建された。

所在地 静岡県静岡市駿河区根古屋390
アクセス JR静岡駅からバスで「日本平ロープウェイ」下車、ロープウェイで「久能山」下車すぐ

室町時代の連歌師・柴屋軒宗長が永正元年（1504）に草庵を編んだ地で、臨済宗妙心寺派の寺院。借景式の庭園が有名。

所在地 静岡県静岡市駿河区丸子3316
アクセス JR東海道本線静岡駅からバスで「吐月峰入口」下車、徒歩10分

第七章 東海

梅蔭禅寺（ばいいんぜんじ）
静岡県 清水の次郎長の墓がある

足利時代に開創された古刹で、侠客として知られる、次郎長、大政、小政などの墓がある。境内には、次郎長の銅像もある。

- 所在地 静岡県静岡市清水区南岡町3-8
- アクセス JR東海道本線清水駅からバスで「梅蔭寺」下車、徒歩2分

鉄舟寺（てっしゅうじ）
静岡県 幕末に活躍した山岡鉄舟ゆかりの寺

平安時代に行基が開創。もとは久能山の山頂にあり久能寺の名だった。山岡鉄舟が再興し「鉄舟寺」となった。

- 所在地 静岡県静岡市清水区村松2188
- アクセス JR東海道本線清水駅からバスで「鉄舟寺」下車すぐ

大井神社（おおいじんじゃ）
静岡県 厄除け・安産などの守り神

水の神・彌都波能売神、土の神・波邇夜須比売神、日の神・天照大神の三女神を祀る。女性や子どもの守護神として知られる。

- 所在地 静岡県島田市大井町2316
- アクセス JR東海道本線島田駅から徒歩5分

尊永寺（そんえいじ）
静岡県 遠州三山のひとつとして知られる

神亀2年（725）、聖武天皇の勅願で行基によって開創された。今川氏輝、豊臣秀吉、徳川家康など武将から篤く信仰された。

- 所在地 静岡県袋井市豊沢2777
- アクセス JR東海道本線袋井駅からバスで「法多山」下車、徒歩11分

來宮神社（きのみやじんじゃ）

静岡県 古来より熱海郷の地主の神

縁結びで人気の神社。樹齢2100年の大楠の御神木があり、幹を一回りすると一年寿命がのびる、願い事が叶うといわれている。

- **所在地** 静岡県熱海市西山町43-1
- **アクセス** JR熱海駅から徒歩18分

伊豆山神社（いずさんじんじゃ）

静岡県 相模灘を望む広大な神域

本殿に祀られる神像・木造男神像は日本最大。伊豆山、走湯山と呼び親しまれてきた強運守護、福徳和合、縁結びの神様。

- **所在地** 静岡県熱海市伊豆山708-1
- **アクセス** JR熱海駅からバスで「伊豆山神社前」下車、徒歩4分

五社神社・諏訪神社（ごしゃじんじゃ・すわじんじゃ）

静岡県 朱色の絢爛豪華な社殿

五社神社は曳馬城主・久野越中守が城内に、諏訪神社は坂上田村麻呂が東征の際に創建され、昭和37年(1962)に合祀された。

- **所在地** 静岡県浜松市中央区利町302-5
- **アクセス** JR東海道本線浜松駅から徒歩10分

秋葉山本宮秋葉神社（あきはさんほんぐうあきはじんじゃ）

静岡県 全国の秋葉神社の総本宮

火の神・ヒノカグツチを祀り、火防の神として信仰される。全国から参詣者が集まり、遠州各地の宿は秋葉道者で賑わった。

- **所在地** 静岡県浜松市天竜区春野町領家841
- **アクセス** 遠州鉄道・天竜浜名湖鉄道西鹿島駅からバスで「秋葉神社」下車すぐ

第七章 東海

岩水寺（がんすいじ） 静岡県
「家をまもるは岩水寺」といわれる

神亀2年（725）、行基によって開創された。弘仁6年（815）、嵯峨天皇の病気平癒を祈願した。子宝安産、家内安全で有名。

- 所在地　静岡県浜松市浜北区根堅2238
- アクセス　天竜浜名湖鉄道岩水寺駅から徒歩10分

龍潭寺（りょうたんじ） 静岡県
名門・井伊家の菩提寺

天平5年（733）に行基によって開創された。室町時代末期に臨済宗に改宗した。36代井伊直弼のほか、井伊家40代の菩提寺。

- 所在地　静岡県浜松市北区引佐町井伊谷1989
- アクセス　JR東海道本線浜松駅からバスで「神宮寺」下車、徒歩10分

摩訶耶寺（まかやじ） 静岡県
中世の座視鑑賞式池泉庭

神亀3年（726）に行基によって開創。平安時代末期に一条天皇の勅願により現在地に移された。中世の座視鑑賞式池泉庭が有名。

- 所在地　静岡県浜松市北区三ヶ日町摩訶耶421
- アクセス　天竜浜名湖鉄道三ケ日駅から徒歩30分

富士山本宮浅間大社（ふじさんほんぐうせんげんたいしゃ） 静岡県
浅間神社の総本宮

11代垂仁天皇の時代、富士山の噴火を鎮めるために祀られた。溶岩の間から湧出した地下水が池となった湧玉池が境内にある。

- 所在地　静岡県富士宮市宮町1-1
- アクセス　JR身延線富士宮駅から徒歩10分

静岡県 妙法寺（みょうほうじ）
聖徳太子作の毘沙門天像

1000年以上前に山伏たちが富士登山する禊ぎの道場がはじまり。太子両肩上湧現の尊像は、肩に毘沙門天が立つ珍しい様式。

- 所在地　静岡県富士市今井2-7-1
- アクセス　JR・岳南電車吉原駅から徒歩10分

静岡県 本門寺根源（ほんもんじこんげん）
富士五山のひとつに数えられる

永仁6年（1298）に日興によって開創された日蓮宗の七大本山のひとつ。重須本門寺とも呼ばれる。

- 所在地　静岡県富士宮市北山4965
- アクセス　JR身延線富士宮駅からバスで「本門寺入口」下車、徒歩5分

愛知県 真清田神社（ますみだじんじゃ）
尾張が誇る一宮

平安時代、国幣名神大社となり、尾張国の一宮として人々の崇敬を集める。大正3年（1914）には国幣中社となった。

- 所在地　愛知県一宮市真清田1-2-1
- アクセス　JR東海道本線尾張一宮駅・名鉄一宮駅から徒歩8分

静岡県 富知六所浅間神社（ふじろくしょせんげんじんじゃ）
富士山南麓を守護する

5代孝昭天皇の時代に創建。10代崇神天皇が四道将軍を派遣のとき、勅幣を奉られた。弘仁2年（811）、勅願所となった。

- 所在地　静岡県富士市浅間本町5-1
- アクセス　JR身延線・東海道本線富士駅からバスで「弥生町」下車、徒歩5分

第七章 東海

愛知県 尾張総社の国府宮

尾張大國霊神社（おわりおおくにたまじんじゃ）

奈良時代、国衙に隣接し尾張国の総社とされ、国司自らが祭祀を執り行った。農商業守護神として広く信仰される。

- 所在地　愛知県稲沢市国府宮1-1-1
- アクセス　名鉄本線国府宮駅から徒歩3分

愛知県 等身大の位牌がある徳川家菩提寺

大樹寺（だいじゅじ）

文明7年（1475）に開創され、松平家・徳川将軍家の菩提寺。徳川歴代将軍の等身大の位牌が安置されている。

- 所在地　愛知県岡崎市鴨田町字広元5-1
- アクセス　名鉄本線東岡崎駅からバスで「大樹寺」下車、徒歩5分

静岡県／愛知県

愛知県 ガン封じで人々に信仰される

無量寺（むりょうじ）

平安時代開創の古刹で、本尊の西浦不動は難病封じのご利益があると伝えられる。ガン封じ祈祷で知られる。

- 所在地　愛知県蒲郡市西浦町日中30
- アクセス　名鉄蒲郡線西浦駅から徒歩5分

愛知県 平安時代から信仰された薬師如来

浄土寺（じょうどじ）

弘仁年間（810～824）に開創され、本尊は薬師瑠璃光如来で、厨子の扉は50年ごとにしか開かれない秘仏となっている。

- 所在地　愛知県額田郡幸田町大草山寺3
- アクセス　JR東海道本線幸田駅から送迎バスあり

西福寺 （さいふくじ）
愛知県 三河三弘法のひとつ

寛正年間（1460～1466）、雲涼院と西福寺の両寺が兵火で焼失したため、慶長元年（1596）両寺を合併して再興された。

所在地 愛知県刈谷市一ツ木町5-31-2
アクセス 名鉄本線一ツ木駅から徒歩すぐ

大縣神社 （おおあがたじんじゃ）
愛知県 事業繁栄・開運厄除の守護神

11代垂仁天皇の時代にこの地に新宮を営み遷座。祭神は大縣大神。徳川光友が寛文元年（1661）に再興したのが現在の社殿。

所在地 愛知県犬山市宮山3
アクセス 名鉄小牧線楽田駅から徒歩20分

寂光院 （じゃっこういん）
愛知県 紅葉の名所・尾張のもみじ寺

白雉5年（654）に孝徳天皇の勅願寺として開創された。織田信長が信仰し、清洲城の鬼門守護として、寺領を寄進した。

所在地 愛知県犬山市継鹿尾杉ノ段12
アクセス 名鉄犬山線犬山遊園駅から徒歩20分

三光稲荷神社 （さんこういなりじんじゃ）
愛知県 信長の叔父・織田信康が崇敬

城山の麓に位置する歴史ある社。創建は天正14年（1586）でかつては犬山城内三狐寺山に鎮座。願いが叶うハート絵馬が人気。

所在地 愛知県犬山市犬山北古券41-1
アクセス 名鉄犬山線犬山遊園駅から徒歩12分

第七章 東海

大御堂寺（おおみどうじ）
愛知県 源頼朝寄進の開運秘仏

1300年以上前に開創された古刹で、承暦年間（1077～1081）に白河天皇が皇室繁栄を祈願する寺として、大御堂寺となった。

- 所在地　愛知県知多郡美浜町野間東畠50
- アクセス　名鉄知多新線野間駅から徒歩13分

乾坤院（けんこんいん）
愛知県 2万坪の境内地を誇る

文明7年（1475）に緒川城の守護のために開創された。徳川家康の生母・伝通院からも山林を寄進された。

- 所在地　愛知県知多郡東浦町大字緒川字沙弥田4
- アクセス　JR武豊線緒川駅から徒歩15分

遍照院（へんじょういん）
愛知県 空海作の三弘法さん

弘仁年間（810～824）に空海がこの地に1ヶ月逗留し、自身の像三体を彫り本尊としたことにはじまる。

- 所在地　愛知県知立市弘法町弘法山19
- アクセス　名鉄名古屋本線・三河線知立駅から徒歩15分

蓮花院（れんげいん）
愛知県 知多四国霊場第二十三番札所

室町時代に開創された古刹で、永禄3年（1560）桶狭間の合戦で逃げ延びた徳川家康を助けたことから寺が建立された。

- 所在地　愛知県知多郡武豊町ヒジリ田27
- アクセス　JR武豊線武豊駅から徒歩5分

愛知県 | 知立神社（ちりゅうじんじゃ）
皇室の祖神を祀る古社

12代景行天皇の時代の創建で三河国二宮として信仰される。江戸時代、東海道を往来する旅人には「まむし除け」で知られた。

- 所在地 愛知県知立市西町神田12
- アクセス 名鉄名古屋本線・三河線知立駅から徒歩12分

愛知県 | 無量寿寺（むりょうじゅじ）
名勝八橋の中心となる寺

慶雲元年(704)に開創、文化9年(1812)、方巌売茶によって再興された。かきつばたの名勝地として知られる。

- 所在地 愛知県知立市八橋町寺内61-1
- アクセス 名鉄三河線三河八橋駅から徒歩5分

愛知県 | 津島神社（つしまじんじゃ）
全国天王信仰の総本社

540年に西国・対馬より大神がご来臨、のちに創建。神仏習合の影響により江戸時代までは祭神は「牛頭天王」だった。

- 所在地 愛知県津島市神明町1
- アクセス 名鉄津島線・尾西線津島駅から徒歩15分

愛知県 | 宝寿院（ほうじゅいん）
東の津島、西の八坂

約1200年前、空海が疫病に苦しむ人々を救うため薬師如来を牛頭天王社（津島神社）に奉安したことがはじまり。

- 所在地 愛知県津島市神明町2
- アクセス 名鉄津島線・尾西線津島駅から徒歩15分

第七章 東海

愛知県 東海地方の総鎮守の神様
砥鹿神社（とがじんじゃ）

1300年以上前、現在地に遷座し東海地方の総鎮守として崇敬されてきた。山頂には奥宮が鎮座し、古代から信仰されている。

- 所在地　愛知県豊川市一宮町西垣内2
- アクセス　JR飯田線三河一宮駅から徒歩5分

愛知県 源頼朝や徳川幕府が信仰
普門寺（ふもんじ）

神亀4年（727）に行基の前に観音様が現れて開創された。平家追討の祈祷をした源頼朝が等身大の不動明王像を造ったと伝わる。

- 所在地　愛知県豊橋市雲谷町ナベ山下7
- アクセス　JR東海道本線新所原駅からタクシーで9分

愛知県 徳川家康が休息した寺
東林寺（とうりんじ）

永享年間（1429～1441）に開創され、永正年間（1504～1521）に堂宇が建立。徳川家康が2度、休息した記録がある。

- 所在地　愛知県豊川市御油町今斉28
- アクセス　名鉄名古屋本線御油駅から徒歩10分

愛知県 百済の僧によって開創された古刹
大恩寺（だいおんじ）

30代敏達天皇の時代に百済の僧・恵灌により開創された。朝鮮高麗の仏画とみられる絹本著色王宮曼荼羅図がある。

- 所在地　愛知県豊川市御津町広石御津山5
- アクセス　JR東海道本線愛知御津駅から徒歩15分

愛知県 徳城寺 (とくじょうじ) — 空海ゆかりの錫杖井戸がある

弘仁13年（822）に開創された寺院。空海がこの地を訪れた際に掘られた錫杖井戸があり、枯れることがない。

- 所在地　愛知県豊川市豊川西町151
- アクセス　JR飯田線豊川駅から徒歩5分

愛知県 豊川稲荷 (とよかわいなり) — 仏法を守る吒枳尼眞天を祀る

約700年前に寒厳が宋から帰国する際に海上に現れた豊川吒枳尼眞天を祀る。正式名を「妙嚴寺」で嘉吉元年（1441）に開創。

- 所在地　愛知県豊川市豊川町1
- アクセス　JR飯田線豊川駅から徒歩5分

愛知県 三光寺 (さんこうじ) — 空海作の帝釈天像がある

慶長8年（1603）に秋応によって開創された。本尊は、空海作と伝わる梵天帝釈青面金剛王。真言宗醍醐派準別格本山。

- 所在地　愛知県豊田市金谷町5-63
- アクセス　名鉄三河線上挙母駅から徒歩3分

愛知県 香積寺 (こうじゃくじ) — 東海屈指の紅葉の名所

応永34年（1427）に開創された曹洞宗の寺院。紅葉の名所であり、「もみじの開祖」といわれる三栄が植えた2本の杉が残る。

- 所在地　愛知県豊田市足助町飯盛39
- アクセス　名鉄三河線豊田市駅からバスで「香嵐渓一の谷口」下車、徒歩5分

第七章 東海

龍泉寺（りゅうせんじ）
愛知県 尾張四観音のひとつ

延暦年間（782〜806）、最澄によって開創された。空海が熱田の八剣のうち三剣を埋納したことから、熱田の奥の院といわれる。

所在地 愛知県名古屋市守山区竜泉寺1-902
アクセス JR・地下鉄・名鉄大曽根駅からバスで「竜泉寺口」下車、徒歩3分

興正寺（こうしょうじ）
愛知県 尾張高野と呼ばれる

貞享5年（1688）に開創された。尾張徳川家の祈願所として知られる。尾張高野とも呼ばれる。東西二山に分かれている。

所在地 愛知県名古屋市昭和区八事本町78
アクセス 地下鉄鶴舞線・名城線八事駅から徒歩3分

日泰寺（にったいじ）
愛知県 全仏教徒のための寺院

どの宗派にも属さない日本唯一の寺院。釈迦のお骨をタイから拝受し、仏教各宗代表が協議して、明治37年（1904）に建立された。

所在地 愛知県名古屋市千種区法王町1-1
アクセス 地下鉄東山線覚王山駅から徒歩5分

若宮八幡社（わかみやはちまんしゃ）
愛知県 藩主の崇敬を集めた神社

豊臣秀吉が社領200石を寄進。徳川家康が名古屋城築城の際に現在地に遷座した。例祭は名古屋三大祭りのひとつ。

所在地 愛知県名古屋市中区栄3-35-30
アクセス 地下鉄名城線矢場町駅から徒歩5分

真福寺（しんぷくじ）
愛知県 — 聖徳太子建立の古刹

594年に物部守屋の次男・真福が霊泉を発見し、聖徳太子の許しを得て開創された。聖徳太子建立の46カ寺のひとつ。

- **所在地** 愛知県岡崎市真福寺町字薬師山6
- **アクセス** 愛知環状鉄道線大門駅からタクシーで15分

愛知縣護國神社（あいちけんごこくじんじゃ）
愛知県 — 愛知県の英霊を祀る

尾張藩主・徳川慶勝が、戊辰の役の戦死藩士の神霊を祀り、「旌忠社」と号した。以後も戦没した愛知県ゆかりの英霊を祀る。

- **所在地** 愛知県名古屋市中区三の丸1-7-3
- **アクセス** JRあおなみ線・地下鉄名古屋駅からバスで「外堀通」下車すぐ

常泉寺（じょうせんじ）
愛知県 — 豊臣秀吉の産湯の井戸がある

豊臣秀吉の生誕地で、加藤清正によって開創された。御神体は豊太閤の肖像束帯唐冠で、大坂城にあったもの。

- **所在地** 愛知県名古屋市中村区中村町木下屋敷47
- **アクセス** 地下鉄東山線中村公園駅から徒歩10分

観音寺（かんのんじ）
愛知県 — 尾張四観音のひとつ、荒子観音

天平元年（729）に開創され、加賀藩主・前田利家が天正4年（1576）に修造を行った。1200体もの円空仏がある。

- **所在地** 愛知県名古屋市中川区荒子町宮窓138
- **アクセス** あおなみ線荒子駅から徒歩8分

第七章 東海

愛知県 熱田神宮の別宮と摂社
八剣宮・上知我麻神社
はっけんぐう・かみちかまじんじゃ

八剣宮は、和銅元年（708）、宝剣を新たに鋳造し創建。上知我麻神社は尾張国造・乎止與命（おとよのみこと）を祀る。

愛知県 深閑と鎮まる悠遠の古社
熱田神宮
あつたじんぐう

創祀は、三種の神器のひとつ草薙神剣の鎮座にはじまる。伊勢の神宮につぐ格別に尊いお宮として篤く崇敬される。

所在地 愛知県名古屋市熱田区神宮1-1-1
アクセス 名鉄神宮前駅から徒歩3分

愛知県 四国直伝弘法第一番札所
瑞泉寺
ずいせんじ

応永3年（1396）に開創され、応仁の乱の兵火で焼失後、宝暦年間（1751〜1764）に伽藍が再興された。

所在地 愛知県名古屋市緑区鳴海町字相原町4
アクセス 名鉄名古屋本線鳴海駅から徒歩7分

愛知県 火防守護の秋葉大権現を祀る
圓通寺
えんつうじ

熱田の両参り「熱田様」「秋葉様」として信仰され、ヤマトタケルを火難から救った火の神・秋葉大権現を祀る。

所在地 愛知県名古屋市熱田区神宮2-3-15
アクセス 地下鉄名城線伝馬町駅から徒歩3分

豊國神社 とよくにじんじゃ

愛知県 市内最古の中村公園に鎮座

明治18年（1885）、荒廃していた豊臣秀吉の誕生地に創建された。中村公園の土地は明治34年（1901）に有志たちが寄付した。

所在地 愛知県名古屋市中村区中村町木下屋敷
アクセス 地下鉄東山線中村公園駅から徒歩10分

針名神社 はりなじんじゃ

愛知県 尾張氏の祖先神を祀る

『延喜式神名帳』に記載された古社で、慶長年間（1596～1615）に平針宿が置かれると現在地に遷座された。

所在地 愛知県名古屋市天白区天白町大字平針字大根ケ越175
アクセス 地下鉄鶴舞線平針駅から徒歩15分

羊神社 ひつじじんじゃ

愛知県 日本に2社しかない羊神社

『延喜式神名帳』に記載された古社で、羊太夫が奈良の都に上る際にこの地に火の神を祀ったことにはじまる。

所在地 愛知県名古屋市北区辻町5-26
アクセス 地下鉄上飯田線上飯田駅から徒歩10分

山田天満宮（金神社） やまだてんまんぐう（こがねじんじゃ）

愛知県 名古屋城の鬼門を鎮守

寛文12年（1672）に学問奨励のために勧請された。延享3年（1746）に創建された金神社の霊水で銭洗いができる。

所在地 愛知県名古屋市北区山田町3-25
アクセス 大曽根駅 JR中央線・地下鉄名城線・名鉄瀬戸線・ゆとりーとライン 大曽根駅から徒歩7分

第七章 東海

愛知県 上野天満宮（うえのてんまんぐう）
安倍晴明ゆかりの古社

平安時代の陰陽師・安倍晴明の一族がこの地に移住し、菅原道真を祀ったことで創建されたと伝えられる。

- 所在地　愛知県名古屋市千種区赤坂町4-89
- アクセス　名古屋市営地下鉄名城線砂田橋駅から徒歩10分

愛知県 八大龍神社（はちだいりゅうじんじゃ）
三河湾に浮かぶ竹島に鎮座

日本七弁財天のひとつで、養和元年（1181）に創建された八百富神社の境内にある神社で、海の神様を祀る。

- 所在地　愛知県蒲郡市竹島町3-15
- アクセス　JR東海道本線蒲郡駅から徒歩18分

愛知県 賀茂神社（かもじんじゃ）
京都・賀茂社から勧請

寿永3年（1184）、源頼朝はこの地に京都の賀茂社の新領地とした。現在も上賀茂神社の葵まつりではこの地から出た馬が走る。

- 所在地　愛知県豊橋市賀茂町神山2
- アクセス　JR東海道本線豊橋駅、またはJR飯田線・名鉄豊川線豊川駅からタクシーで30分

愛知県 牟呂八幡宮（むろはちまんぐう）
お札撒きが行われる

697年の創建と伝えられ、建久2年（1192）に八幡神が合祀された。幕末の「ええじゃないか」の発祥の地といわれる。

- 所在地　愛知県豊橋市牟呂町字郷社1
- アクセス　JR東海道本線豊橋駅からバスで「東脇口」下車、徒歩3分

三重県 月の神を祀る内宮別宮

伊勢神宮 月讀宮
いせじんぐう つきよみのみや

伊勢神宮の内宮の別宮でアマテラスの弟で月の神ツクヨミと、その親神であるイザナギ・イザナミを祀る。

- 所在地　三重県伊勢市中村町742-1
- アクセス　近鉄五十鈴川駅から徒歩10分

三重県 月讀宮と同神を祀る外宮別宮

伊勢神宮 月夜見宮
いせじんぐう つきよみのみや

外宮の別宮のうちに唯一境外にある別宮で、外宮とは神路通りで結ばれている。内宮別宮の月讀宮と同じ神を祀る。

- 所在地　三重県伊勢市宮後1-3-19
- アクセス　JR・近鉄伊勢市駅から徒歩10分

三重県 伊勢神宮を創建した皇女を祀る

伊勢神宮 倭姫宮
いせじんぐう やまとひめのみや

内宮の別宮で、祭神の倭姫命は11代垂仁天皇の皇女で、各地を巡幸してアマテラスの神託を受けて伊勢神宮を創建した。

- 所在地　三重県伊勢市楠部町5
- アクセス　近鉄五十鈴川駅から徒歩で7分

三重県 アマテラスが祀られた元伊勢

伊勢神宮 瀧原宮
いせじんぐう たきはらのみや

内宮の別宮で、もともとアマテラスが祀られた元伊勢にあたる。内宮と離れていることから遙宮（とおのみや）と呼ばれる。

- 所在地　三重県度会郡大紀町滝原872
- アクセス　JR紀勢本線滝原駅から歩20分

第七章 東海

三重県 伊勢神宮伊雑宮（いせじんぐういざわのみや）
内宮の別宮で志摩国一宮

令和六年九月一日

内宮の別宮で、唯一志摩市にある。毎年6月に行われる御田植式は、日本三大御田植祭のひとつとされる。

所在地 三重県志摩市磯部町上之郷374
アクセス 近鉄志摩線上之郷駅から徒歩3分

三重県 朝熊岳金剛證寺（あさまだけこんごうしょうじ）
伊勢神宮の鬼門を守護

6世紀の創建と伝えられ、天長2年（825）に空海が虚空蔵菩薩を祀った。式年遷宮の翌年に本尊が御開帳される。

所在地 三重県伊勢市朝熊町548
アクセス 近鉄五十鈴川駅、JR・近鉄鳥羽駅から山頂展望台までタクシーで30分

三重県 花窟神社（はなのいわやじんじゃ）
イザナミが埋葬された聖地

『日本書紀』に記されたイザナミの墓所がある有馬村に創建された。高さ約45メートルの巨岩を御神体とする。

所在地 三重県熊野市有馬町130
アクセス JR熊野市駅からバスで「花の窟」下車

三重県 西蓮寺（さいれんじ）
忍者の里にある古刹

延暦24年（805）に最澄によって創建されたと伝わる。天正伊賀の乱で亡くなった豪族を鎮魂する記念碑がある。

所在地 三重県伊賀市長田1931
アクセス 伊賀鉄道伊賀線上野市駅からバスで「長田」下車、徒歩15分

三重県 伊賀国の一宮

敢國神社
あえくにじんじゃ

創建は658年で、徳川時代、藩主・藤堂家の崇敬篤く、社殿調度の修営・神器社領の寄進・祭儀神事の復興などが行われた。

所在地 三重県伊賀市一之宮877
アクセス JR関西本線佐那具駅からバスで「敢國神社」下車、徒歩2分

三重県 お伊勢参り前の聖なる地

二見興玉神社
ふたみおきたまじんじゃ

拝殿から正面に見える夫婦岩は霊石・興玉神石と、日の大神を遙拝するための鳥居。もともと伊勢神宮参拝前の禊の地だった。

所在地 三重県伊勢市二見町江575
アクセス JR参宮線二見浦駅から徒歩15分

三重県 みちひらきの神様が鎮座

猿田彦神社
さるたひこじんじゃ

天孫降臨を助けた猿田彦大神を祀る。伊勢神宮創建には大神の子孫の大田命が深く関わり、代々の宮司はこの大田命の子孫。

所在地 三重県伊勢市宇治浦田2-1-10
アクセス JR伊勢市駅・近鉄宇治山田駅・近鉄五十鈴川駅からタクシーで5分

三重県 諸芸を守護する女神を祀る

猿田彦神社 佐瑠女神社
さるめじんじゃ

猿田彦神社の境内社で、民間伝承で猿田彦大神と結婚した天宇受売命を祀る。芸能・スポーツ関係者から信仰が篤い。

第七章 東海

三重県 北の伊勢神宮と呼ばれる古社

多度大社（たどたいしゃ）

21代雄略天皇の時代に社殿が造営された。境内には、本宮、別宮、摂社末社等12社を数える。全国から参拝者が訪れる。

- 所在地　三重県桑名市多度町多度1681
- アクセス　養老鉄道養老線多度駅から徒歩25分

三重県 三重県の英霊を祀る

三重縣護國神社（みえけんごこくじんじゃ）

明治2年（1869）、津藩主・藤堂高猷が津八幡宮に小祠を建て、戊辰戦争で戦死した藩士を祀り、表忠社と称したのが創祀。

- 所在地　三重県津市広明町387
- アクセス　JR・近鉄・伊勢鉄道津駅から徒歩5分

三重県 国の史跡に鎮座

北畠神社（きたばたけじんじゃ）

「奥一志の多気御所」として栄華を誇った伊勢国司の祖を祀る。江戸時代前期に創建。境内には北畠氏館跡庭園がある。

- 所在地　三重県津市美杉町上多気1148
- アクセス　JR名松線伊勢竹原駅からバスで「北畠神社前」下車

三重県 300本のしだれ梅

結城神社（ゆうきじんじゃ）

「建武新政」の樹立に貢献した南北朝時代の非運の将・結城宗広公を祀る。境内神苑の300本の華麗なしだれ梅が有名。

- 所在地　三重県津市藤方2341
- アクセス　JR・近鉄・伊勢鉄道津駅からバスで「結城神社前」下車、徒歩3分

椿大神社（つばきおおかみやしろ）

三重県 猿田彦大神を祀る全国の本宮

猿田彦大神を祭神として祀る。伊勢国鈴鹿山系の中央麓に鎮座し、16代仁徳天皇の時代、霊夢により「椿」の社名となった。

- **所在地** 三重県鈴鹿市山本町1871
- **アクセス** JR関西本線四日市駅からバスで「椿大神社」下車、徒歩4分

観音寺（かんのんじ）

三重県 春日局が寄進した梵鐘がある

弘仁3年（812）に空海が日本武尊の神霊を祀り開創。寛治元年（1087）、お堂が建立され、十一面観世音菩薩が安置された。

- **所在地** 三重県鈴鹿市高塚町1777
- **アクセス** JR関西本線加佐登駅からバスで「荒神山口」下車、徒歩10分

石薬師寺（いしやくしじ）

三重県 歌川広重に描かれた古刹

神亀3年（726）に泰澄がこの地を訪れた際に地鳴りが起きて霊光を放つ巨石が現れたことから堂宇が建立された。

- **所在地** 三重県鈴鹿市石薬師町1
- **アクセス** JR関西本線河曲駅から徒歩15分

林光寺（りんこうじ）

三重県 歴代神戸藩主の祈願所

天平12年（740）、聖武天皇の勅願により行基が光輝く清水を発見して、堂宇を建立したことにはじまると伝えられる。

- **所在地** 三重県鈴鹿市神戸6-7-11
- **アクセス** 近鉄鈴鹿線鈴鹿市駅から徒歩10分

第八章

京都府

京都府

教王護国寺
きょうおうごこくじ

日本を代表する古刹

東寺と呼ばれ、真言宗総本山。平安京鎮護のために開創された官寺で、日本ではじめての密教寺院。弘仁14年(823)、嵯峨天皇から空海に託された。仏像を配した立体曼荼羅が有名。

所在地	京都府京都市南区九条町1
アクセス	JR京都駅から徒歩15分

京都府　教王護国寺　金堂（こんどう）
病苦から人々を救う仏様

東寺の本堂で、薬師如来、月光菩薩、日光菩薩が祀られている。現在の建物は、関ヶ原合戦後のもの。

京都府　教王護国寺　大日如来（だいにちにょらい）
真言密教における最高仏

宇宙の真理、宇宙そのものを表す仏で、真言密教では最高の仏とされる。東寺の大日如来は明応6年(1497)、康珍の作。

第八章 京都府

京都府
教王護国寺 愛染明王
あいぜんみょうおう

明王の一尊で、全身赤色をしている。東寺の愛染明王は、西国愛染十七霊場第八番札所となっている。

京都府
教王護国寺 鎮守八幡宮
ちんじゅはちまんぐう

空海によって祀られた東寺の鎮守で、僧形の八幡神像と2つの女神像は空海の作。日本最古の神像。

京都府
教王護国寺 御影堂
みえいどう

大師堂とも呼ばれ、空海が住んでいた場所と伝わり、毎朝食事が供えられる。秘仏の不動明王の前で護摩法要が行われる。

京都府
教王護国寺 毘沙門天
びしゃもんてん

日本最古の七福神めぐりといわれる都七福神。東寺では、毘沙門天の御朱印が受けられる。

京都府
教王護国寺 食堂
じきどう

僧が生活の中で修行をする場で、観音堂とも呼ばれた。洛陽三十三観音霊場第二十三番札所。

京都府
教王護国寺 観智院
かんちいん

延文4年(1359)頃にできた真言宗の勧学院。本尊は五大虚空蔵菩薩。

京都府 妙心寺 （みょうしんじ）
日本最大の禅寺

建武4年（1337）に花園天皇の勅願で創建された。臨済宗妙心寺派の大本山で、境内には46の塔頭寺院が立ち並ぶ。

- 所在地　京都府京都市右京区花園妙心寺町1
- アクセス　JR嵯峨野線花園駅から徒歩5分

京都府 養徳院 （ようとくいん）
妙心寺67世が開祖

妙心寺の塔頭で、天正11年（1583）に創建された。現在の堂宇は安政6年（1859）に建立されたもの。

- 所在地　京都府京都市右京区花園妙心寺町53
- アクセス　JR嵯峨野線花園駅から徒歩10分

京都府 仁和寺 （にんなじ）
真言宗御室派の総本山

仁和4年（888）に創建された。応仁の乱によって多くが焼失したが、正保3年（1646）に再建が完了した。

- 所在地　京都府京都市右京区御室大内33
- アクセス　京福電鉄嵐山本線御室仁和寺駅から徒歩3分

京都府 常寂光寺 （じょうじゃっこうじ）
景勝地・小倉山の古刹

藤原定家の山荘「時雨亭」があったと伝えられる地に、慶長年間（1596～1614）に創建された。

- 所在地　京都府京都市右京区嵯峨小倉山小倉町3
- アクセス　JR山陰本線（嵯峨野線）嵯峨嵐山駅から徒歩15分

第八章 京都府

宝厳院（ほうごんいん）
京都府　嵐山を借景とした庭園

臨済宗大本山天龍寺の塔頭寺院のひとつ。寛正2年(1461)に室町幕府の管領であった細川頼之によって創建された。

- 所在地　京都府京都市右京区嵯峨天龍寺芒ノ馬場町36
- アクセス　JR嵯峨野線嵯峨嵐山駅から徒歩10分

檀林寺（だんりんじ）
京都府　檀林皇后ゆかりの寺院

弘仁6年(815)に檀林皇后によって創建。12の塔頭・子院を持つ大寺院だったがその後廃絶。昭和39年(1964)に再建された。

- 所在地　京都府京都市右京区嵯峨鳥居本小坂町2-10
- アクセス　京福電鉄嵐山本線嵐山駅から徒歩20分

西院春日神社（さいいんかすがじんじゃ）
京都府　疱瘡を治した病気平癒の神社

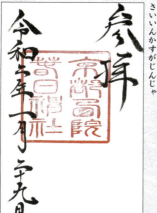

天長10年(833)、譲位した淳和天皇が淳和院(西院)に移る際に、奈良の春日大社の神を勧請し守護神としたことにはじまる。

- 所在地　京都府京都市右京区西院春日町61
- アクセス　阪急電車・京福電鉄嵐山本線西院駅から徒歩3分

猿田彦神社（さるたひこじんじゃ）
京都府　京都三庚申のひとつ

平安時代に最澄のもとに猿田彦神が現れてこの地を示し創建された。その後、嵯峨天皇の命により、社殿が建立された。

- 所在地　京都府京都市右京区山ノ内荒木町3
- アクセス　京福電鉄嵐山本線天神川駅から徒歩3分

蓮華寺（れんげじ）

京都府 如来や観音の石仏が並ぶ

天喜5年（1057）、藤原康基が、木喰担称作の石造五智如来像を本尊として開創。昭和3年（1928）、現在地へ移転した。

- 所在地　京都府京都市右京区御室大内20
- アクセス　京福電鉄北野線御室仁和寺駅から徒歩2分

車折神社（くるまざきじんじゃ）

京都府 桜の名所として知られる

儒学者・清原頼業は平安時代末期の文治5年（1189）に逝去し、領地であった現在の社地に葬られ、廟が設けられた。

- 所在地　京都府京都市右京区嵯峨朝日町23
- アクセス　京福電鉄嵐山本線車折神社駅から徒歩すぐ

大覚寺（だいかくじ）

京都府 嵯峨天皇の離宮・嵯峨院に開創

真言宗大覚寺派大本山。嵯峨天皇が離宮・嵯峨院を建立し、貞観18年（876）に開創された。嵯峨御所とも呼ばれる。

- 所在地　京都府京都市右京区嵯峨大沢町4
- アクセス　JR山陰本線嵯峨嵐山駅から徒歩20分

清凉寺（せいりょうじ）

京都府 『源氏物語』ゆかりの古刹

嵯峨釈迦堂とも呼ばれ、『源氏物語』の主人公・光源氏が造営した「嵯峨の御堂」とされる寺院で、長和5年（1016）に建立された。

- 所在地　京都府京都市右京区嵯峨釈迦堂藤ノ木町46
- アクセス　JR山陰本線嵯峨嵐山駅から徒歩15分

第八章 京都府

天龍寺（てんりゅうじ）
京都府｜京都屈指の名勝・嵐山の古刹

臨済宗大本山で、後醍醐天皇の菩提を弔うため暦応2年（1339）に開創された。嵐山や渡月橋はかつての境内地。

- 所在地　京都府京都市右京区嵯峨天龍寺芒ノ馬場町68
- アクセス　京福電鉄嵐山本線嵐山駅から徒歩すぐ

二尊院（にそんいん）
京都府｜百人一首で詠われた小倉山麓の古刹

承和年間（834～848）、嵯峨天皇の勅願により円仁によって開創された。江戸時代後期から天台宗となった。

- 所在地　京都府京都市右京区嵯峨二尊院門前長神町27
- アクセス　京福電鉄嵐山本線嵐山駅から徒歩15分

鹿王院（ろくおういん）
京都府｜嵐山にある隠れた紅葉の名所

康暦元年（1379）に開創の宝幢寺の塔頭寺院のひとつで、臨済宗の単立寺院。本尊の釈迦如来、十大弟子は運慶作と伝わる。

- 所在地　京都府京都市右京区嵯峨北堀町24
- アクセス　JR山陰本線嵯峨嵐山駅から徒歩5分

広隆寺（こうりゅうじ）
京都府｜国宝第1号の弥勒菩薩像

603年、秦河勝が聖徳太子から贈られた仏像を本尊として開創された。京都最古の寺で太秦のお太子さんとして知られている。

- 所在地　京都府京都市右京区太秦蜂岡町32
- アクセス　JR山陰本線太秦駅から徒歩13分

西明寺 (さいみょうじ)

京都府 本尊・釈迦如来像は運慶作

平等心王院とも呼ばれ、天長年間（824〜834）に智泉が開創した。現在の伽藍は元禄13年（1700）桂昌院が帰依して再建された。

所在地 京都府京都市右京区梅ケ畑槇尾町1
アクセス JR・近鉄・地下鉄京都駅からバスで「槇ノ尾」下車、徒歩5分

神護寺 (じんごじ)

京都府 和気清麻呂によって開創

天応元年（781）、和気清麻呂によって神願寺と高雄山寺が建立され、天長元年（824）に両寺が合併し、神護寺となった。

所在地 京都府京都市右京区梅ヶ畑高雄町5
アクセス JR・近鉄・地下鉄京都駅からバスで「高雄」下車、徒歩20分

鞍馬寺 (くらまでら)

京都府 源義経が幼少期を過ごした古刹

宝亀元年（770）、鑑禎が鞍馬山で毘沙門天に助けられたことから開創され、延暦15年（796）に伽藍が建立された。

所在地 京都府京都市左京区鞍馬本町1074
アクセス 叡山電鉄鞍馬線鞍馬駅から徒歩30分

龍安寺 (りょうあんじ)

京都府 世界的に知られる枯山水の石庭

宝徳2年（1450）、細川勝元によって開創された禅寺。エリザベス2世が称賛した石庭は、明応8年（1499）に造営されたもの。

所在地 京都府京都市右京区龍安寺御陵下町13
アクセス 京阪電鉄三条駅からバスで「龍安寺前」下車すぐ

第八章 京都府

京都府 徳川家康が開創した国内教学の場

圓光寺（えんこうじ）

慶長6年(1601)、徳川家が下野足利学校の禅師を招き、圓光寺学校として開創された。現在地には、寛文7年(1667)に移された。

- 所在地　京都府京都市左京区一乗寺小谷町13
- アクセス　叡山電鉄叡山本線一乗寺駅から徒歩17分

京都府 小さな桂離宮と称される

曼殊院（まんしゅいん）

延暦年間(728～806)に最澄によって開創された。明暦2年(1656)、桂離宮が創始されると現在の地に堂宇を移し造営された。

- 所在地　京都府京都市左京区一乗寺竹ノ内町42
- アクセス　叡山電鉄叡山本線修学院駅から徒歩20分

京都府 歌に詠まれたもみじの永観堂

禅林寺（ぜんりんじ）

仁寿3年(853)に開創された浄土宗西山禅林寺派総本山。7世永観にちなんで永観堂とも呼ばれる。

- 所在地　京都府京都市左京区永観堂町48
- アクセス　地下鉄東西線蹴上駅から徒歩15分

京都府 陽のいずる都の東に鎮座

岡﨑神社（おかざきじんじゃ）

平安京遷都に際し王城鎮護のため平安京の四方に建立された社。播磨国広峰より祇園牛頭天王などを迎え、悪疫を治めた。

- 所在地　京都府京都市左京区岡崎東天王町51
- アクセス　地下鉄烏丸線丸太町駅からバスで「岡崎神社前」下車すぐ

実相院門跡 じっそういんもんぜき

京都府 — 天台宗寺門派の門跡寺院

元天台宗の寺門派の単立寺院で、岩倉門跡、岩倉御殿などと呼ばれる。門跡寺院となったのは、寛喜元年（1229）のこと。

所在地 京都府京都市左京区岩倉上蔵町121
アクセス 叡山電鉄鞍馬線岩倉駅から徒歩20分

圓通寺 えんつうじ

京都府 — 青苔におおわれた枯山水が有名

延宝6年（1678）、霊元天皇の乳母・圓光院によって開創された。本尊の聖観世音菩薩は定朝の作と伝えられる。

所在地 京都府京都市左京区岩倉幡枝町389
アクセス 叡山電鉄鞍馬線京都精華大前駅から徒歩25分

慈照寺 じしょうじ

京都府 — 東山文化の代表・銀閣寺

相国寺の塔頭寺院のひとつ。文明14年（1482）、8代将軍・足利義政がつくった山荘東山殿を起源とする。

所在地 京都府京都市左京区銀閣寺町2
アクセス 京阪電鉄・叡山電鉄出町柳駅からバスで「銀閣寺道」下車、徒歩10分

聖護院 しょうごいん

京都府 — 修験道・山伏の古刹

寛治4年（1090）、白河上皇の熊野詣の先達を務めた増誉に、聖体護持の2字をとり聖護院という寺号が贈られ開創された。

所在地 京都府京都市左京区聖護院中町15
アクセス 地下鉄烏丸線丸太町駅からバスで「熊野神社前」下車、徒歩2分

第八章 京都府

京都府 苔におおわれた庭園・有清園
三千院（さんぜんいん）

延暦年間（782～806）、最澄が開創し、その後円仁に引き継がれた。明治時代に現在地に移され、三千院と称される。

所在地 京都府京都市左京区大原来迎院町540
アクセス JR・近鉄・地下鉄京都駅からバスで「大原」下車、徒歩10分

京都府 天台宗五箇室門跡のひとつ
三千院 門跡（もんぜき）

平安時代後期に、皇子や他の皇族が住持する門跡寺院となった。三千院の寺号の由来は、霊元天皇御宸筆の勅額から。

京都府
三千院 宸殿（しんでん）

御所の紫宸殿を模してつくられ、最も重要な法要である御懺法講が行われる。本尊は最澄作と伝わる秘仏。

京都府
三千院 観音堂（かんのんどう）

高さ3mの金色の観音像が祀られて、両側の小観音堂には小観音像が安置されている。

京都府
三千院 金色不動堂（こんじきふどうどう）

護摩祈祷を行う祈願道場で、本尊は智証作と伝えられる秘仏金色不動明王。毎年4月の不動大祭では秘仏の扉が開かれる。

京都府 聖徳太子によって開創
寂光院
じゃっこういん

594年に聖徳太子が父・用明天皇の菩提を弔うために建立。本尊の六万体地蔵尊（伝聖徳太子作）は焼損のため、復刻した像を安置する。

所在地	京都府京都市左京区大原草生町676
アクセス	JR京都駅からバスで「大原」下車、徒歩15分

京都府 仏教音楽・天台声明の発祥の地
勝林院
しょうりんいん

長和2年（1013）に開創された天台宗の寺院。文治2年（1186）には、諸宗の学僧が浄土の宗義を議論した「大原問答」が行われた。

所在地	京都府京都市左京区大原勝林院町187
アクセス	JR京都駅からバスで「大原」下車、徒歩10分

京都府
毘沙門堂
びしゃもんどう

天台宗五箇室門跡のひとつ

大宝3年（703）、文武天皇の勅願で行基によって開創された。唐からもたらされた行法「鎮将夜叉法」は毘沙門堂だけに伝わる秘法。

所在地	京都府京都市山科区安朱稲荷山町18
アクセス	JR・地下鉄山科駅、京阪電鉄京阪山科駅から徒歩20分

第八章 京都府

勧修寺（かじゅうじ）
京都府 醍醐天皇が開創した門跡寺院

真言宗山階派大本山。昌泰3年（900）、醍醐天皇の勅願で、母・藤原胤子の追善供養のため開創された。

- **所在地** 京都府京都市山科区勧修寺仁王堂町27-6
- **アクセス** 地下鉄東西線小野駅から徒歩6分

隋心院（ずいしんいん）
京都府 九条・二条両摂家から門跡が入山

正暦2年（991）に開創、古くは牛皮山曼荼羅寺と称された。慶長4年（1599）に本堂が再建された。真言宗善通寺派の大本山。

- **所在地** 京都府京都市山科区小野御霊町35
- **アクセス** 地下鉄東西線小野駅から徒歩5分

護王神社（ごおうじんじゃ）
京都府 霊猪像が鎮座するいのしし神社

洛西の高雄山神護寺の境内に和気清麻呂の霊社として祀り、「護法善神」と称された。明治7年（1874）に護王神社に改称。

- **所在地** 京都府京都市上京区烏丸通下長者町下ル桜鶴円町385
- **アクセス** 地下鉄烏丸線丸太町駅から徒歩7分

梨木神社（なしのきじんじゃ）
京都府 京都が誇る萩の名所

明治18年（1885）、現在地に創建。祭神は、父子である三條実萬と三條実美。学問・文芸の神様として信仰される。

- **所在地** 京都府京都市上京区染殿町680
- **アクセス** JR京都駅からバスで「府立医大病院前」下車、徒歩3分

本満寺（ほんまんじ）
京都府 — 徳川吉宗の病気平癒祈願を行った

応永17年（1410）に朝廷から3万坪を与えられて開創。天文8年（1539）に現在地に移り、後奈良天皇の勅願所となった。

- **所在地** 京都府京都市上京区寺町通今出川上ル2丁目鶴山町16
- **アクセス** 京阪電鉄・叡山電鉄出町柳駅から徒歩10分

相国寺（しょうこくじ）
京都府 — 金閣寺・銀閣寺を有する大寺院

3代将軍・足利義満により開創された臨済宗相国寺派の大本山。13の塔頭寺院があり、山外塔頭に鹿苑寺、慈照寺がある。

- **所在地** 京都府京都市上京区今出川通烏丸東入相国寺門前町701
- **アクセス** 地下鉄烏丸線今出川駅から徒歩7分

菅原院天満宮神社（すがわらいんてんまんぐうじんじゃ）
京都府 — 学問の神様の出生地

菅原道真が生まれた霊地であり、先祖3代も居住していた。烏丸の天神さんとも呼ばれて、篤い信仰を集める。

- **所在地** 京都府京都市上京区烏丸通下立売下ル堀松町408
- **アクセス** 地下鉄烏丸線丸太町駅から徒歩5分

廬山寺（ろざんじ）
京都府 — 紫式部の邸宅があった

天慶年間（938～947）に開創され、天正元年（1573）に現在地に移転した。境内は「源氏物語」の執筆地といわれる。

- **所在地** 京都府京都市上京区寺町通広小路上ル北之辺町397
- **アクセス** 京阪電鉄・叡山電鉄出町柳駅から徒歩15分

第八章 京都府

京都府 引接寺 （いんじょうじ）
閻魔法王を祀る千本ゑんま堂

小野篁卿が彫った閻魔像を本尊に、寛仁元年(1017)に開創。現在の閻魔法王像は長享2年(1488)に再現されたもの。

- 所在地　京都府京都市上京区千本通盧山寺ル閻魔前町34
- アクセス　地下鉄烏丸線今出川駅からバスで「乾隆校前」下車すぐ

京都府 地蔵院 （じぞういん）
竹の寺として知られる

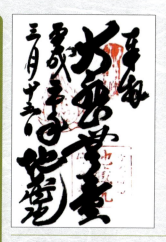

約800年前、歌人・藤原家良の山荘があった地で、貞治6年(1367)に細川頼之によって伽藍が建立された。

- 所在地　京都府京都市西京区山田北ノ町23
- アクセス　阪急電車嵐山線上桂駅から徒歩12分

京都府 華厳寺 （けごんじ）
嵐山にある鈴虫寺

享保8年(1723)、華厳宗の再興のために開創された。現在は臨済宗となっている。四季を通じて鈴虫の音色を聞くことができる。

- 所在地　京都府京都市西京区松室地家町31
- アクセス　阪急電車嵐山線松尾大社駅から徒歩15分

京都府 西芳寺 （さいほうじ）
苔寺として知られる古刹

約1300年前、聖武天皇の勅願で行基によって開創された。暦応2年(1339)、作庭の名手である夢窓疎石が禅寺として再興。

- 所在地　京都府京都市西京区松尾神ケ谷町56
- アクセス　京福電鉄嵐山本線嵐山駅からバスで「苔寺・すず虫寺」下車、徒歩3分

京都府 京の表鬼門を守護する 八大神社 （はちだいじんじゃ）

永仁2年（1294）に八大天王が勧請され創建された。八坂神社と同神を祀ることから、北天王とも称される。

- 所在地　京都府京都市左京区一乗寺松原町1
- アクセス　叡山電鉄一乗寺駅から徒歩10分

京都府 「くろ谷さん」の名で親しまれる 金戒光明寺 （こんかいこうみょうじ）

承安5年（1175）に法然上人が開いた念仏道場を起源とする浄土宗大本山。新選組誕生の地としても知られる。

- 所在地　京都府京都市左京区黒谷町121
- アクセス　地下鉄烏丸線丸太町駅からバスで「岡崎道」下車、徒歩10分

京都府 安倍晴明の屋敷跡に創建 晴明神社 （せいめいじんじゃ）

寛弘4年（1007）、陰陽師・安倍晴明の偉業を讃えた一条天皇の命によって創建された。魔除け、厄除けの神社として知られる。

- 所在地　京都府上京区晴明町806（堀川通一条上ル）
- アクセス　JR京都駅からバスで「一条戻橋・晴明神社前」下車すぐ

京都府 怨霊となった早良親王を祀る 御霊神社（上御霊神社） （ごりょうじんじゃ（かみごりょうじんじゃ））

延暦13年（794）、平安京に遷都した桓武天皇が非業の死を迎えた早良親王らを祀ったことがはじまりと伝えられる。

- 所在地　京都府京都市上京区上御霊前通烏丸東入上御霊竪町495
- アクセス　地下鉄烏丸線鞍馬口駅から徒歩3分

第八章 京都府

京都府 新撰組の駐屯地があった寺
壬生寺（みぶでら）

鑑真和上が伝えた律宗の寺院で、正暦2年（991）に創建された。境内には新撰組隊士の合祀墓がある。

所在地 京都府京都市中京区壬生梛ノ宮町31
アクセス JR嵯峨野線丹波口駅から徒歩12分

京都府 学問の神様を祀る錦の天神さん
錦天満宮（にしきてんまんぐう）

長保年間（999～1004）、菅原道真の邸宅だった菅原院で創建され、天正年間（1573～1592）に現在地に遷座された。

所在地 京都府京都市中京区新京極通り四条上ル中之町537
アクセス 阪急河原町駅から徒歩10分

京都府 歯痛をおさめる女神を祀る
白山神社（はくさんじんじゃ）

平安時代末の創建で、白山が「歯苦散」に通じることから歯痛の神様として知られる。後桜町天皇の歯痛を治した伝承がある。

所在地 京都府京都市中京区麸屋町通押小路下る上白山町243
アクセス 地下鉄東西線京都市役所前駅から徒歩5分

京都府 金属の神・金山毘古命を祀る
御金神社（みかねじんじゃ）

神社の近くには江戸時代に金座・銀座があり、金運の神様として信仰される。明治16年（1883）に現在の社殿が建立された。

所在地 京都府京都市中京区西洞院通御池上ル 押西洞院町614
アクセス 地下鉄烏丸線烏丸御池駅から徒歩5分

十輪寺 (じゅうりんじ)

京都府 — 在原業平が閑居した寺院

嘉祥3年(850)に文武天皇が妃の安産祈願のために、最澄作の延命地蔵を安置したのがはじまり。

所在地 京都府京都市西京区大原野小塩町481
アクセス JR京都線向日町駅からバスで「小塩」下車、徒歩2分

善峯寺 (よしみねでら)

京都府 — 歴代天皇からの信仰が篤い観音様

長元2年(1029)に源算により開創された。長元7年(1034)、後一条天皇の勅願所と定められた。

所在地 京都府京都市西京区大原野小塩町1372
アクセス JR京都線向日町駅からバスで「善峯寺」下車、徒歩8分

永福寺 (えいふくじ)

京都府 — 病気平癒の蛸薬師

養和元年(1181)、最澄作の薬師如来を本尊にして開創。僧・善光が病気の母にタコを買う孝行譚から蛸薬師と呼ばれる。

所在地 京都府京都市中京区極通蛸薬師下ル東側町503
アクセス 阪急電車阪急河原町駅から徒歩5分

法輪寺 (ほうりんじ)

京都府 — 嵯峨の虚空蔵さん

和銅6年(713)に元明天皇の勅願で行基によって開創された。清少納言の『枕草子』や『今昔物語』にも描かれた古刹。

所在地 京都府京都市西京区嵐山虚空蔵山町
アクセス 阪急嵐山線嵐山駅から徒歩10分

第八章 京都府

本能寺（ほんのうじ）
京都府／過去6回再興された寺院

応永22年（1415）に開創された。本能寺の変によって焼失して現在地に移転した。火災のたびに再興されている。法華宗大本山。

所在地 京都府京都市中京区寺町通御池下ル下本能寺前町522
アクセス 地下鉄東西線京都市役所前駅から徒歩すぐ

若一神社（にゃくいちじんじゃ）
京都府／開運出世の神様・平清盛公を祀る

宝亀3年（772）、紀州熊野の若一王子の分霊を祀る。仁安元年（1166）、平清盛によってご神体が見つかり、社殿を建立。

所在地 京都府京都市下京区七条御所ノ内本町98
アクセス JR・近鉄・地下鉄京都駅からバスで「西大路八条前」下車すぐ

青蓮院門跡（しょうれんいんもんぜき）
京都府／天台宗五箇室門跡のひとつ

最澄が開いた比叡山の住坊のひとつ「青蓮坊」を起源とする。天明の大火（1788年）の際には後桜町上皇の仮御所となった。

所在地 京都府京都市東山区粟田口三条坊町69-1
アクセス 地下鉄東西線東山駅から徒歩5分

高台寺（こうだいじ）
京都府／豊臣秀吉ゆかりの古刹

慶長11年（1606）、正室・北政所が豊臣秀吉の菩提を弔うため開創された。伏見城の一部が移築され、表門や開山堂などが残る。

所在地 京都府京都市東山区下河原町526
アクセス 京阪電鉄京阪本線祇園四条駅から徒歩10分

京都府 蓮華王院 (れんげおういん)
三十三間堂で知られる

久寿2年(1155)、後白河上皇の御所に三十三間堂が造営されたがその後、焼失。後嵯峨上皇によって再建された。

- 所在地　京都府京都市東山区三十三間堂廻町657
- アクセス　京阪電鉄京阪本線七条駅から徒歩7分

京都府 六道珍皇寺 (ろくどうちんのうじ)
冥土への通路に開創された六道さん

延暦年間(782～805)に開創。平安京の東の墓所・鳥辺野に至る道筋にあり、小野篁が冥府通いに境内の井戸を使ったと伝わる。

- 所在地　京都府京都市東山区大和大路通四条下ル4丁目小松町595
- アクセス　JR・近鉄・地下鉄京都駅からバスで「清水道」下車、徒歩5分

京都府 建仁寺 (けんにんじ)
京都最古の禅寺として知られる

建仁2年(1202)、源頼家が寺域を寄進し栄西によって開創。室町幕府の京都五山の第三位とされ、臨済宗建仁寺派大本山。

- 所在地　京都府京都市東山区大和大路通四条下ル小松町
- アクセス　京阪電鉄京阪本線祇園四条駅から徒歩7分

京都府 泉涌寺 (せんにゅうじ)
江戸時代の天皇の御陵が造営

斉衡2年(855)、僧・神修に寄進された藤原緒嗣の山荘が起源。建保6年(1218)、俊芿に寄進され、8年後に伽藍が完成。

- 所在地　京都府京都市東山区泉涌寺山内町27
- アクセス　JR・近鉄・地下鉄京都駅からバスで「泉涌寺道」下車、徒歩15分

第八章 京都府

豊国神社
とよくにじんじゃ

京都府　豊臣秀吉のゆかりの社

豊臣秀吉の死後、壮麗な豊国社に祀られたが、徳川家康によって取り壊された。現在の社殿は明治13年(1880)に再建。

所在地　京都府京都市東山区大和大路通正面茶屋町530
アクセス　京阪電鉄京阪本線七条駅から徒歩10分

知恩院
ちおんいん

京都府　国内最大級の木造二重門がある

承安5年(1175)、法然が草庵を結んだことを起源とし、徳川家康、秀忠、家光により伽藍が建立。浄土宗総本山。

所在地　京都府京都市東山区林下町400
アクセス　京阪電鉄京阪本線祇園四条駅から徒歩10分

京都霊山護國神社
きょうとりょうぜんごくじんじゃ

京都府　若くして散った先覚者たちの志

明治元年に、霊山官祭招魂社として創建。幕末に活躍した維新の志士たちの御霊を奉祀。のちに現在の社名に改称。

所在地　京都府京都市東山区清閑寺霊山町1
アクセス　JR・近鉄・地下鉄京都駅からバスで「東山安井」下車、徒歩10分

京都府　六波羅蜜寺（ろくはらみつじ）
平家に篤く信仰された

天暦5年（951）、醍醐天皇第二皇子・空也が開創。空也が彫った十一面観音を市中に引回すと悪疫が退散したと伝わる。

- 所在地　京都府京都市東山区ロクロ町81-1
- アクセス　京阪電鉄京阪本線清水五条駅から徒歩7分

京都府　金剛王院（こんごうおういん）
願いをひとつ叶える一言観音

平安時代末期に阿波内侍によって開創された。本尊の千手観音で一言寺とも呼ばれる。本堂は文化7年（1810）の再建。

- 所在地　京都府京都市伏見区醍醐一言寺裏町21
- アクセス　地下鉄東西線醍醐駅から徒歩18分

京都府　醍醐寺（だいごじ）
豊臣秀吉の醍醐の花見が行われた

平安時代初期、理源の草庵を起源として、醍醐天皇によって薬師堂や五大堂が建立された。真言宗醍醐派総本山。

- 所在地　京都府京都市伏見区醍醐東大路町22
- アクセス　地下鉄東西線醍醐駅から徒歩14分

京都府　鹿苑寺（ろくおんじ）
金閣寺として知られる

3代将軍・足利義満の別邸・北山殿が起源。義満の死後、遺言により寺院となった。相国寺の塔頭寺院のひとつ。

- 所在地　京都府京都市北区金閣寺町1
- アクセス　JR山陰本線円町駅からバスで「金閣寺道」下車、徒歩5分

第八章 京都府

神光院（じんこういん）
京都府 — 西賀茂の弘法さん

建保5年(1217)の開創。本尊の弘法大師像は、空海が自ら彫ったものと伝わる。きゅうり加持が行われる。

- 所在地　京都府京都市北区西賀茂神光院町120
- アクセス　地下鉄烏丸線北大路駅からバスで「神光院前」下車、徒歩3分

正伝寺（しょうでんじ）
京都府 — 後醍醐天皇の勅願寺

文永10年(1273)に堂宇が建立され、弘安5年(1282)に現在地に再建された。伏見城の遺構である血天井がある。

- 所在地　京都府京都市北区西賀茂北鎮守菴町72
- アクセス　地下鉄烏丸線北大路駅からバスで「神光院前」下車、徒歩15分

光悦寺（こうえつじ）
京都府 — 芸術家・本阿弥光悦ゆかりの寺院

元和元年(1615)、本阿弥光悦が徳川家康からこの地を与えられ草庵を結んだのがはじまり。光悦の死後に寺院となった。

- 所在地　京都府京都市北区鷹峯光悦町29
- アクセス　地下鉄烏丸線北大路駅からバスで「鷹峯源光庵前」下車、徒歩3分

常照寺（じょうしょうじ）
京都府 — 本阿弥光悦建立の寺院

元和元年(1615)、本阿弥光悦が徳川家康から与えられたこの地に移住し、翌年に「法華の鎮所」を建立したのがはじまり。

- 所在地　京都府京都市北区鷹峯北鷹峯町1
- アクセス　地下鉄烏丸線北大路駅からバスで「鷹峯源光庵前」下車、徒歩2分

方広寺（ほうこうじ）

京都府 — 大坂冬の陣のきっかけとなる

豊臣秀吉によって大仏殿の造営がはじまり、慶長17年（1612）に秀頼によって完成。大鐘の銘文が大坂冬の陣の発端となる。

- 所在地　京都府京都市東山区正面通大和大路東入茶屋町527-2
- アクセス　JR京都駅からバスで「博物館三十三間堂前」下車、徒歩5分

粟田神社（あわたじんじゃ）

京都府 — 京都七口の粟田口を守護

貞観18年（876）、藤原興世に神託があり創建された。粟田口は東山道・東海道に通じるため旅人たちから信仰された。

- 所在地　京都府京都市東山区粟田口鍛冶町1
- アクセス　京都市営地下鉄東西線東山駅から徒歩7分

智積院（ちしゃくいん）

京都府 — 真言宗智山派の総本山

文禄元年（1592）に豊臣秀吉が創建した祥雲寺があった地で、慶長6年（1601）に玄宥僧正が徳川家康から寺地を賜り創建。

- 所在地　京都府京都市東山区東瓦町964
- アクセス　JR・京阪電鉄東福寺駅から徒歩15分

即成院（そくじょういん）

京都府 — 阿弥陀如来像と二十五菩薩像を安置

正暦3年（992）、伏見に建立された光明院がはじまりとされる。本堂裏には那須与一の墓といわれる石造宝塔がある。

- 所在地　京都府京都市東山区泉涌寺山内町28
- アクセス　JR東福寺駅・京阪東福寺駅から徒歩10分

第八章 京都府

京都府 桃山天満宮（ももやまてんまんぐう）
木幡山の中腹に創建

応永元年（1394）に創建されるがその後、荒廃。天保12年（1841）に再興され、昭和44年（1969）に現在地に遷座された。

- 所在地　京都府京都市伏見区御香宮門前町173
- アクセス　近鉄京都線桃山御陵前駅から徒歩5分

京都府 同聚院（どうじゅいん）
藤原道長ゆかりの寺院

寛弘3年（1006）、藤原道長によって五大堂が建立されるが焼失。弘安3年（1280）に焼失を逃れた不動明王を祀り創建された。

- 所在地　京都府京都市東山区本町15-799
- アクセス　JR奈良線東福寺駅から徒歩10分

京都府 御香宮神社（ごこうのみやじんじゃ）
伏見の七名水のひとつが湧き出る

貞観4年（862）、この地から「香」のよい水が湧出することから、御香宮の名を清和天皇より賜ったとされる。

- 所在地　京都府京都市伏見区御香宮門前町174
- アクセス　近鉄京都線桃山御陵前駅から徒歩4分

京都府 嘉祥寺（かしょうじ）
日本最初の歓喜天

嘉祥3年（850）、文徳天皇によって創建された。本尊の聖天像は、象の顔と人の体を持ち福運の神様として信仰される。

- 所在地　京都府京都市伏見区深草坊町71
- アクセス　京阪電車龍谷大前深草駅、または藤森駅から徒歩15分

建勲神社（けんくんじんじゃ）

京都府 東山三十六峰を眺望できる境内

明治2年（1869）、明治天皇により創建され、織田信長を祀る。のちに山麓から山頂へ社殿を移建。

- **所在地** 京都府京都市北区紫野北舟岡町49
- **アクセス** 地下鉄烏丸線北大路駅からバスで「建勲神社前」下車、徒歩9分

源光庵（げんこうあん）

京都府 「悟りの窓」と「迷いの窓」がある

貞和2年（1346）、大徳寺二世徹翁によって開創。元禄7年（1694）道白により曹洞宗に改められた。

- **所在地** 京都府京都市北区鷹峯北鷹峯町47
- **アクセス** 地下鉄烏丸線北大路駅からバスで「鷹峯源光庵前」下車すぐ

穴太寺（あなおじ）

京都府 病気平癒のなで仏がある

慶雲2年（705）に開創された古刹で、「安寿と厨子王丸」の悲話の舞台で、安寿が厨子王丸をかくまった寺のひとつと伝えられる。

- **所在地** 京都府亀岡市曽我部町穴太東ノ辻46
- **アクセス** JR山陰本線亀岡駅からバスで「穴太寺前」下車すぐ

出雲大神宮（いずもだいじんぐう）

京都府 1300年の歴史を誇る縁結び神社

大国主命とその后神・三穂津姫命の二柱の神格を併せて主祭神として祀る。霊水・真名井の水や赤い糸を結ぶ夫婦岩などがある。

- **所在地** 京都府亀岡市千歳町出雲無番地
- **アクセス** JR嵯峨野線亀岡駅からバスで「出雲大神宮前」下車すぐ

第八章 京都府

成相寺（なりあいじ）
京都府 — 天橋立を眼下に望む景勝地

慶雲元年(704)、文武天皇の勅願寺として開創された。本尊は身代わり観音として知られる。西国三十三所の最北端。

- 所在地　京都府宮津市成相寺339
- アクセス　WILLER TRAINS宮津線天橋立駅からタクシーで25分

籠神社（このじんじゃ）
京都府 — お伊勢さんのふるさと

天照大神と豊受大神が伊勢に遷座後、本宮を奥宮・眞名井神社の地から現在地へ遷し、主祭神を天孫・彦火明命とした。

- 所在地　京都府宮津市大垣430
- アクセス　WILLER TRAINS宮津線天橋立駅からバスで「元伊勢籠神社前」下車、徒歩3分

一休寺（いっきゅうじ）
京都府 — とんちの一休さんのお寺

正応年間(1288～1293)に禅寺として開創され、康生2年(1456)に一休が再建した。一休は88歳で亡くなるまで居住した。

- 所在地　京都府京田辺市薪里ノ内102
- アクセス　近鉄京都線新田辺駅からバスで「一休寺」下車、徒歩5分

智恩寺（ちおんじ）
京都府 — 日本三文殊のひとつ

暴れていた悪龍を鎮めた文殊菩薩を本尊とする。大同3年(808年)に平城天皇の勅願寺として創建、明暦元年(1655)に再建。

- 所在地　京都府宮津市文珠466
- アクセス　WILLER TRAINS宮津線天橋立駅から徒歩5分

興聖寺（こうしょうじ）

京都府 — 曹洞宗初開道場

天福元年（1233）、道元によって曹洞宗の修行道場として開創。慶安元年（1648）、伏見城の遺構を用いて現在地に再建。

- 所在地　京都府宇治市宇治山田27-1
- アクセス　京阪宇治線宇治駅から徒歩20分

光明寺（こうみょうじ）

京都府 — 法然が立教開宗した地

承安5年（1175）、浄土宗を開いた法然が教えを説いた地で、建久9年（1198）に堂宇が建立された。西山浄土宗総本山。

- 所在地　京都府長岡京市粟生西条ノ内26-1
- アクセス　阪急電車京都線長岡天神駅からバスで「旭が丘ホーム」下車、徒歩10分

萬福寺（まんぷくじ）

京都府 — 中国風の伽藍がある

寛文元年（1661）、中国から来日した隠元によって開創された。臨済宗の流れをくむ黄檗宗の大本山。伽藍は中国明朝の様式。

- 所在地　京都府宇治市五ケ庄三番割34
- アクセス　JR奈良線・京阪宇治線黄檗駅から徒歩5分

平等院（びょうどういん）

京都府 — 定朝作の阿弥陀如来像が本尊

源重信の別荘を藤原道長が譲り受け、頼通が永承7年（1052）に寺に改めた。天喜元年（1053）に阿弥陀堂（鳳凰堂）が落慶。

- 所在地　京都府宇治市宇治蓮華116
- アクセス　JR奈良線・京阪宇治線宇治駅から徒歩10分

第八章 京都府

三室戸寺（みむろとじ）
京都府 光仁、花山、白河の三帝の離宮

宝亀元年（770）、光仁天皇が見た霊光の源を探したところ千手観音が現れた。この尊像を本尊に開創された。

- 所在地　京都府宇治市菟道滋賀谷21
- アクセス　京阪宇治線三室戸駅から徒歩15分

笠置寺（かさぎでら）
京都府 巨岩が多くある山岳信仰の聖地

天武天皇が笠置山で難にあい、仏に祈念をして助かったことから、大岩面に弥勒菩薩を彫り開創された。

- 所在地　京都府相楽郡笠置町笠置笠置山29
- アクセス　JR関西本線笠置駅からタクシーで8分

地蔵禅院（じぞうぜんいん）
京都府 京都府天然記念物のしだれ桜

高台にある曹洞宗の寺院で、開創年代は不詳。境内のしだれ桜は、すでに枯死した京都の円山公園のものと兄弟木。

- 所在地　京都府綴喜郡井手町井手小字東垣内16
- アクセス　JR奈良線玉水駅からタクシー5分

観音寺（かんのんじ）
京都府 山崎聖天として知られる

昌泰2年（899）、宇多法皇の御願寺として開創。江戸時代に聖徳太子作と伝わる十一面千手観世音菩薩を本尊として再興。

- 所在地　京都府乙訓郡大山崎町大山崎白味才
- アクセス　JR京都線山崎駅から徒歩15分

京都府　浄瑠璃寺（じょうるりじ）
九体の国宝の仏像がある九体寺

永承2年（1047）に開創され、本尊は九体の木造阿弥陀如来像で「九体寺」と呼ばれる。庭園は極楽世界をこの世に表したもの。

- 所在地　京都府木津川市加茂町西小札場40
- アクセス　JR関西本線加茂駅からバスで「浄瑠璃寺前」下車、徒歩3分

京都府　岩船寺（がんせんじ）
あじさいの名所として知られる

天平元年（729）に聖武天皇の勅願で行基が開創。嵯峨天皇が安産祈願をさせ、後の弘仁4年（813）に伽藍が整備された。

- 所在地　京都府木津川市加茂町岩船上ノ門43
- アクセス　JR関西本線加茂駅からバスで「岩船寺」下車すぐ

京都府　蟹満寺（かにまんじ）
『今昔物語』の蟹の恩返しの舞台

690年代に秦氏によって開創。蛇に求婚されて困った娘を、以前娘に助けられた蟹が助けた「蟹の恩返し」で知られる。

- 所在地　京都府木津川市山城町綺田浜36
- アクセス　JR奈良線棚倉駅から徒歩20分

京都府　神童寺（じんどうじ）
奈良・吉野山と関係が深い修験の霊地

聖徳太子によって開創されたと伝えられ、本尊の蔵王権現像は役行者が2人の神童の助力で刻んだものと伝えられる。

- 所在地　京都府木津川市山城町神童子不晴谷112
- アクセス　JR奈良線棚倉駅からタクシーで10分

第九章

関西

|滋賀県|

延暦寺
えんりゃくじ

日本仏教界の名だたる高僧を排出

比叡山全体が寺域で、東塔、西塔、横川の3地域を総称して延暦寺と呼ぶ。奈良時代末期に最澄が草庵を結んだのがはじまり。最澄没後に堂塔が建立された。法然、親鸞、一遍、栄西、道元、日蓮などを輩出した。

| 所在地 | 滋賀県大津市坂本本町4220 |
| アクセス | 比叡山鉄道ケーブル延暦寺駅から徒歩10分 |

|滋賀県|

延暦寺 法華総持院東塔
ほっけそうじいんとうとう

最澄は全国6ヶ所の宝塔を建て日本の守護としたが、その中心の役割をする塔。

|滋賀県|

延暦寺 阿弥陀堂
あみだどう

昭和12年(1937)に建立された先祖回向の道場。本尊は丈六の阿弥陀如来。

|滋賀県|

延暦寺 四季講堂
しきこうどう

元三大師堂と呼ばれ、良源(元三大師)の住居跡と伝えられる。おみくじ発祥の地と伝えられる。

第九章 関西

滋賀県

園城寺
おんじょうじ

三井寺として知られる古刹

壬申の乱に敗れた大友皇子の霊を弔うために開創され、天武天皇から「園城」の勅額が贈られたのがはじまり。天智・天武・持統天皇の誕生の際に産湯に用いられた霊泉「御井（みい）の寺」があったことから三井寺と呼ばれる。

所在地	滋賀県大津市園城寺町246
アクセス	京阪電鉄石山坂本線三井寺駅から徒歩10分

滋賀県
園城寺 微妙寺
びみょうじ

園城寺五別所（別院）のひとつで、正暦5年（994）に開創。現在の本堂は安永5年（1776）の再建。

滋賀県
園城寺 釈迦堂
しゃかどう

室町時代に建立されたものだが、豊臣秀吉によって破却の後に御所の清涼殿を移築したものとの伝承がある。

滋賀県
園城寺 観音堂
かんのんどう

西国三十三所観音霊場第十四番礼所。貞享3年（1686）に焼失し、元禄2年（1689）に再建された。

滋賀県

建部大社
たけべたいしゃ

ヤマトタケルを祀る近江国一宮

奈良時代に神崎郡建部郷から瀬田大野山山頂に遷され、のちに建部氏によって現在地に遷座。社殿は、ヤマトタケルを祀る正殿と大己貴命を祀る権殿が並び立ち、左右の拝殿に末社が並ぶ。

所在地	滋賀県大津市神領1-16-1
アクセス	京阪電車石山坂本線唐橋前駅から徒歩10分

滋賀県

多賀大社
たがたいしゃ

滋賀県第一の大社

祭神のイザナギ・イザナミは神代の昔にはじめて夫婦として、日本の国土、そして天照大神をはじめとする八百万の神々を産んだといわれる。鎌倉時代以降、武家や民衆から信仰され、分祀社は全国239社。

所在地	滋賀県犬上郡多賀町多賀604
アクセス	近江鉄道多賀線多賀大社前駅から徒歩10分

第九章 関西

滋賀県 信長建立の安土城内にあった寺院
摠見寺（そうけんじ）

天正4年（1576）に織田信長が安土城内に鈴鹿山の江雲寺を移して建立。安政元年（1854）に焼失したが、三重塔などが残る。

- 所在地　滋賀県近江八幡市安土町下豊浦6371
- アクセス　JR琵琶湖線安土駅から徒歩20分

滋賀県 村雲御所と呼ばれる
瑞龍寺（ずいりゅうじ）

豊臣秀吉の姉・瑞龍院が、秀吉によって自害させられた子の秀次の菩提を弔うために開創した。

- 所在地　滋賀県近江八幡市宮内町19-9
- アクセス　JR琵琶湖線近江八幡駅からバスで「大杉町」下車、徒歩11分

滋賀県 近江商人の守護神
日牟禮八幡宮（ひむれはちまんぐう）

66代一条天皇の勅願により、法華峰（八幡山）に宇佐八幡宮を勧請して創建された。のちに遥拝の社を麓に建てた。

- 所在地　滋賀県近江八幡市宮内町257
- アクセス　JR琵琶湖線近江八幡駅からバスで「八幡堀」下車、徒歩3分

滋賀県 伝説の宰相が長寿を祈った地
長命寺（ちょうめいじ）

西国三十三所第三十一番札所。景行天皇の時代に宰相の武内宿禰が長寿を祈った地で、聖徳太子が開創したと伝えられる。

- 所在地　滋賀県近江八幡市長命寺町157
- アクセス　JR琵琶湖線近江八幡駅からバスで「長命寺」下車、徒歩30分

西圓寺（さいえんじ）

滋賀県　琵琶湖形といわれる池庭式庭園

元中5年（1388）に創建されたが織田信長の焼き討ちにより焼失。明応6年（1497）に黄檗宗寺院として再興された。

- 所在地　滋賀県米原市西円寺661
- アクセス　JR東海道線・琵琶湖線米原駅からタクシーで5分

長壽寺（ちょうじゅじ）

滋賀県　湖南三山のひとつ

奈良時代に聖武天皇の勅願によって創建された。常楽寺・善水寺とともに湖南三山のひとつに数えられる。

- 所在地　滋賀県湖南市東寺5-1-11
- アクセス　JR草津線石部駅からバスで「長寿寺」下車

千樹禅寺（せんじゅぜんじ）

滋賀県　「江州音頭」の発祥地

奈良時代に僧・行基が創建した49寺院のひとつで、織田信長の焼き討ちで焼失するが、本能寺の変後に近江商人によって再建された。

- 所在地　滋賀県犬上郡豊郷町下枝111
- アクセス　近江鉄道近江本線豊郷駅から徒歩14分

洞壽院（とうじゅいん）

滋賀県　丹生川上流にある禅寺

室町時代前期の創建で、聖観音立像は開山した如仲禅師が持ち込んだものと伝わる。寺宝に龍から授けられた「龍の玉」がある。

- 所在地　滋賀県長浜市余呉町菅並492
- アクセス　JR北陸本線余呉駅からタクシーで15分

第九章　関西

石道寺（しゃくどうじ）
滋賀県　井上靖の『星と祭』に登場

平安時代末の作とされる本尊の十一面観音像は欅の一木造りで、子授けの観音様として信仰される。

- 所在地　滋賀県長浜市木之本町石道419
- アクセス　JR北陸本線木ノ本駅からバスで「井明神」下車、徒歩8分

安楽寺（あんらくじ）
滋賀県　藤原不比等の別荘地に創建

鎌倉時代中期に関白・九条忠教が安楽精舎を建立したことにはじまり、江戸時代初めに彦根藩主・井伊直孝によって再建された。

- 所在地　滋賀県長浜市細江町105
- アクセス　JR琵琶湖線長浜駅からバスで「曽根口」下車、徒歩5分

（神護山）醍醐寺（じんごさん　だいごじ）
滋賀県　琵琶湖を望む高台に建立

12世紀の後白河天皇の時代に創建された。本尊の秘仏・毘沙門天立像は彩色された仏像で、運慶の作と伝えられる。

- 所在地　滋賀県長浜市醍醐町205
- アクセス　JR北陸本線長浜駅からバスで「東野」下車、徒歩5分

鶏足寺（けいそくじ）
滋賀県　200本のもみじが色づく

天平7年（735）に僧・行基によって創建され、その後荒廃するが、延暦18年（799）に最澄によって再建された。

- 所在地　滋賀県長浜市木之本町古橋
- アクセス　JR北陸本線木ノ本駅からバスで「古橋」下車、徒歩15分

滋賀県 長浜八幡宮(ながはまはちまんぐう)
ボケを封じる長寿の神様

源義家が後三条天皇の勅願を受け、京都の石清水八幡宮から分霊を迎えて鎮座。庄内11郷の産土の神として崇敬される。

- 所在地　滋賀県長浜市宮前町13-55
- アクセス　JR北陸本線長浜駅から徒歩15分

滋賀県 木之本地蔵院(きのもとじぞういん)
眼の仏様として知られる

白鳳時代に開創され、空海、木曽義仲、足利尊氏、足利義昭が参詣した。境内にある6mの地蔵像は秘仏の本尊を模したもの。

- 所在地　滋賀県長浜市木之本町木之本944
- アクセス　JR北陸本線木ノ本駅から徒歩5分

滋賀県 百済寺(ひゃくさいじ)
「植木観音」を本尊とする

聖徳太子が光る大木を発見し、生えたまま観世音菩薩像を彫造したと伝わる。606年の開創で、渡来系氏族の氏寺。

- 所在地　滋賀県東近江市百済寺町323
- アクセス　JR琵琶湖線能登川駅からバスで「百済寺本町」下車、徒歩12分

滋賀県 長寿院(ちょうじゅいん)
日本三大弁財天のひとつ

大洞弁財天と呼ばれる。本堂は4代彦根藩主・井伊直興が日光東照宮を修造した大工を使って建立したもの。

- 所在地　滋賀県彦根市古沢町1139
- アクセス　JR・近江鉄道彦根駅からタクシーで8分

第九章 関西

滋賀県 滋賀縣護國神社
しがけんごこくじんじゃ
彦根市尾末町鎮座

官祭招魂社として明治9年（1876）に創建された。戊辰・西南戦争、日清・日露戦争などで戦没した英霊を祀る。

- 所在地　滋賀県彦根市尾末町1-59
- アクセス　JR・近江鉄道彦根駅から徒歩10分

大阪府 総持寺
そうじじ
開山は包丁道の祖・藤原山蔭

西国三十三所第二十二番札所。本尊は亀に乗った観音像で、子育て、火除け、厄除けの観音様として信仰されている。

- 所在地　大阪府茨木市総持寺1-6-1
- アクセス　JR・阪急電車総持寺駅から徒歩5分

大阪府 水間寺
みずまでら
龍神が授けた小観音像

聖武天皇が行基に仏像を探すように勅命したところ、龍神と出会い聖観音像が授けられた。この仏像を本尊として開創された。

- 所在地　大阪府貝塚市水間638
- アクセス　水間鉄道水間線水間観音駅から徒歩10分

大阪府 四條畷神社
しじょうなわてじんじゃ
かつては戦いの要の地

南北朝時代、四條畷の合戦で足利軍との戦いで敗れた楠木正行とその一族の将士24人を祀る。創建は明治23年（1890）。

- 所在地　大阪府四條畷市南野2-18-1
- アクセス　JR学研都市線四条畷駅から徒歩20分

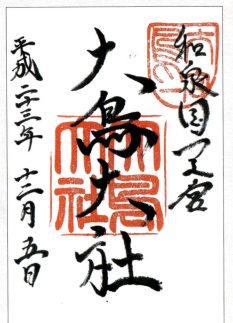

大阪府

大鳥大社
おおとりたいしゃ

悪い天地を鎮める祈願社

延喜式神名帳記載の霊験著しい名神大社として皇室から篤く尊崇された。大鳥造の本殿は、切妻造と妻入社殿という独特の様式。

| 所在地 | 大阪府堺市西区鳳北町1-1-2 |
| アクセス | JR阪和線鳳駅から徒歩8分 |

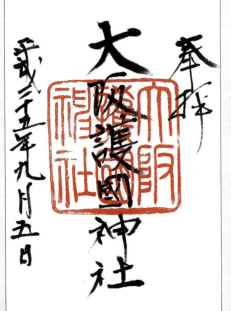

大阪府

大阪護國神社
おおさかごこくじんじゃ

大阪府の英霊を祀る

日華事変を契機に、戦没者の勲功を顕彰し、参拝したいという府民の要望から、昭和15年(1940)に創建された。10万5000余柱の英霊を祀る。

| 所在地 | 大阪府大阪市住之江区南加賀屋1-1-77 |
| アクセス | 大阪メトロ四つ橋線・南港ポートタウン線住之江公園駅から徒歩すぐ |

第九章 関西

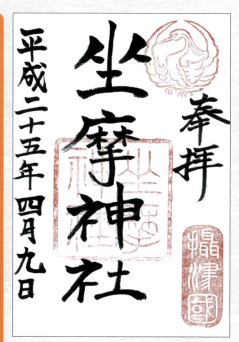

大阪府
坐摩神社
いかすりじんじゃ

大阪市中心部に鎮座する古社

神功皇后が新羅より帰還の際、渡辺の地（現在の天満橋の西方、石町附近）に奉祀して創立。攝津國西成郡の唯一の大社と、平安時代の『延喜式』に記された。

| 所在地 | 大阪府大阪市中央区久太郎町4渡辺3 |
| アクセス | 大阪メトロ御堂筋線本町駅から徒歩3分 |

大阪府
生國魂神社
いくくにたまじんじゃ

「いくたまさん」として親しまれる

天正11年（1583）、豊臣秀吉が大坂城を築く際、現在の地に移転。本殿と幣殿は神社建築史上ほかに例のない生國魂造様式で造営。祭神は生島（いくしま）大神・足島（たるしま）大神を祀る。

| 所在地 | 大阪府大阪市天王寺区生玉町13-9 |
| アクセス | 大阪メトロ谷町線・千日前線谷町九丁目駅から徒歩3分 |

大阪府

四天王寺
してんのうじ

日本仏法の最初の官寺

593年に聖徳太子によって彫られた四天王像を本尊として開創された。平安時代からは救世観音を本尊としている。「四天王寺式伽藍配置」は日本で最も古い建築様式。戦後に天台宗を離れ和宗総本山となった。

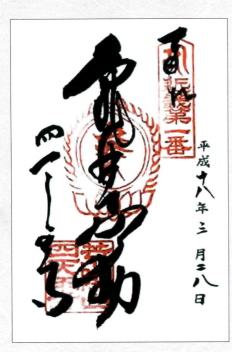

| 所在地 | 大阪府大阪市天王寺区四天王寺1-11-18 |
| アクセス | JR・地下鉄天王寺駅から徒歩12分 |

大阪府

阿部野神社
あべのじんじゃ

北畠顕家ゆかりの古戦場

北畠顕家が足利軍と戦った古戦場で、明治15年(1882)、阿部野神社と号して別格官幣社に列せられ、明治18年(1885)に創建。

| 所在地 | 大阪府大阪市阿倍野区北畠3-7-20 |
| アクセス | 南海電鉄岸里玉出駅から徒歩5分 |

大阪府

高津宮
こうづぐう

自然豊かな鎮守の森

貞観8年(866)、清和天皇の勅命で創建。天正11年(1583)、大坂城の築城の際、豊臣秀吉によって現在地に遷座された。

| 所在地 | 大阪府大阪市中央区高津1-1-29 |
| アクセス | 大阪メトロ谷町線・千日前線谷町九丁目駅から徒歩5分 |

第九章 関西

大阪府

大阪天満宮
おおさかてんまんぐう

市民から親しまれる天満の天神さん

菅原道真の死後から約50年後、村上天皇の勅命で創建され、道真の神霊を祀った。氏神様として市民から崇敬を集めている。

所在地	大阪府大阪市北区天神橋2-1-8
アクセス	JR東西線大阪天満宮駅から徒歩3分

大阪府

今宮戎神社
いまみやえびすじんじゃ

大阪府 大阪庶民の守護神

聖徳太子が建立した四天王寺の西方の鎮護として創建。左脇に鯛を右手に釣竿をもった戎様は、漁業の守り神の象徴。

所在地	大阪府大阪市浪速区恵美須西1-6-10
アクセス	大阪メトロ御堂筋線・四つ橋線大国町駅から徒歩5分

太融寺
たいゆうじ

大阪府 「北野の太融寺」として知られる

弘仁12年(821)に嵯峨天皇の勅願で空海によって開創。大坂城落城の際に焼失するが、元禄年間(1688〜1704)に再建。

所在地	大阪府大阪市北区太融寺町3-7
アクセス	大阪メトロ谷町線東梅田駅から徒歩7分

大阪府 姫島神社（ひめじまじんじゃ）
「やりなおし」神社と呼ばれる

祭神のアカルヒメはアメノヒボコの妻となるが慢心する夫から逃れて難波の地に逃避行したと伝えられる。

所在地	大阪府大阪市西淀川区姫島4-14-2
アクセス	阪神電車姫島駅から徒歩6分

大阪府 サムハラ神社（さむはらじんじゃ）
身体健固の符字で知られる

創建年代は不明だが、社名の「サムハラ」は古来より身体堅固の文字とされ、戦時中には出征兵士から信仰された。

所在地	大阪府大阪市西区立売堀2丁目5-26
アクセス	大阪メトロ中央線阿波座駅から徒歩6分

大阪府 清水寺（きよみずでら）
大阪にある清水の舞台

寛永17年（1640）に京都の清水寺から聖徳太子作といわれる十一面千手観世音菩薩を遷して創建されたと伝えられる。

所在地	大阪府大阪市天王寺区伶人町5-8
アクセス	大阪メトロ谷町線四天王寺前夕陽ケ丘駅から徒歩6分

大阪府 一心寺（いっしんじ）
お骨佛の寺として知られる

文治元年（1185）、法然が四天王寺の西側に草庵を結んだのがはじまりとされる。人骨でつくられた仏像・お骨佛が安置されている。

所在地	大阪府大阪市天王寺区逢阪2-8-69
アクセス	JR大阪環状線天王寺駅から徒歩15分

第九章 関西

大阪府　来迎寺（らいこうじ）
幽霊も成仏した霊験

浄土宗佐太派の本山として正平2年（1347）に建立。本尊の「天筆如来」は僧・行教の前に現れた三尊を写したものとされる。

所在地　大阪府守口市佐太中町7-11-17
アクセス　大阪メトロ谷町線大日駅からバスで「佐太天神前」下車、徒歩5分

大阪府　鶴満寺（かくまんじ）
子安観音として信仰される

奈良時代の創建といわれ、宝暦3年（1753）に現在地に移された。全国的に珍しい八角塔楼閣付き造りの観音堂が知られる。

所在地　大阪府大阪市北区長柄東1-3-12
アクセス　阪急千里線天神橋筋六丁目駅から徒歩6分

大阪府　勝尾寺（かつおじ）
勝運アップの勝ちダルマの寺

神亀4年（724）に創建され、古くより勝運信仰が篤く、勝運成就のダルマが多く奉納されている。

所在地　大阪府箕面市勝尾寺
アクセス　大阪メトロ御堂筋線千里中央駅からバスで「勝尾寺」下車

大阪府　大阪城豊國神社（おおさかじょうほうこくじんじゃ）
大阪城内にあり豊臣秀吉を祀る

明治12年（1879）、明治天皇の勅令によって京都の豊國神社の別社として建立され、昭和36年（1961）に現在地に遷座された。

所在地　大阪府大阪市中央区大阪城2-1
アクセス　大阪メトロ谷町線谷町駅谷駅から徒歩13分

大阪府 でんぼの神さん
石切劔箭神社 いしきりつるぎやじんじゃ

祭神の神威は岩を切り裂くといわれ、腫れ物や病気を治してくれるご神徳「でんぼ（腫れ物）の神様」と呼ばれる。

| 所在地 | 大阪府東大阪市東石切町1-1-1 |
| アクセス | 近鉄けいはんな線新石切駅から徒歩7分 |

大阪府 1043本の手を持つ本尊
葛井寺 ふじいでら

神亀2年（725）、聖武天皇の勅願で開創された。本尊の千手千眼観世音菩薩坐像は三観音として知られる秘仏。

| 所在地 | 大阪府藤井寺市藤井寺1-16-21 |
| アクセス | 近鉄南大阪線藤井寺駅から徒歩3分 |

大阪府 妙見信仰の聖地
能勢妙見山 のせみょうけんざん

約1300年前に行基によって開創。慶長8年（1603）、能勢氏に祀られてきた妙見大菩薩を法華経の守護神として祀られた。

| 所在地 | 大阪府豊能郡能勢町野間中661 |
| アクセス | 能勢電鉄妙見線妙見口駅からハイキングコース（所要90分） |

奈良県 女人の参詣を許可した古刹
室生寺 むろうじ

奈良時代末、賢憬が開創、元禄年間（1688〜1704）に再興された。高野山金剛峯寺に対し女人参詣を許可したことで知られる。

| 所在地 | 奈良県宇陀市室生78 |
| アクセス | 近鉄大阪線室生口大野駅からバスで「室生寺前」下車、徒歩5分 |

第九章 関西

奈良県 當麻寺（たいまでら）
當麻曼荼羅の寺

612年に開創され、白鳳時代に河内から現在地に移された。境内には日本最古とされる白鳳時代の梵鐘や石灯籠などがある。

所在地	奈良県葛城市當麻1263中之坊
アクセス	近鉄南大阪線当麻寺駅から徒歩15分

奈良県 金峯山寺（きんぷせんじ）
日本独自の信仰・修験道の聖地

役行者が白鳳時代に修験道独特の本尊・金剛蔵王大権現を感得し、その姿を彫造して開創された。金峯山修験本宗の総本山。

所在地	奈良県吉野郡吉野町吉野山2498
アクセス	近鉄吉野線吉野駅からロープウェイで山上駅下車、徒歩10分

奈良県 九品寺（くほんじ）
身代わりとして奉納された千体石仏

奈良時代に行基によって開創された。千体石仏は城主・楢原氏が北朝と戦う際の身代わりとして奉納されたもの。

所在地	奈良県御所市楢原1188
アクセス	近鉄御所線御所駅からバスで「猿目橋」下車、徒歩20分

大阪府／奈良県 岡寺（おかでら）
日本初の厄除け霊場

1300年前、天智天皇の勅願で、義淵が開創。義淵は悪龍を鎮めたと伝わる。日本最初の厄除け霊場として知られる。

所在地	奈良県高市郡明日香村岡806
アクセス	近鉄橿原神宮前駅からバスで「岡寺前」下車、徒歩10分

飛鳥寺（あすかでら）

奈良県 — 飛鳥大仏で知られる

596年、蘇我馬子によって日本初の本格的寺院として建立された。本尊の銅造釈迦如来坐像は日本最古の仏像。

- 所在地　奈良県高市郡明日香村飛鳥682
- アクセス　近鉄橿原神宮前駅からバスで「飛鳥大仏前」下車すぐ

橘寺（たちばなでら）

奈良県 — 聖徳太子誕生の地

680年に聖徳太子が誕生した地といわれる。聖徳太子が開創した7カ寺のひとつ。現在の本堂（太子殿）は江戸時代のもの。

- 所在地　奈良県高市郡明日香村橘532
- アクセス　近鉄橿原神宮前駅からバスで「岡橋本」下車、徒歩3分

吉田寺（きちでんじ）

奈良県 — ぽっくり往生の寺として知られる

天智天皇の勅願で開創。永延元年（987）に源信が栗の巨木で彫造した丈六阿弥陀如来像はぽっくり往生の霊験があるとされる。

- 所在地　奈良県生駒郡斑鳩町小吉田1-1-23
- アクセス　JR関西本線王寺駅からバスで「龍田神社前」下車、徒歩5分

安倍文殊院（あべもんじゅいん）

奈良県 — 日本三文殊のひとつ

645年に開創。本尊の文殊菩薩は建仁3年（1203）に仏師・快慶によって造立。高さ7mあり文殊菩薩像としては日本最大。

- 所在地　奈良県桜井市阿部645
- アクセス　JR・近鉄桜井駅からバスで「安倍文殊院」下車すぐ

第九章 関西

奈良県

奈良県

法隆寺
ほうりゅうじ

世界最古の木造建築群

607年、聖徳太子と推古天皇によって開創された。『日本書紀』には670年に伽藍焼失の記述があるが、遅くとも奈良時代の初頭には再建された。法隆寺式伽藍配置と呼ばれる配置になっている。

- 所在地　奈良県生駒郡斑鳩町法隆寺山内1-1
- アクセス　JR関西本線法隆寺駅から徒歩20分

奈良県　多くの文化人が参拝する古社

等彌神社
とみじんじゃ

神武天皇が皇祖神を祀った場所（霊時）である鳥見山に創建され、天永3年（1112）、社殿を現在地に遷座した。

- 所在地　奈良県桜井市桜井1176
- アクセス　JR・近鉄桜井駅から徒歩15分

奈良県　花の御寺と呼ばれる

長谷寺
はせでら

朱鳥元年（686）、道明が銅板法華説相図を安置したことにはじまる。本堂は3代将軍・徳川家光の再建。真言宗豊山派総本山。

- 所在地　奈良県桜井市初瀬731-1
- アクセス　近鉄大阪線長谷寺駅から徒歩15分

奈良県 — 石園座多久虫玉神社(いそのにますたくむしたまじんじゃ)
蘇った華やかな朱色の社殿

「龍王宮」と呼ばれ、祭神は建玉依彦命・建玉依姫命。安寧天皇の片塩浮孔宮跡に創建されたと伝えられる。

- 所在地　奈良県大和高田市片塩町15-33
- アクセス　近鉄南大阪線高田市駅から徒歩すぐ

奈良県 — 松尾寺(まつおでら)
「厄攘」唯一の寺

養老2年(718)、舎人親王が『日本書紀』の完成と厄除けの祈願をして開創。日本最古の厄除霊場で、厄攘祈願が行われる。

- 所在地　奈良県大和郡山市山田町683松尾山
- アクセス　JR大和路線大和小泉駅からバスで「松尾寺口」下車、徒歩30分

奈良県 — 唐招提寺(とうしょうだいじ)
唐の高僧・鑑真の寺

聖武天皇に招かれて唐から来た鑑真が天平宝字3年(759)に開創した。鑑真による私院で、律宗総本山。

- 所在地　奈良県奈良市五条町13-46
- アクセス　近鉄橿原線西ノ京駅から徒歩8分

奈良県 — 奈良県護国神社(ならけんごくじんじゃ)
奈良県の英霊を祀る

明治維新から大東亜戦争までに国難に殉じた奈良県ゆかりの軍人・軍関係者の英霊2万9245柱を祀る。

- 所在地　奈良県奈良市古市町1984
- アクセス　JR・近鉄奈良駅からバスで「護国神社」下車、徒歩3分

第九章 関西

奈良県

興福寺
こうふくじ

南都七大寺のひとつ

669年に、重病の藤原鎌足の回復を祈願して、鏡女王が山階寺の名で開創した。平城京への遷都が行われると、和銅3年(710)に藤原不比等によって移され、「興福寺」の名になった。法相宗大本山。

所在地 奈良県奈良市登大路町48
アクセス 近鉄奈良線近鉄奈良駅から徒歩5分

奈良県

奈良県

国宝館
こくほうかん

僧が食事をする食堂があった場所に、昭和34年(1959)に建てられた。数多い仏像や寺宝を収蔵している。

奈良県

南円堂
なんえんどう

弘仁4年(813)、藤原冬嗣が父・内麻呂の菩提を弔うために建立した八角円堂。西国三十三所第九番札所。

奈良県

東金堂
とうこんどう

神亀3年(726)に聖武天皇が叔母の元正太上天皇の病気回復を祈願して開創。現在の建物は応永22年(1415)に再建されたもの。

秋篠寺 あきしのでら
奈良県 奈良時代最後の官寺

宝亀11年(780)頃、光仁天皇の勅願で建立された。本堂にある伎芸天像は優美な立ち姿から「東洋のミューズ」と称賛される。

- 所在地　奈良県奈良市秋篠町757
- アクセス　近鉄大和西大寺駅からバスで「秋篠寺」下車すぐ

南明寺 なんみょうじ
奈良県 鎌倉時代に造営された本堂

宝亀2年(771)の創建といわれる。近くには柳生宗矩とお藤の恋を伝える「お藤の井戸」がある。当面の間、拝観不可。

- 所在地　奈良県奈良市阪原町1005
- アクセス　JR奈良駅・近鉄奈良駅からバスで「阪原」下車、徒歩3分

不空院 ふくういん
奈良県 女人救済の縁切寺

鑑真が住んだ寺院と伝えられ、弘仁年間(810〜824)に空海が願文を書いたことで創建されたと伝えられる。

- 所在地　奈良県奈良市高畑1365
- アクセス　JR奈良駅、近鉄奈良駅からバスで「破石町」下車、徒歩10分

十輪院 じゅうりんいん
奈良県 ブルーノ・タウトが称賛した庭園

奈良時代に元正天皇の勅願によって創建され、もともとは元興寺の子院だった。庭園はブルーノ・タウトや森鷗外が称えた。

- 所在地　奈良県奈良市十輪院町27
- アクセス　近鉄奈良駅からバスで「福智院町」下車、徒歩3分

第九章 関西

伝香寺（でんこうじ）
奈良県 — 戦国武将によって創建

吉水神社（よしみずじんじゃ）
奈良県 — 南朝の皇居となった古社

宝亀年間（770〜781）に鑑真の弟子が草庵を結んだ地と伝えられ、戦国時代に大名・筒井順慶が香華院（菩提所）として建立。

- **所在地** 奈良県奈良市小川町24
- **アクセス** JR・近鉄奈良駅から徒歩15分

7世紀の天武天皇の時代に役行者によって創建。南北朝時代には延元元年（1336）に後醍醐天皇が皇居とした。

- **所在地** 奈良県吉野郡吉野町吉野山579
- **アクセス** 近鉄吉野駅からロープウェイで「ロープウェイ吉野山」下車、徒歩20分

談山神社（たんざんじんじゃ）
奈良県 — 紅葉の名所として知られる

勝手神社（かってじんじゃ）
奈良県 — 静御前ゆかりの舞塚がある

中大兄皇子と中臣（藤原）鎌足が乙巳の変の計画を立てた地で、木造十三重塔は、藤原鎌足の墓塔といわれる。

- **所在地** 奈良県桜井市多武峰319
- **アクセス** 近鉄・JR桜井駅からバスで「談山神社」下車、徒歩3分

創建年代は不明だが、大海人皇子が琴を奏でた際に天女が舞い降りた伝承がある。また静御前がこの地で舞をしたとも伝えられる。

- **所在地** 奈良県吉野郡吉野町吉野山2354
- **アクセス** 近鉄吉野駅からロープウェイでロープウェイ山上駅下車、徒歩20分

新薬師寺（しんやくしじ）
奈良県 盛衰を見守る本堂が残る

天平19年（747）に光明皇后が聖武天皇の眼病平癒を祈願して開創。災害などで多くが焼失したが、唯一本堂が現存する。

- 所在地　奈良県奈良市高畑町1352
- アクセス　JR・近鉄奈良駅からバスで「破石町」下車、徒歩10分

元興寺（がんごうじ）
奈良県 蘇我馬子建立の日本最古の寺

蘇我馬子が建立した飛鳥寺（法興寺）を前身とする寺で、平城京遷都に伴い、新築移転され官寺となった。南都七大寺のひとつ。

- 所在地　奈良県奈良市中院町11
- アクセス　近鉄奈良線近鉄奈良駅から徒歩15分

般若寺（はんにゃじ）
奈良県 日本最古のコスモスの名所

629年、高句麗の僧・慧灌によって開創され、天平7年（735）、平城京の鬼門鎮護のために堂塔が造営されたと伝えられる。

- 所在地　奈良県奈良市般若寺町221
- アクセス　JR・近鉄奈良駅からバスで「般若寺」下車、徒歩3分

不退寺（ふたいじ）
奈良県 「業平寺」と呼ばれる

平城天皇が萱の御所を営んだ地。承和14年（847）、平城天皇の孫の在原業平が聖観音像を彫造して本尊として開創された。

- 所在地　奈良県奈良市法蓮町517
- アクセス　近鉄奈良線新大宮駅から徒歩15分

第九章　関西

奈良県　遣唐使を助けた寺
海龍王寺（かいりゅうおうじ）

天平3年（731）、光明皇后によって開創された。平城宮の東北の隅に位置することから、「隅寺」「角寺」とも呼ばれる。

- 所在地　奈良県奈良市法華寺町897
- アクセス　近鉄奈良線新大宮駅から徒歩15分

奈良県　女人道場の法華寺御所
法華寺（ほっけじ）

藤原不比等の邸宅があった地で、約1200年前に国分寺に対する国分尼寺として光明皇后によって開創された。

- 所在地　奈良県奈良市法華寺町882
- アクセス　近鉄大和西大寺駅からバスで「法華寺」下車、徒歩3分

兵庫県　親や子に似た顔が必ずある五百羅漢
羅漢寺（らかんじ）

全国的に知られる五百羅漢像は、17世紀前半に酒見寺の再興の際に整備や信仰・供養のために造立されたとされる。

- 所在地　兵庫県加西市北条町北条1293
- アクセス　北条鉄道北条線北条町駅から徒歩15分

兵庫県　たつの市にある古刹
常照寺（じょうしょうじ）

慶長年間（1596〜1615）に日証によって開創された日蓮宗の寺院。宝永4年（1707）には藩主・脇坂安照の側室・円光院が帰依した。

- 所在地　兵庫県たつの市龍野町福の神18
- アクセス　JR姫新線本竜野駅からバスで「龍野小学校前」下車、徒歩2分

兵庫県 伊和神社
珍しい北向きの社殿
いわじんじゃ

大己貴神は国造りの事業を行い、最後にこの地で鎮まったと伝わる。のちに人々が社殿を営んで創建された。

- 所在地　兵庫県宍粟市一宮町須行名407
- アクセス　JR姫路駅からバスで「山崎」下車、「山崎」から「一の宮伊和神社」下車、徒歩3分

兵庫県 須磨寺
源平ゆかりの古刹
すまでら

和田岬の海中から現れた聖観世音菩薩像を安置するため淳和天皇の勅命で開創。仁和2年(886)に現在地に堂宇が建立された。

- 所在地　兵庫県神戸市須磨区須磨寺町4-6-8
- アクセス　山陽電鉄本線須磨寺駅から徒歩5分

兵庫県 海神社
海を守護する神様が鎮座
わたつみじんじゃ

1800年前、三韓から帰路中の神功皇后は暴風雨に見舞われたが、綿津見三神に祈願し無事に帰還したことから創建された。

- 所在地　兵庫県神戸市垂水区宮本町5-1
- アクセス　JR垂水駅・山陽電鉄山陽垂水駅から徒歩すぐ

兵庫県 生田神社
幾度の災害を乗り越えた蘇りの社
いくたじんじゃ

神功皇后が三韓外征の帰途中に船が止まり、稚日女尊が現れ、「活田長峡国にいたい」と告げたことから創建された。

- 所在地　兵庫県神戸市中央区下山手通1-2-1
- アクセス　JR神戸線三宮駅から徒歩10分

第九章 関西

湊川神社（みなとがわじんじゃ）
兵庫県 祭神・楠公さんの出身地

楠木正成を主祭神とする神社。明治5年（1872）に明治天皇により創建。「楠公（なんこう）さん」と呼ばれて親しまれる。

- **所在地** 兵庫県神戸市中央区多聞通3-1-1
- **アクセス** 阪急電車・阪神電車・山陽電鉄高速神戸駅から徒歩すぐ

長田神社（ながたじんじゃ）
兵庫県 鎮座1800年以上を迎える古社

祭神として事代主神を祀り、商工業や産業の護り神として崇敬される。「長田さん」の愛称で呼ばれる。

- **所在地** 兵庫県神戸市長田区長田町3-1-1
- **アクセス** 阪神電車神戸高速線高速長田駅から徒歩7分

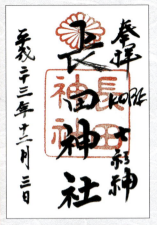

兵庫縣神戸護國神社（ひょうごけんこうべごこくじんじゃ）
兵庫県 郷土の英霊を祀る

大きな社殿には、兵庫県下の神社管内出身戦没者5万余柱の英霊が祀られている。春になると花見客で賑わう。

- **所在地** 兵庫県神戸市灘区篠原北町4-5-1
- **アクセス** JR神戸線三宮駅からバスで「護国神社前」下車すぐ

天上寺（てんじょうじ）
兵庫県 安産腹帯発祥の霊場

大化2年（646）、孝徳天皇の勅願により、インドの高僧・法道によって開創。本尊は中国を経て伝来した十一面観音で秘仏。

- **所在地** 兵庫県神戸市灘区摩耶山町2-12
- **アクセス** JR神戸線三宮駅からバスで「摩耶ケーブル下」下車、ロープウェイで星の駅下車、徒歩10分

兵庫県 えびす宮の総本社 西宮神社（にしのみやじんじゃ）

古社廣田神社の浜南宮の内に鎮座したえびす大神は、商売繁盛の神様として、西宮郷の銘酒と共に、隆盛を極めた。

- 所在地　兵庫県西宮市社家町1-17
- アクセス　阪神電車本線西宮駅から徒歩5分

兵庫県 有馬温泉にある古刹 極楽寺（ごくらくじ）

593年、聖徳太子によって開創。承徳元年（1097）の洪水で有馬温泉とともに荒廃したが、建久2年（1191）に再建された。

- 所在地　兵庫県神戸市北区有馬町1642
- アクセス　神戸電鉄有馬線有馬温泉駅から徒歩10分

兵庫県 忠臣蔵のふるさと 赤穂大石神社（あこうおおいしじんじゃ）

明治天皇の宣旨を契機として明治33年（1900）に神社創立、大正元年（1912）、四十七義士を祀る神社として鎮座した。

- 所在地　兵庫県赤穂市上仮屋131-7
- アクセス　JR赤穂線播州赤穂駅から徒歩15分

兵庫県 災厄を打ち払うとされる厄神明王 東光寺（とうこうじ）

嵯峨天皇が厄年の時に見た夢を聞いた空海が彫造した3体の明王像のひとつ、厄神明王を祀る。厄除けの寺として名高い。

- 所在地　兵庫県西宮市門戸西町2-26
- アクセス　阪急電車今津線門戸厄神駅下車、徒歩10分

第九章　関西

兵庫県　赤穂藩主浅野家の菩提寺
花岳寺（かがくじ）

赤穂藩の祖・浅野長直によって、浅野家の菩提寺として正保2年(1645)に開創された。大石家や赤穂義士の菩提寺でもある。

- 所在地　兵庫県赤穂市加里屋1992
- アクセス　JR赤穂線播州赤穂駅から徒歩10分

兵庫県　源五公を祀る霊地
多田神社（ただじんじゃ）

天禄元年(970)、源満仲が神社の前身である「元多田院」を建立。のちに4代将軍・徳川家綱によって現在の社殿が再建された。

- 所在地　兵庫県川西市多田院多田所町1-1
- アクセス　能勢電鉄妙見線多田駅から徒歩15分

兵庫県　兵庫県下唯一の神宮
伊弉諾神宮（いざなぎじんぐう）

イザナギが「幽宮」を構えて余生を過ごした神宅跡と伝えられる。その宮居の敷地に神陵を築いて祀られたのがはじまり。

- 所在地　兵庫県淡路市多賀740
- アクセス　JR神戸線三宮駅からバスで「伊弉諾神宮前」下車すぐ

兵庫県　2神が鎮座、国生みの聖地
おのころ島神社（おのころじまじんじゃ）

イザナギ・イザナミの2神が祀られ、縁結び・安産の神として知られる。高さ21.7mの朱塗りの大鳥居がある。

- 所在地　兵庫県南あわじ市榎列下幡多415
- アクセス　JR神戸線三宮駅からバスで「榎列」下車、徒歩10分

兵庫県 廣峯神社（ひろみねじんじゃ）
牛頭天王総本社

奈良時代末、吉備真備が中国から帰国した際、広峯山系の白幣山に登臨して牛頭天王の信託を感受し、大社殿を造営。

- 所在地　兵庫県姫路市広嶺山52
- アクセス　JR姫路駅からバスで「競馬場前」下車、「競馬場前」からタクシーで10分

兵庫県 圓教寺（えんぎょうじ）
花山法皇が二度行幸した

書写山にある古刹で、康保3年（966年）に性空が草庵を結んだことにはじまる。花山法皇が2度行幸した。

- 所在地　兵庫県姫路市書写2968
- アクセス　JR姫路駅からバスで「書写ロープウェイ」下車、ロープウェイで「山上駅」下車、徒歩15分

兵庫県 射楯兵主神社（いたてひょうずじんじゃ）
姫路城鎮護の社

564年、大己貴命（兵主の神）が祀られたと伝えられる。のちに播磨国内の174座の神々を合祀した。

- 所在地　兵庫県姫路市総社本町190
- アクセス　JR姫路駅から徒歩15分

兵庫県 姫路護國神社（ひょうごけんひめじごこくじんじゃ）
郷土の英霊を祀る

明治時代、幕末維新の戦役・国事に殉じた人々に招魂場を設け慰霊祭を行ったのがはじまり。

- 所在地　兵庫県姫路市本町118
- アクセス　JR姫路駅・山陽電鉄山陽姫路駅から徒歩15分

第九章 関西

清荒神清澄寺(きよしこうじんせいちょうじ)
兵庫県 ― 台所の神様を祀る

寛平8年(896)に宇多天皇の勅願で開創された。宇多天皇より「日本第一清荒神」の称号を与えられ、信仰される。

- 所在地　兵庫県宝塚市米谷清シ1
- アクセス　阪急電車宝塚線清荒神駅から徒歩15分

中山寺(なかやまでら)
兵庫県 ― 豊臣秀吉が安産祈願をした

聖徳太子によって開創。安産祈願の霊場として古くから信仰され、豊臣秀吉が祈願して秀頼を授かったと伝わる。

- 所在地　兵庫県宝塚市中山寺2-11-1
- アクセス　阪急電車宝塚本線中山観音駅から徒歩すぐ

宗鏡寺(すきょうじ)
兵庫県 ― 沢庵和尚ゆかりの寺

出石城主・山名氏清によって、明徳3年(1392)に建立。織田信長の但馬征伐で荒廃するが、元和2年(1616)に沢庵を招き再興。

- 所在地　兵庫県豊岡市出石町東條33
- アクセス　JR・WILLER TRAINS豊岡駅からバスで「沢庵寺口」下車、徒歩10分

出石神社(いずしじんじゃ)
兵庫県 ― 但馬の「いっきゅうさん」

但馬國一宮として但馬開発の祖神・天日槍と八種の宝を祀る。『古事記』や『日本書紀』にも登場する古くからの大社。

- 所在地　兵庫県豊岡市出石町宮内99
- アクセス　JR・WILLER TRAINS豊岡駅からバスで「鳥居」下車、徒歩10分

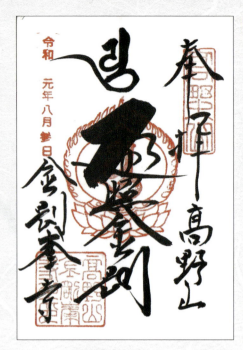

和歌山県

金剛峯寺
こんごうぶじ

空海の魂が生き続ける聖地

弘仁7年（816）、空海が唐で投げた三鈷が飛来した地と伝えられ、真言密教の根本霊場として開創した。境内は約4万8000坪に及び、高野山全体を指して金剛峯寺と呼ばれる。

所在地	和歌山県伊都郡高野町高野山132
アクセス	南海電鉄極楽橋駅からケーブルカーで「高野山駅」下車、バスで「金剛峯寺前」下車すぐ

和歌山県
金剛峯寺 女人堂
にょにんどう

明治5年（1872）より前は女人禁制だったため、女性のための参籠所が登山口に設けられた。女人堂は唯一現存する建物。

和歌山県
金剛峯寺 伽藍金堂
がらんこんどう

高野山開創の最初期に建立された建物で、平安時代半ばから総本堂となった。現在の建物は昭和7年（1932）の再建。

和歌山県
金剛峯寺 奥之院
おくのいん

今も空海が入定している聖地。約20万基を超える大名の墓石や祈念碑などが並ぶ。

第九章 関西

根来寺（ねごろじ）
和歌山県 ルイス・フロイスの『日本史』に登場

約900年前に覚鑁が開創。戦国時代には一大勢力となったが豊臣秀吉によって滅ぼされ、江戸時代に再建された。

- 所在地　和歌山県岩出市根来2286
- アクセス　JR阪和線和泉砂川駅からバスで「根来寺」下車すぐ

丹生都比売神社（にうつひめじんじゃ）
和歌山県 丹生都比売神祀る総本社

穏やかな田園風景が広がる天野盆地に1700年以上前から鎮まる。空海に高野山を授けた神社と伝えられる。

- 所在地　和歌山県伊都郡かつらぎ町上天野230
- アクセス　JR和歌山線笠田駅からバスで「丹生都比売神社前」下車すぐ

長田観音（ながたかんのん）
和歌山県 厄除観音として知られる

延喜21年（921）に開創。天正13年（1585）の豊臣秀吉の焼打ちの際には、本尊のみ難を逃れ、「厄除観音」と呼ばれる。

- 所在地　和歌山県紀の川市別所58
- アクセス　JR和歌山線紀伊長田駅から徒歩4分

粉河寺（こかわでら）
和歌山県 奈良時代に創建された古刹

宝亀元年（770）に開創。戦国時代に大勢力となった。天正13年（1585）、豊臣秀吉によって焼かれ、江戸時代中期に再建。

- 所在地　和歌山県紀の川市粉河2787
- アクセス　JR和歌山線粉河駅から徒歩15分

和歌山県 人々を引きつける熊野の守り神

熊野速玉大社
くまのはやたまたいしゃ

熊野の神々は、最初に神倉山のゴトビキ岩に降臨した。その後、景行天皇の時代、現在の社地に新しい宮を造営して遷座。

所在地 和歌山県新宮市新宮1-1
アクセス JR紀勢本線新宮駅から徒歩15分

和歌山県 南方熊楠や植芝盛平の墓がある

高山寺
こうざんじ

空海によって開創されたと伝えられ「弘法さん」と呼ばれる。博物学者・南方熊楠や合気道の開祖・植芝盛平の菩提寺。

所在地 和歌山県田辺市稲成町392
アクセス JR紀勢本線紀伊田辺駅から徒歩15分

和歌山県 全国の熊野神社の総本宮

熊野本宮大社
くまのほんぐうたいしゃ

檜皮葺の立派な社殿が鎮座し、その周りには主神の家都美御子大神、牟須美大神、速玉之男神、天照大神が祀られる。

所在地 和歌山県田辺市本宮町本宮1110
アクセス JR紀勢本線新宮駅からバスで「本宮大社前」下車、徒歩8分

和歌山県 勝負の神様として知られる

闘雞神社
とうけいじんじゃ

熊野権現の三山参詣に替えるという三山の別宮的存在で、祭神には、熊野三山の祭神が勧請された。

所在地 和歌山県田辺市東陽1-1
アクセス JR紀勢本線紀伊田辺駅から徒歩5分

第九章　関西

補陀洛山寺（ふだらくさんじ）
和歌山県　補陀洛渡海の出発地

南海の彼方にある観音浄土を目指す補陀落渡海ゆかりの寺で、渡海した上人の墓や復元された補陀洛渡海船がある。

- 所在地　和歌山県東牟婁郡那智勝浦町浜ノ宮348
- アクセス　JR紀勢本線那智駅から徒歩3分

無量寺（むりょうじ）
和歌山県　室町、桃山、江戸時代の絵画がある

本州最南端の串本町にある古刹。宝永4年(1707)の宝永地震の大津波で荒廃するが、天明6年(1786)に現在地に移転再建された。

- 所在地　和歌山県東牟婁郡串本町串本833
- アクセス　JR紀勢本線串本駅から徒歩10分

熊野那智大社　飛瀧神社（ひろうじんじゃ）
和歌山県　瀧がご神体の神社

神武天皇が見つけた那智御瀧をご神体とする神社で、熊野の神々がもともと祀られていた聖地。滝の落差は133mで、日本三名瀑のひとつ。

熊野那智大社（くまのなちたいしゃ）
和歌山県　熊野信仰の中心地のひとつ

神武天皇一行が那智御瀧を見つけ、大己貴命を祀ったのがはじまり。仁徳天皇の時代に山の中腹に社殿を再建した。

- 所在地　和歌山県東牟婁郡那智勝浦町那智山1
- アクセス　JR紀勢本線紀伊勝浦駅からバスで「那智山」下車、徒歩15分

慈尊院 (じそんいん)

和歌山県 空海の母親が暮らした古寺

弘仁7年(816)、空海が高野山を開く際に要所にあたるこの地に伽藍を建立。女人高野といわれ多くの女性が参詣した。

- 所在地　和歌山県伊都郡九度山町慈尊院832
- アクセス　南海高野線九度山駅から徒歩20分

蓮花寺 (れんげじ)

和歌山県 高野山へ続く高野街道に創建

行基作と伝えられる本尊は延命地蔵菩薩として、延命長寿のご利益があると信仰されている。

- 所在地　和歌山県海南市大野中407
- アクセス　JR紀勢本線海南駅からタクシーで5分

禅林寺 (ぜんりんじ)

和歌山県 高野長峰霊場の第1番札所

8世紀に聖武天皇の勅願で唐の僧によって創建された。「幡川のお薬師さん」として親しまれている。

- 所在地　和歌山県海南市幡川424
- アクセス　JR紀勢線海南駅からバスで「薬師谷」下車、徒歩10分

西光寺 (さいこうじ)

和歌山県 人魚のミイラの寺宝で知られる

寺宝の人魚は千数百年前に滋賀県の蒲生川で捕らわれたと伝わり、不老長寿や無病息災のご利益があるとされ信仰される。

- 所在地　和歌山県橋本市学文路542
- アクセス　南海鉄道南海学文路駅から徒歩15分

第九章 関西

丹生官省符神社 (にうかんしょうぶじんじゃ)
和歌山県　空海によって創建された古社

弘仁7年(816)、空海が慈尊院を開創した際に守護神として創建された。祭神の丹生都比売・高野御子は高野山の地主神。

- 所在地　和歌山県伊都郡九度山町慈尊院835
- アクセス　JR和歌山線高野口駅からタクシーで10分、または徒歩30分

紀州東照宮 (きしゅうとうしょうぐう)
和歌山県　荘厳な社殿を持つ関西の日光

元和7年(1621)、紀州藩主の徳川頼宣が南海道の総鎮護として創建。徳川家康と徳川頼宣が祭神となっている。

- 所在地　和歌山県和歌山市和歌浦西2-1-20
- アクセス　南海電鉄南海線和歌山市駅からバスで「権現前」下車すぐ

金剛三昧院 (こんごうさんまいいん)
和歌山県　尼将軍・北条政子が創建

建暦元年(1211)、源頼朝の菩提を弔うため妻の北条政子により創建。嘉禎4年(1238)に政子と3代将軍・源実朝の遺骨が納められた。

- 所在地　和歌山県伊都郡高野町高野山425
- アクセス　南海鉄道極楽橋駅からケーブルカーで高野山駅下車、バスで「千手院橋」下車、徒歩5分

神倉神社 (かみくらじんじゃ)
和歌山県　538段の石段の先に鎮座

熊野三山に祀られる熊野権現が初めて地上に降臨したと伝えられる聖地で、ゴトビキ岩という巨岩を御神体としている。

- 所在地　和歌山県新宮市神倉1-13-8
- アクセス　JR紀勢本線新宮駅から徒歩15分

興国寺 (こうこくじ)

和歌山県 金山寺味噌や尺八の発祥地

安貞元年(1227)、3代将軍・源実朝の菩提を弔うために開創。興国元年(1340)に後村上天皇より興国寺の名が贈られた。

- **所在地** 和歌山県日高郡由良町門前801
- **アクセス** JR紀勢本線紀伊由良駅から徒歩15分

紀三井寺 (きみいでら)

和歌山県 早咲きの桜が有名

宝亀元年(770)、唐から渡来した為光によって開創された。江戸時代には和歌山城主が参詣し、紀州徳川家の繁栄を祈願した。

- **所在地** 和歌山県和歌山市紀三井寺1201
- **アクセス** JR紀勢本線紀三井寺駅から徒歩10分

伊太祁曽神社 (いたきそじんじゃ)

和歌山県 いのちの神宿る木の国神話の社

木の神様・五十猛命を祀る神社。災難に遭った大国主神の生命を救った神話から、「厄難除けの神」として信仰される。

- **所在地** 和歌山県和歌山市伊太祈曽558
- **アクセス** 和歌山電鐵貴志川線伊太祈曽駅から徒歩5分

日前神宮・國懸神宮 (ひのくまじんぐう・くにかかすじんぐう)

和歌山県 神話の世界が広がる境内

同一境内に鎮座する2つの大社が鎮座。日前神宮は「日像鏡」を、國懸神宮は「日矛鏡」を御神体として祀る。

- **所在地** 和歌山県和歌山市秋月365
- **アクセス** 和歌山電鐵貴志川線日前宮駅から徒歩すぐ

第十章

中国

鳥取県

大山寺
だいせんじ

霊山大山にある山岳修行の聖地

養老2年(718)、依道の前に地蔵菩薩が現れ開創された。山岳信仰の霊山・大山にあり、山岳修行僧が入った。

| 所在地 | 鳥取県西伯郡大山町大山9 |
| アクセス | JR米子駅からバスで「大山情報館」下車、徒歩10分 |

鳥取県

宇倍神社
うべじんじゃ

参詣が絶えない商売繁昌の神様

大化4年(648)に創建し、県で唯一の名神大社と伝えられる。祭神の武内宿禰命の尊像は五円紙幣に載せられた。

| 所在地 | 鳥取県鳥取市国府町宮下651 |
| アクセス | JR山陰本線・因美線鳥取駅からバスで「宮ノ下」下車、徒歩3分 |

鳥取県

大岳院
だいがくいん

『南総里見八犬伝』のモデルが眠る

慶長10年(1605)に開創された古刹。安房国館山城最後の城主で、29歳で亡くなった里見忠義と8人の家臣が葬られている。

| 所在地 | 鳥取県倉吉市東町422 |
| アクセス | JR山陰本線倉吉駅からバスで「堺町」下車、徒歩2分 |

第十章 中国

鳥取県
白兎神社
はくとじんじゃ

白兎海岸に面した恋人の聖地

「因幡の白兎」に登場する白兎神を祀る。大国主命と八上姫との縁を取りもった日本最古の恋物語の地で、日本医療発祥の地。

- **所在地** 鳥取県鳥取市白兎603
- **アクセス** JR山陰本線・因美線鳥取駅からバスで「白兎神社前」下車、徒歩3分

鳥取県
倭文神社
しとりじんじゃ

農業開発・医療の神様

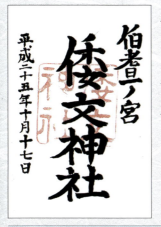

江戸時代に祭神の大己貴命が7つの名を持つため、「七躰大明神」と呼ばれていた。神話で白兎を助けた命が歌を詠んだ地。

- **所在地** 鳥取県東伯郡湯梨浜町大字宮内754
- **アクセス** JR山陰本線松崎駅からタクシーで9分

鳥取県
大神山神社
おおがみやまじんじゃ

「大山さんのおかげ」と信仰される

創建年代は定かではないが、10代崇神天皇あるいは15代応神天皇の時代に社殿が建立されたと伝えられる。大神山とは、神社が鎮座する「大山」の古い呼び名。

- **所在地** 鳥取県米子市尾高1025
- **アクセス** JR米子駅からバスで「尾高」下車、徒歩10分

鳥取県 国宝・投入堂で知られる	島根県 目のお薬師様として名高い

三佛寺（さんぶつじ）	一畑寺（いちばたじ）

慶雲3年（706）、役行者が開創した自然崇拝の地に、嘉祥2年（849）、円仁が堂塔を建立した。岩肌には投入堂がある。

所在地　鳥取県東伯郡三朝町三徳1010
アクセス　JR山陰本線倉吉駅からバスで「参道入口」下車、徒歩5分

一畑薬師と呼ばれ、寛平6年（894）、漁師が引き揚げた薬師如来を本尊とする。眼病平癒や子育てのご利益が名高い。

所在地　島根県出雲市小境町803
アクセス　一畑電車北松江線一畑口駅からバスで「一畑薬師」下車、徒歩10分

島根県 スサノオの終焉の地	島根県 松江藩主・松平家の廟がある

須佐神社（すさじんじゃ）	月照寺（げっしょうじ）

スサノオが魂を鎮めた霊地。天文年間（1532～1555）には十三所大明神といわれた。武将が信仰し社殿が造営された。

所在地　島根県出雲市佐田町須佐730
アクセス　JR山陰本線出雲市駅からバスで「須佐」下車、タクシーで5分

松江藩主初代から9代までの墓がある松平家の菩提寺。墓所と廟門は当時のものが残り、松江に住んでいた小泉八雲も訪れた。

所在地　島根県松江市外中原町179
アクセス　JR山陰本線松江駅からバスで「月照寺前」下車すぐ

第十章 中国

出雲大社（いづもおおやしろ）
島根県 八百万の神が集う大いなる社

大国主が国譲りを条件に築かれた神殿を起源とする日本最古の神社のひとつ。旧暦10月には全国の神々が集まるとされる。

- 所在地　島根県出雲市大社町杵築東195
- アクセス　JR山陰本線出雲市駅からバスで「正門前」下車すぐ

日御碕神社（ひのみさきじんじゃ）
島根県 緑に囲まれた丘の上に鎮座

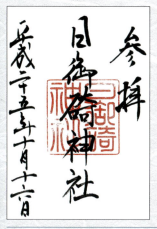

正面に日沉宮、右手に上の宮が鎮座。日沉宮に天照大御神、上の宮に素盞嗚尊を祀る。現在の建物は寛永21年(1644)のもの。

- 所在地　島根県出雲市大社町日御碕455
- アクセス　JR山陰本線出雲市駅からバスで「日御碕」下車すぐ

八重垣神社（やえがきじんじゃ）
島根県 縁結びの大親神を祀る

稲田姫命を八岐大蛇から救った素盞嗚尊は、この地に宮造りして夫婦の宮居とした。境内にある縁の遅速を占う鏡池が有名。

- 所在地　島根県松江市佐草町227
- アクセス　JR山陰本線松江駅からバスで「八重垣神社」下車すぐ

佐太神社（さだじんじゃ）
島根県 出雲国二宮、神在の社

出雲国で最も古式な神在祭を行い、八百万の神々が集まる。主祭神・佐太大神は出雲国で最も尊い四大神の一柱。

- 所在地　島根県松江市鹿島町佐陀宮内73
- アクセス　JR山陰本線松江駅からバスで「佐太神社前」下車すぐ

島根県 出雲大社と並ぶ古社
熊野大社（くまのたいしゃ）

古来出雲大社と並び、出雲国一宮として遇された。殖産興業・招福縁結・厄除の大神として衆庶の信仰が深い。

- 所在地　島根県松江市八雲町熊野2451
- アクセス　JR山陰本線松江駅からバスで「八雲町」下車、バスを乗り換えて「熊野大社」下車、徒歩5分

島根県 郷土の英霊を祀る
松江護國神社（まつえごこくじんじゃ）

松江城山公園の北ノ丸に出雲と隠岐出身の戦没軍人を祀る。昭和13年（1938）、松江招魂社として城山の地に創建。

- 所在地　島根県松江市殿町1-15
- アクセス　一畑電車北松江線松江しんじ湖温泉駅から徒歩20分

島根県 えびす様の総本宮
美保神社（みほじんじゃ）

『出雲国風土記』や『延喜式』に社名が記され、古くからあった神社と考えられる。4～6世紀頃の勾玉の破片や土馬が出土。

- 所在地　島根県松江市美保関町美保関608
- アクセス　JR松江駅からバスで「万原」下車、バスを乗り換えて「美保神社入口」下車、徒歩2分

島根県 出雲最古の八幡宮
平濱八幡宮（ひらはまはちまんぐう）

出雲国八ヶ所の荘園のひとつ・八幡荘に鎮座。創建年代は不明だが、天永2年（1111）には石清水八幡宮の別宮として再建。

- 所在地　島根県松江市八幡町303
- アクセス　JR山陰本線松江駅からバスで「武内神社前」下車、徒歩3分

第十章 中国

島根県 物部神社（もののべじんじゃ）
全国最大規模の春日造りの社

古来神体山の八百山を崇めていたが、513年に社殿を創建。石見銀山争奪で3度焼失したが、再建・改修され現在に至る。

- 所在地　島根県大田市川合町川合1545
- アクセス　JR山陰本線大田市駅からバスで「物部神社前」下車すぐ

島根県 満行寺（まんぎょうじ）
石見総本山と呼ばれる

石見札所巡り第二番の霊場で、本尊は鎌倉時代作と伝わる阿弥陀如来像。石見における浄土真宗布教の拠点となった。

- 所在地　島根県大田市仁摩町天河内55
- アクセス　JR山陰本線仁万駅から徒歩10分

島根県 羅漢寺（らかんじ）
福光産の石の五百羅漢像

元文年間（1736～1740）、中場定政が観世音寺の石像十六羅漢を拝み、五百羅漢の安置を考え、没後の明和3年（1766）に完成。

- 所在地　島根県大田市大森町イ804
- アクセス　JR山陰本線大田市駅からバスで「大森」下車すぐ

島根県 勝源寺（しょうげんじ）
石見銀山の天領の象徴

大久保長安と竹村道清によって慶長6年（1601）に開創。石見銀山の奉行らの菩提寺として信仰され、裏手には東照宮がある。

- 所在地　島根県大田市大森町イ430-1
- アクセス　JR山陰本線仁万駅からバスで「大森代官所跡」下車、徒歩4分

島根県 水若酢神社（みずわかすじんじゃ）

映画「渾身」の隠岐相撲の舞台

祭神・水若酢命は隠岐国の国土開発と日本海鎮護の神様。本殿は「隠岐造」といわれる隠岐独特の神社建築様式。

- 所在地　島根県隠岐郡隠岐の島町郡723
- アクセス　西郷港からタクシーで25分

島根県 清水寺（せいすいじ）

瑞光山の山腹にある古刹

33代推古天皇の時代の創建と伝えられ、寺宝の辻ヶ花染丁字文胴服は徳川家康から拝領されたもの。

- 所在地　島根県大田市大森町ニ92
- アクセス　JR山陰本線大田市駅からバスで「大森」下車、徒歩30分

岡山県 西大寺（さいだいじ）

龍神が授けた犀角が鎮められた聖地

天平勝宝3年（751）、藤原皆足姫が千手観音を安置した。宝亀8年（777）、安隆が龍神と出会い、この地に堂宇を建立した。

- 所在地　岡山県岡山市東区西大寺中3-8-8
- アクセス　JR赤穂線西大寺駅から徒歩10分

岡山県 岡山縣護國神社（おかやまけんごこくじんじゃ）

岡山県の英霊を祀る

備前藩主・池田章政が戊辰戦争の戦死者34柱の招魂祭を齋行して創建された。大正4年（1915）、この地に移転遷座。

- 所在地　岡山県岡山市中区奥市3-21
- アクセス　JR岡山駅からバスで「護国神社」下車、徒歩8分

第十章 中国

岡山県
吉備津神社
きびつじんじゃ

山陽道屈指の大社

10代崇神天皇時代に四道将軍が賊徒を平定して平和と秩序を築き、吉備文化の基礎を造った吉備津彦が主祭神。勇壮な社殿は日本建築の傑作である吉備津造り。

| 所在地 | 岡山県岡山市北区吉備津931 |
| アクセス | JR桃太郎線吉備津駅から徒歩10分 |

岡山県
吉備津彦神社
きびつひこじんじゃ

2000年以上鎮護するやすらぎの杜

10代崇神天皇の時代に四道将軍として遣わされた吉備津日子がこの山に祈り「吉備の国」を平定し、永住した吉備中山の麓の屋敷跡に社殿が建立。

| 所在地 | 岡山県岡山市北区一宮1043 |
| アクセス | JR桃太郎線備前一宮駅から徒歩3分 |

岡山神社

岡山県 古来岡山市の総鎮守

岡山神社（おかやまじんじゃ）

貞観2年(860)に創建され、天正元年(1573)、宇喜多直家が現在地に遷座し、岡山城の守護神となった。

- 所在地　岡山県岡山市北区石関町2-33
- アクセス　JR岡山駅から徒歩18分

妙教寺

岡山県 最上稲荷として知られる

妙教寺（みょうきょうじ）

天平勝宝4年(752)、孝謙天皇の病気平癒を行った際に白狐に乗った最上位経王大菩薩が八畳岩に降臨した地に開創された。

- 所在地　岡山県岡山市北区高松稲荷712
- アクセス　JR桃太郎線備中高松駅からタクシーで5分

泰立寺

岡山県 映画『男はつらいよ』のロケ地

泰立寺（たいりゅうじ）

寛和年間(985〜987)、花山法皇によって開創された。本尊の薬師瑠璃光王如来は秘仏で、50年ごとに開帳法要がある。

- 所在地　岡山県高梁市上谷町4100
- アクセス　JR伯備線備中高梁駅から徒歩13分

頼久寺

岡山県 天下の名園「鶴亀の庭」がある

頼久寺（らいきゅうじ）

暦応2年(1339)、足利尊氏によって建立された安国寺にはじまる。小堀遠州の築庭と伝えられる禅院式枯山水蓬莱庭園が有名。

- 所在地　岡山県高梁市頼久寺18
- アクセス　JR伯備線備中高梁駅から徒歩15分

第十章 中国

岡山県

観龍寺（かんりゅうじ）
約1000年前に開創された古刹

北斗山宝積院として開創。寛永元年(1624)に現在地に移転され、観龍寺と改名された。現在の本堂は寛延2年(1749)のもの。

- **所在地** 岡山県倉敷市阿知2-25-22
- **アクセス** JR山陽本線・伯備線倉敷駅から徒歩15分

石上布都魂神社（いそのかみふつみたまじんじゃ）
吉井町石上の大松山中腹に鎮座

素盞嗚尊が大蛇を退治した剣がご神体。平成5年(1993)に改築された社殿の裏の山頂には禁足地の巨石地域(遺跡)がある。

- **所在地** 岡山県赤磐市石上1448
- **アクセス** JR津山線金川駅からタクシーで20分

箆取神社（へらとりじんじゃ）
全国唯一の社名「へら取」

創建年代は定かではないが、古くは海若宮と呼ばれていた。周辺は箆取公園となり、春になると桜の名所として賑わう。

- **所在地** 岡山県倉敷市連島町西之浦3184
- **アクセス** JR山陽本線新倉敷駅からバスで「箆取神社」下車、徒歩5分

由加神社（ゆがじんじゃ）
のどかな歴史残る町に鎮座

和気清麻呂が延暦9年(790)に社殿を再建。天永3年(1112)、和気氏が新田郷の総鎮守として八幡宮を建立した。

- **所在地** 岡山県倉敷市児島由加山2852
- **アクセス** JR瀬戸大橋線児島駅からタクシーで20分

岡山県 中山神社 なかやまじんじゃ
牛馬の神が鎮座する由緒ある社

岡山県 備中国総社宮 びっちゅうのくにそうじゃぐう
備中国324社の神々を祀る

慶雲4年(707)に社殿を創建して鏡作神を祀る。木鼻がない珍しい花崗岩製の鳥居は寛政3年(1791)に建立された。

- 所在地　岡山県津山市一宮695
- アクセス　JR津山駅からバスで「中山神社前」下車、徒歩2分

平安時代末期、備中国のすべての神社の巡拝を国司が行っていたが、これらの備中国内の神社を合祀し創建された。

- 所在地　岡山県総社市総社2-18-1
- アクセス　JR桃太郎線東総社駅から徒歩5分

広島県 亀山神社 かめやまじんじゃ
呉湾を見晴らす高台に鎮座

岡山県 和気神社 わけじんじゃ
和気清麻呂の生誕地

大宝3年(703)から約1200年間の鎮座地に、海軍鎮守府が設置。境内地は海軍用地として接収され、現在の場所に還座。

- 所在地　広島県呉市清水1-9-36
- アクセス　JR呉線呉駅から徒歩15分

和気氏一族の氏神として遠祖・鐸石別命を祀り創建。天正19年(1591)に社殿が大雨で流されたため、現在地に遷座。

- 所在地　岡山県和気郡和気町藤野1385
- アクセス　JR山陽本線和気駅からタクシーで10分

第十章 中国

長生寺（ちょうせいじ）
広島県　小早川隆景寄進の寺院

天正15年（1587）、病没した河野通直をいたみ、小早川隆景が建立した。正保元年（1644）に快辺が再興し、真言宗となった。

- 所在地　広島県竹原市本町1-16-22
- アクセス　JR呉線竹原駅から徒歩15分

広島護國神社（ひろしまごこくじんじゃ）
広島県　広島県の英霊を祀る

明治維新の戊辰の役に陣没された高間省三命以下78柱を、二葉の里に新しく造営された「水草霊社」に奉祀して創建。

- 所在地　広島県広島市中区基町21-2
- アクセス　JR広島駅からタクシーで10分

岡山県／広島県

照蓮寺（しょうれんじ）
広島県　小早川家寄進の高麗鐘がある

もとは木村城主が帰依した定林寺という禅寺で、慶長8年（1603）に宗具が入山し、浄土真宗西本願寺派になった。

- 所在地　広島県竹原市本町3-13-1
- アクセス　JR呉線竹原駅から徒歩20分

西方寺（さいほうじ）
広島県　京都・清水寺を模した普明閣がある

もとは禅寺で、慶長7年（1602）に火災で焼失した妙法寺の跡地に移り浄土宗に改宗された。本堂横の高台に普明閣がある。

- 所在地　広島県竹原市本町3-10-44
- アクセス　JR呉線竹原駅から徒歩15分

広島県 大聖院 (だいしょういん)

明治天皇が宿泊した名刹

806年に宮島に渡った空海が弥山の上で修行をして開創したと伝わり、宮島にある寺院で最も古い。真言宗御室派の大本山。

所在地 広島県廿日市市宮島町210
アクセス 宮島口桟橋（JR山陽本線宮島口駅から徒歩6分）からフェリーで宮島へ渡り、徒歩30分

広島県 大願寺 (だいがんじ)

亀の姿に似た亀居山の古刹

開創年代は定かではないが、建仁年間（1201～1203）に了海により再興されたと伝えられる。

所在地 広島県廿日市市宮島町3
アクセス 宮島口桟橋（JR山陽本線宮島口駅から徒歩6分）からフェリーで宮島へ渡り、徒歩20分

広島県 嚴島神社 (いつくしまじんじゃ)

世界文化遺産の悠久の社

創建は、推古元年（593）、佐伯鞍職によると伝えられる。嚴島神社を崇敬した平清盛による援助によって廻廊で結ばれた海上社殿が造営された。

所在地 広島県廿日市市宮島町1-1
アクセス 宮島口桟橋（JR山陽本線宮島口駅から徒歩6分）からフェリーで宮島へ渡り、徒歩15分

第十章 中国

広島県 徳寿寺（とくじゅじ）
子授けの地蔵さんとして知られる

宮島に住む老夫婦が石の地蔵尊のお告げで、子どもを授かったことから、お堂を建てて地蔵尊を安置した。

所在地	広島県廿日市市宮島町上西連町741-1
アクセス	宮島口桟橋（JR山陽本線宮島口駅から徒歩6分）からフェリーで宮島へ渡り、徒歩10分

広島県 速谷神社（はやたにじんじゃ）
交通安全の守護神が鎮座

鎮座の年代は不詳だが、安芸国3社の中でも格別の待遇を受けたと伝承される。山陽道8ヶ国で最高の神格を誇った。

所在地	広島県廿日市市上平良308-1
アクセス	広島電鉄宮島線廿日市市役所前駅からバスで「速谷神社」下車、徒歩すぐ

広島県 耕三寺（こうさんじ）
日光の陽明門を再現した孝養門がある

実業家の耕三寺耕三が、母の菩提寺として建立した。浄土真宗本願寺派の寺院。堂塔は、国宝建造物を手本として建てられている。

所在地	広島県尾道市瀬戸田町瀬戸田553-2
アクセス	JR山陽本線尾道駅から船で「瀬戸田港」下船、徒歩10分

広島県 向上寺（こうじょうじ）
巨匠・平山郁夫が幼少期に遊んだ寺

室町初期に開創された曹洞宗の寺院。潮音山の山頂にある国宝三重塔は、永享4年（1432）の建立で、高さは19mある。

所在地	広島県尾道市瀬戸田町瀬戸田57
アクセス	JR山陽本線尾道駅から船で「瀬戸田港」下船、徒歩10分

西國寺(さいこくじ) 広島県 — 西国一の伽藍の意味がこめられた寺

大山寺(たいさんじ) 広島県 — その日だけ願いを叶える日限地蔵

天平年間(729～749)に行基によって開創された真言宗醍醐派の大本山。永保元年(1081)、白河天皇の勅命により再建された。

所在地 広島県尾道市西久保町29-27
アクセス JR山陽本線尾道駅からバスで「西国寺下」下車、徒歩5分

延久年間(1069～1074)頃に中興され、「尾道七佛めぐり」のひとつ。境内には、「日限地蔵」「重軽さん」と呼ばれる地蔵がある。

所在地 広島県尾道市長江1-11-11
アクセス JR山陽本線尾道駅からバスで「長江口」下車、徒歩5分

浄土寺(じょうどじ) 広島県 — 聖徳太子が開創した古刹

海龍寺(かいりゅうじ) 広島県 — 人形浄瑠璃家の墓がある

616年に開創された浄土宗泉涌寺派の大本山。嘉元元年～4年(1303～1306)にかけて定證によって堂塔が造営され、再興された。

所在地 広島県尾道市東久保町20-28
アクセス JR山陽本線尾道駅からバスで「浄土寺下」下車すぐ

もとは曼荼羅堂と呼ばれ、正中2年(1347)に焼失するが再建。寛文2年(1662)に海龍寺の名に改められた。

所在地 広島県尾道市東久保町22-8
アクセス JR山陽本線尾道駅からバスで「浄土寺下」下車、徒歩2分

第十章 中国

広島県 重厚な石門がある 持光寺（じこうじ）

鳥羽法皇の勅願で、子の近衛天皇の健康を祈願して開創。仁平3年（1153）に描かれた国宝「絹本著色普賢延命像」が伝わる。

- 所在地 広島県尾道市西土堂町9-2
- アクセス JR山陽本線尾道駅から徒歩5分

広島県 郷土の英霊を祀る 備後護国神社（びんごごくじんじゃ）

明治元年（1868）、福山藩主・阿部正桓が、石見国益田の役と箱館戦争での戦死者の霊を祀るために創建された。

- 所在地 広島県福山市丸之内1-9-2
- アクセス JR福山駅から徒歩8分

広島県 珍しい東西同一の両社八幡 福山八幡宮（ふくやまはちまんぐう）

かつては2つの八幡宮が奉祀されていたことから、総門が2つあり、「東御宮」と「西御宮」と記されている。

- 所在地 広島県福山市北吉津町1-2-16
- アクセス JR福山駅から徒歩5分

広島県 「ポニョ」の街・鞆の浦に鎮座 沼名前神社（ぬなくまじんじゃ）

「鞆の祇園さん」といわれ、須佐之男命と大綿津見命を祀る。能舞台は豊臣秀吉が愛用したと伝えられる。

- 所在地 広島県福山市鞆町後地1225
- アクセス JR福山駅からバスで「鞆の浦」下車、徒歩10分

広島県

吉備津神社
きびつじんじゃ

人々に親しまれる「一宮さん」

大同元年(806)、備中中山吉備津神社から勧請し、のちに法華八講がはじまった。慶安元年(1648)、初代福山藩主・水野勝成公により、現在の本殿が造替された。

| 所在地 | 広島県福山市新市町宮内400 |
| アクセス | JR福塩線新市駅からタクシーで5分 |

広島県 / 南北朝動乱の戦死者を弔った寺

安国寺
あんこくじ

広島県 / 鞆の浦にある古刹

医王寺
いおうじ

鎌倉時代に金宝寺として開創。のちに暦応2年(1339)、足利尊氏・直義によって全国に建立された「安国寺」のひとつとなった。

| 所在地 | 広島県福山市鞆町後地990-1 |
| アクセス | JR福山駅からバスで「安国寺」下車、徒歩3分 |

後山の中腹にある寺院で、天長3年(826)、空海によって開創。「太子殿」からは鞆町と瀬戸内を一望することができる。

| 所在地 | 広島県福山市鞆町後地1397 |
| アクセス | JR福山駅からバスで「鞆の浦」下車、徒歩15分 |

第十章 中国

広島県／山口県

山口県 日本三大住吉のひとつ

住吉神社 すみよしじんじゃ

応安3年（1370）、武将・大内弘世によって現在の本殿が造進された。多数の宝物が展示されている宝物館は必見。

所在地 山口県下関市一の宮住吉1-11-1
アクセス JR山陽本線新下関駅からバスで「一の宮」下車、徒歩5分

山口県 高杉晋作の挙兵の舞台

功山寺 こうざんじ

嘉歴2年（1327）に開創された曹洞宗の寺院で、長府毛利家の菩提寺。幕末には三条実美たち五卿の潜居となった。

所在地 山口県下関市長府川端1-2-3
アクセス JR下関駅からバスで「城下町長府」下車、徒歩10分

山口県 雪舟が築庭した雪舟庭がある

常栄寺 じょうえいじ

常栄寺はもと広島の郡山城内にあった寺院で、文久3年（1863）の変遷を経て、大内政弘の別邸があった場所に合寺された。

所在地 山口県山口市宮野下2001-1
アクセス JR新山口駅からバスで「雪舟庭入口」下車、徒歩10分

山口県 日本三名塔のひとつの五重塔

瑠璃光寺 るりこうじ

応永6年（1399）に大内義弘が戦死すると、弟・盛見が菩提を弔うため五重塔を造営、嘉吉2年（1442）頃落慶した。

所在地 山口県山口市香山町7-1
アクセス JR新山口駅からバスで「県庁前」下車、徒歩10分

龍福寺 (りゅうふくじ)

山口県 | 大内弘直、毛利義隆の菩提寺

建永元年（1206）、大内満盛が開創。延元元年（1336）に大内弘直が、弘治3年（1557）には毛利隆元が、再興した。

- 所在地　山口県山口市大殿大路119
- アクセス　JR山口線山口駅からバスで「県庁前」下車、徒歩10分

東光寺 (とうこうじ)

山口県 | 毛利家の菩提寺

元禄4年（1691）、3代藩主毛利吉就によって開創された黄檗宗の寺院で、大照院とならぶ毛利家の菩提寺となった。

- 所在地　山口県萩市椿東1647
- アクセス　JR山陰本線東萩駅からバスで「東光寺前」下車すぐ

円政寺 (えんせいじ)

山口県 | 高杉晋作らが遊んだ木馬がある

鎌倉時代頃に大内氏の祈願寺として開創され、慶長9年（1604）、毛利輝元が萩で築城する際に現在地に移転された。

- 所在地　山口県萩市南古萩町6
- アクセス　JR山陰本線萩駅からバスで「萩美術館浦上記念館・萩城城下町入口」下車、徒歩5分

満願寺 (まんがんじ)

山口県 | 萩城内にあった寺院

広島県の郡山城内に開創され、毛利氏の祈願所だった。毛利氏とともに萩城内に移転し、大正元年（1912）、現在地に移転した。

- 所在地　山口県防府市迫戸町11-1
- アクセス　JR山陽本線防府駅から徒歩10分

第十一章

四国

徳島県 女人即身成仏の寺

切幡寺（きりはたじ）

四国八十八ヶ所霊場第十番札所。空海に出会い、仏門に帰依した乙女が成仏したと伝えられ、嵯峨天皇の勅願で開創。

- 所在地　徳島県阿波市市場町切幡観音129
- アクセス　JR徳島線鴨島駅からタクシーで20分

徳島県 「西の高野」と称される

太龍寺（たいりゅうじ）

四国八十八ヶ所霊場第二十一番札所。延暦12年（793）、桓武天皇の勅願で開創。寺名の由来は、空海を守護した大龍。

- 所在地　徳島県阿南市加茂町龍山2
- アクセス　JR徳島駅からバスで「和食東」下車、ロープウェイに乗り換えて山上へ

徳島県 秘仏は「後ろ向き薬師」

薬王寺（やくおうじ）

四国八十八ヶ所霊場第二十三番札所。平城、嵯峨、淳和と3代の天皇が帰依した薬師仏は「厄除け本尊」として全国的に著名。

- 所在地　徳島県海部郡美波町奥河内字寺前285-1
- アクセス　JR牟岐線日和佐駅から徒歩10分

徳島県 四国霊場最大級の仁王門

熊谷寺（くまだにじ）

四国八十八ヶ所霊場第八番札所。紀州の熊野権現が授けた観音像を本尊として、弘法大師が創建したと伝えられる。

- 所在地　徳島県阿波市土成町土成字前田185
- アクセス　JR徳島線鴨島駅からタクシーで20分

第十一章 四国

雲辺寺（うんぺんじ）
徳島県 — 四国霊場の最高峰

四国八十八ヶ所霊場第六十六番札所。四国中から僧が集まる「四国高野」として栄え、長宗我部家、蜂須賀家からも庇護された。

所在地	徳島県三好市池田町白地ノロウチ703
アクセス	JR予讃線豊浜駅からタクシーで30分

藤井寺（ふじいでら）
徳島県 — 大師お手植の藤の古木があるお寺

四国八十八ヶ所霊場第十一番札所。大師が藤をお手植えしたのが寺号の由来。険難の地に建てられ厄除けの霊験あらたか。

所在地	徳島県吉野川市鴨島町飯尾1525
アクセス	JR徳島線鴨島駅からタクシーで8分

立江寺（たつえじ）
徳島県 — 四国八十八ヶ所の根本道場

四国八十八ヶ所霊場第十九番札所。行基菩薩が彫った光明皇后安産祈願の地蔵像を安置し、「四国の総関所」とも呼ばれる。

所在地	徳島県小松島市立江町若松13
アクセス	JR牟岐線立江駅から徒歩6分

鶴林寺（かくりんじ）
徳島県 — 「お鶴さん」として親しまれる

四国八十八ヶ所霊場第二十番札所。つがいの鶴が大切に守っていた黄金の地蔵尊を空海が発見し、本尊にしたと伝わる。

所在地	徳島県勝浦郡勝浦町生名鷲ヶ尾14
アクセス	JR徳島駅からタクシーで55分

常楽寺 じょうらくじ
徳島県 流水岩の庭園もみどころ

四国八十八ヶ所霊場第十四番札所。四国霊場で唯一、弥勒菩薩を本尊とするお寺。木の股の上に鎮座するアララギ大師も必拝。

所在地 徳島県徳島市国府町延命606
アクセス JR徳島駅からバスで「常楽寺前」下車、徒歩5分

観音寺 かんのんじ
徳島県 行基建立の由緒をもつ

四国八十八ヶ所霊場第十六番札所。聖武天皇が国分寺・国分尼寺とともに勅願道場として建立させたと伝わる歴史ある古刹。

所在地 徳島県徳島市国府町観音寺49-2
アクセス JR徳島線府中駅から徒歩16分

丈六寺 じょうろくじ
徳島県 別名「阿波の法隆寺」

白鳳時代創建の寺伝をもつ古刹。江戸時代には蜂須賀家から篤い保護を受け栄えた。戦国武将の手跡が残る血天井でも有名。

所在地 徳島県徳島市丈六町丈領32
アクセス JR徳島駅からバスで「丈六北」下車、徒歩2分

忌部神社 いんべじんじゃ
徳島県 阿波国の総鎮守

主神に天日鷲命を祀り、忌部族を鎮守する神社で四国一宮。明治20年(1887)に現在地に新社殿が遷座された。

所在地 徳島県徳島市二軒屋町2-48
アクセス JR牟岐線二軒屋駅から徒歩16分

第十一章 四国

安楽寺（あんらくじ）
徳島県 — 温泉の湧き出す霊場

四国八十八ヶ所霊場第六番札所。空海が発見したと伝わる温泉を守る寺院。大師の身を守った「厄除けのさか松」伝説も残る。

- **所在地** 徳島県板野郡上板町引野字寺ノ西北8
- **アクセス** JR高徳線板野駅からバスで「東原」下車、徒歩7分

金泉寺（こんせんじ）
徳島県 — 皇室や源氏にもゆかりの寺

四国八十八ヶ所霊場第三番札所。干ばつに苦しむ村人のために空海が掘った霊水「黄金の井戸」が寺号の由来。源義経も逗留した。

- **所在地** 徳島県板野郡板野町大寺亀山下66
- **アクセス** JR高徳線板野駅から徒歩10分

焼山寺（しょうざんじ）
徳島県 — 火を吐く大蛇が封じられた霊場

四国八十八ヶ所霊場第十二番札所。空海が大蛇を封じて安置したという三面大黒天がある。飛鳥時代に役行者が開創。

- **所在地** 徳島県名西郡神山町下分字中318
- **アクセス** JR徳島線阿波山川駅からタクシー50分

大麻比古神社（おおあさひこじんじゃ）
徳島県 — 阿讃山脈の霊峰の麓に鎮座

阿波国一宮で「おわさはん」と呼ばれる。本殿のまわりには8つの末社のほか、樹齢1000年の大楠の木がある。

- **所在地** 徳島県鳴門市大麻町板東広塚13
- **アクセス** JR高徳線板東駅から徒歩15分

香川県　四国八十八ヶ所霊場結願の寺

大窪寺（おおくぼじ）

四国八十八ヶ所霊場第八十八番札所。空海が唐から持ち帰った三国伝来の錫杖が納められ、お遍路結願の杖の奉納も絶えない。

- 所在地　香川県さぬき市多和兼割96
- アクセス　琴電長尾線長尾駅からタクシーで30分

徳島県　四国八十八ヶ所霊場発願の寺

霊山寺（りょうぜんじ）

四国八十八ヶ所霊場第一番札所。空海の念持仏であり、白鳳時代作という釈迦誕生仏が本尊。寺号は天竺の霊鷲山から。

- 所在地　徳島県鳴門市大麻町板東字塚鼻126
- アクセス　JR高徳線板東駅から徒歩15分

香川県　市の名前にもなった名刹

観音寺（かんのんじ）

四国八十八ヶ所霊場第六十九番札所。空海が聖観音像を安置し、その下に瑠璃や珊瑚などの七宝を埋めて地を鎮めたと伝わる。

- 所在地　香川県観音寺市八幡町1-2-7
- アクセス　JR予讃線観音寺駅から徒歩23分

香川県　県指定天然記念物の萩が花咲く

萩原寺（はぎわらじ）

空海が創建し、空海自作の不動明王を本尊とし、江戸時代には末寺280を数えた。秋には2500株もの萩が境内を彩る。

- 所在地　香川県観音寺市大野原町萩原2742
- アクセス　JR予讃線観音寺駅からタクシーで16分

第十一章 四国

神恵院（じんねいん）
香川県／琴弾八幡宮の本地仏を祀る

四国八十八ヶ所霊場第六十八番札所。観音寺と同域内にあり、明治以前は琴弾八幡宮と一体で信仰を集めた。

- 所在地　香川県観音寺市八幡町1-2-7
- アクセス　JR予讃線観音寺駅から徒歩23分

一宮寺（いちのみやじ）
香川県／善悪を見抜く不思議な祠

四国八十八ヶ所霊場第八十三番札所。大宝年間創建と伝わる古刹で、境内には地獄の釜の音が聞こえる不思議な祠がある。

- 所在地　香川県高松市一宮町607
- アクセス　琴電琴平線一宮駅から徒歩10分

屋島寺（やしまじ）
香川県／「屋島の合戦」の古戦場

四国八十八ヶ所霊場第八十四番札所。唐から渡日し律宗を広めた鑑真和上が開基。本尊は平安期の十一面観音で、国の重要文化財。

- 所在地　香川県高松市屋島東町1808
- アクセス　琴電志度線琴電屋島駅からタクシーで15分

國分寺（こくぶんじ）
香川県／四国最古の梵鐘が残る讃岐国分寺

四国八十八ヶ所霊場第八十番札所。聖武天皇勅願の六十有余の国分寺のひとつ。境内全域が国の特別史跡に指定されている。

- 所在地　香川県高松市国分寺町国分2065
- アクセス　JR予讃線国分駅から徒歩4分

徳島県／香川県

香川県

田村神社
たむらじんじゃ

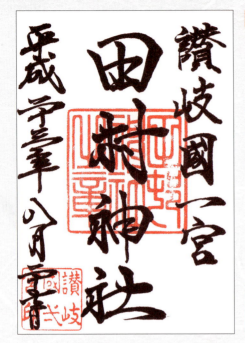

農耕に必須の湧き水信仰のルーツ

五柱の神を総称して田村大神と呼ぶ。奥殿の床下に厚板で覆われている深淵がある。龍が棲み、覗いたものは絶命するという言い伝えがある。和銅2年(709)に社殿が建立された。

所在地	香川県高松市一宮町286
アクセス	琴電琴平線一宮駅から徒歩10分

香川県

八栗寺
やくりじ

皇后念持の「八栗の聖天様」

四国八十八ヶ所霊場第八十五番札所。空海の前に出現した蔵王権現が「仏教相応の聖地なり」と告げた聖なる山に建立された。

所在地	香川県高松市牟礼町牟礼3416
アクセス	琴電志度線八栗駅からタクシーで5分の八栗ケーブルで八栗山駅下車すぐ

香川県

根香寺
ねごろじ

奉納された三万三千体の観音像

四国八十八ヶ所霊場第八十二番札所。円珍ゆかりの霊木の切り株が芳香を放ち続けたため、「根香」を寺号とした。

所在地	香川県高松市中山町1506
アクセス	JR予讃線鬼無駅からタクシーで13分

第十一章 四国

白峯寺（しろみねじ）
香川県 壮麗な勅額門が出迎える

四国八十八ヶ所霊場第八十一番札所。空海の甥・智証の創建。崇徳上皇の霊と西行が出会う謡曲の舞台としても名高い。

- 所在地　香川県坂出市青海町2635
- アクセス　JR予讃線坂出駅からタクシーで20分

天皇寺（てんのうじ）
香川県 崇徳上皇の菩提を弔う

四国八十八ヶ所霊場第七十九番札所。天平年間（729〜749）に開創、崇徳上皇の崩御後、供養の寺となり天皇寺と呼ばれる。

- 所在地　香川県坂出市西庄町天皇1713-2
- アクセス　JR予讃線八十場駅から徒歩4分

善通寺（ぜんつうじ）
香川県 空海誕生の地

四国八十八ヶ所霊場第七十五番札所。真言宗善通寺派の総本山で、御影堂（誕生院）は空海の生家佐伯家跡地に建立。

- 所在地　香川県善通寺市善通寺町3-3-1
- アクセス　JR土讃線善通寺駅から徒歩20分

弥谷寺（いやだにじ）
香川県 空海彫刻の磨崖仏がある

四国八十八ヶ所霊場第七十一番札所。古来霊山と信仰された弥谷山に建ち、境内の洞窟は神仏世界に通じているとも信じられた。

- 所在地　香川県三豊市三野町大見乙70
- アクセス　JR予讃線詫間駅からタクシーで10分

香川県

金刀比羅宮
ことひらぐう

讃岐名物・こんぴらさん

琴平山（象頭山）の中腹に鎮まり、多くの人から「こんぴらさん」と呼ばれ親しまれる。天照大神の弟の子である大国主神の和魂を主神とし、五穀豊穣、大漁祈願、商売繁盛など広く神徳を持ち、厚い信仰を集めている。

所在地　香川県仲多度郡琴平町892-1
アクセス　琴電琴平線琴電琴平駅から徒歩15分

香川県

道隆寺
どうりゅうじ

目なおし薬師で名高い古刹

四国八十八ヶ所霊場第七十七番札所。和銅5年（712）に開創。丸亀藩主子息の目の病を治し「目なおし薬師」として信仰された。

所在地　香川県仲多度郡多度津町北鴨1-3-30
アクセス　JR土讃線多度津駅から徒歩15分

香川県

海岸寺
かいがんじ

大師産屋の跡地に建立

四国別格二十霊場の第十八番。お遍路旅で抜かしてはならない番外札所とされ栄えた。奥の院には空海の産湯跡がある。

所在地　香川県仲多度郡多度津町西白方997
アクセス　JR予讃線海岸寺駅から徒歩5分

第十一章 四国

愛媛県 珍しい家畜守護の寺
仏木寺（ぶつもくじ）

四国八十八ヶ所霊場第四十二番札所。空海が牛の背に乗り宝珠に巡り合ったとの伝説から、家畜やペットの供養で信仰される。

- 所在地　愛媛県宇和島市三間町則1683
- アクセス　JR予讃線宇和島駅からバスで「仏木寺」下車すぐ

愛媛県 四国霊場の総鎮守
龍光寺（りゅうこうじ）

四国八十八ヶ所霊場第四十一番札所。空海が稲荷神に出会い、その姿を刻んだ神像を安置した。神仏習合の色濃い寺院。

- 所在地　愛媛県宇和島市三間町戸雁173
- アクセス　JR予土線務田駅から徒歩15分

愛媛県 航行の安全祈願に霊験あり
栄福寺（えいふくじ）

四国八十八ヶ所霊場第五十七番札所。空海が海路安穏を祈願したときに出現した阿弥陀如来を本尊に建立された航海の守護寺。

- 所在地　愛媛県今治市玉川町八幡甲200
- アクセス　JR予讃線今治駅からタクシーで15分

愛媛県 火事を除ける「火伏せ不動尊」
延命寺（えんめいじ）

四国八十八ヶ所霊場第五十四番札所。本尊の火伏せ不動は宝冠をかぶる珍しい姿。山門は今治城から移築されたもの。

- 所在地　愛媛県今治市阿方甲636
- アクセス　JR予讃線今治駅からバスで「桜ヶ丘団地前」下車、徒歩5分

香川県／愛媛県

愛媛県
大山祇神社
おおやまづみじんじゃ

日本最古の原始林の杜

宝亀9年(778)、真海という老師が就寝中に神勅を受け、石龕を建立して御遷宮式を挙行した。「3年続けてお参りすれば、なじょな(どんな)願いもききなさる山の神様」と伝えられている。

所在地	愛媛県今治市大三島町宮浦3327
アクセス	JR予讃線今治駅からバスで「大山祇神社前」下車すぐ

愛媛県
泰山寺 たいさんじ
大師が悪霊のたたりを鎮める

四国八十八ヶ所霊場第五十六番札所。空海がこの地に堤防を築き、水難鎮めの秘法で治水を成功させたとの伝説が残るお寺。

所在地	愛媛県今治市小泉1-9-18
アクセス	JR予讃線今治駅からバスで「小泉」下車、徒歩10分

愛媛県
国分寺 こくぶんじ
伊予国の文化的中心地

四国八十八ヶ所霊場第五十九番札所。聖武天皇勅願の伊予国分寺で、寺域は歴史とともに多くの文化財を保護、伝承する。

所在地	愛媛県今治市国分4-1-33
アクセス	JR予讃線伊予富田駅からタクシーで5分

第十一章 四国

南光坊（なんこうぼう）
愛媛県 もとは伊予一宮の別当寺

四国八十八ヶ所霊場第五十五番札所。伊予一宮大山祇神社と関係が深く広大な寺域を誇った。四国霊場で「坊」がつくのは唯一。

- **所在地** 愛媛県今治市別宮町3-1
- **アクセス** JR予讃線今治駅から徒歩10分

三角寺（さんかくじ）
愛媛県 一茶ゆかりの桜の銘木

四国八十八ヶ所霊場第六十五番札所。空海が護摩祈祷を行った「三角の池」が残る。桜の美しさでも名高い寺院である。

- **所在地** 愛媛県四国中央市金田町三角寺甲75
- **アクセス** JR予讃線伊予三島駅からタクシーで25分

愛媛縣護國神社（えひめけんごこくじんじゃ）
愛媛県 郷土の英霊を祀る

明治32年（1899）、有志188名の発起人によって創建。県民畏敬の神社として、4万9727柱の神霊を祀る。

- **所在地** 愛媛県松山市御幸1-476
- **アクセス** JR予讃線松山駅から市内電車で「赤十字病院前駅」下車、徒歩10分

伊豫豆比古命神社（いよずひこのみことじんじゃ）
愛媛県 県名の由来の愛比売命を祀る

創建2000余年の歴史ある神社。創建以来「椿まつり」が継承されているので、「椿神社」「お椿さん」と慕われる。

- **所在地** 愛媛県松山市居相2-2-1
- **アクセス** 伊予鉄道松山市駅からバスで「椿前」下車、徒歩10分

|愛媛県| 後ろを向いた本尊

西林寺（さいりんじ）

|愛媛県| 道後温泉の守り神

湯神社（ゆじんじゃ）

延喜式内社　平成二十七年一月六日

四国八十八ヶ所霊場第四十八番札所。聖武天皇の勅願で行基が開創。本尊の十一面観世音菩薩は後ろ向きで安置されている。

所在地 愛媛県松山市高井町1007
アクセス 伊予鉄道横河原線久米駅からバスで「西林寺前」下車、徒歩2分

12代景行天皇により、大己貴命・少彦名命を祀る古社。地元の人々や旅客を守護する神様として信仰される。

所在地 愛媛県松山市道後湯之町4-10
アクセス JR予讃線松山駅から市内電車で「道後温泉駅」下車、徒歩4分

|愛媛県| 8ヶ所の坂道を切り開いて開創

八坂寺（やさかじ）

|愛媛県| 遍路の元祖・右衛門三郎のふる里

浄瑠璃寺（じょうるりじ）

四国八十八ヶ所霊場第四十七番札所。役行者が開創し、大宝元年（701）、文武天皇の勅願で堂塔が建立された。

所在地 愛媛県松山市浄瑠璃町八坂773
アクセス 伊予鉄道松山市駅からバスで「八坂寺前」下車、徒歩5分

四国八十八ヶ所霊場第四十六番札所。和銅元年（708）、行基によって開創。大同2年（807）、荒廃した伽藍を空海が修復した。

所在地 愛媛県松山市浄瑠璃町282
アクセス 伊予鉄道松山市駅からバスで「浄瑠璃寺前」下車すぐ

第十一章 四国

太山寺（たいさんじ）
愛媛県 長者が一夜にして御堂を建てた

四国八十八ヶ所霊場第五十二番札所。587年、長者が観音様に祈願して暴風雨から助かったため堂宇を建立したと伝わる。

所在地 愛媛県松山市太山寺町1730
アクセス JR予讃線松山駅からバスで「太山寺」下車、徒歩5分

円明寺（えんみょうじ）
愛媛県 四国霊場最古の銅板納札がある

四国八十八ヶ所霊場第五十三番札所。天平勝宝元年（749）、聖武天皇の勅願で行基が開創。境内にはキリシタン灯籠がある。

所在地 愛媛県松山市和気町1-182
アクセス JR予讃線伊予和気駅から徒歩4分

岩屋寺（いわやじ）
愛媛県 巨岩の中腹にある堂宇

四国八十八ヶ所霊場第四十五番札所。弘仁6年（815）、この地にいた法華仙人が空海に帰依して全山を献上したのがはじまり。

所在地 愛媛県上浮穴郡久万高原町七鳥1468
アクセス JR松山駅からバスで「久万中学校前」下車、バスを乗り換えて「岩屋寺前」下車、徒歩20分

大寶寺（だいほうじ）
愛媛県 大陸ゆかりのご本尊

四国八十八ヶ所霊場第四十四番札所。本尊は、百済から来た聖僧が携えていたと伝えられる十一面観世音菩薩。

所在地 愛媛県上浮穴郡久万高原町菅生2-1173
アクセス JR松山駅からバスで「久万」下車、バスを乗り換えて「大宝寺口」下車、徒歩5分

愛媛県

伊曽乃神社
いそのじんじゃ

鎮座から1800年以上の悠久の社

天照大神と国土開発の祖神・武国凝別命を祀る。奈良時代には皇室の崇敬が篤く、奉幣祈願が行われた。祭神・武国凝別命の子孫は東予一帯に広く栄えた。

所在地 愛媛県西条市中野甲1649
アクセス JR予讃線伊予西条駅からタクシーで9分

愛媛県 | 石鎚山にある霊場

前神寺
まえがみじ

愛媛県 | 西日本最高峰がご神体

石鎚神社
いしづちじんじゃ

四国八十八ヶ所霊場第六十四番札所。約1300年前に役行者が開創、桓武天皇が七堂伽藍を建立した。真言宗石鈇派総本山。

所在地 愛媛県西条市洲之内甲1426
アクセス JR予讃線石鎚山駅から徒歩10分

飛鳥時代に役行者が開山し、のちに社殿が建立された。日本七霊山のひとつ霊峰石鎚山が神体山。山岳信仰の聖地。

所在地 愛媛県西条市西田甲797
アクセス JR予讃線伊予西条駅からタクシーで10分

第十一章 四国

石手寺（いしてじ）
愛媛県
立体的な曼荼羅形式の伽藍配置

四国八十八ヶ所霊場第五十一番札所。神亀5年(728)に熊野十二社権現が祀られ、翌年、行基が薬師如来像を彫造して開創。

- 所在地　愛媛県松山市石手2-9-21
- アクセス　伊予鉄道城南線道後温泉駅から徒歩16分

横峰寺（よこみねじ）
愛媛県
役行者と空海が会った蔵王権現

四国八十八ヶ所霊場第六十番札所。白雉2年(651)、役行者の前に現れた蔵王権現の姿を木に彫り、小堂を建てたと伝わる。

- 所在地　愛媛県西条市小松町石鎚甲2253
- アクセス　JR予讃西条駅からバスで「横峰登山口」下車、バスを乗り換えて「山頂」下車、徒歩15分

香園寺（こうおんじ）
愛媛県
聖徳太子によって開創された古刹

四国八十八ヶ所霊場第六十一番札所。聖徳太子が父・用明天皇の病気平癒を祈願して建立。安産、子育てなどのご利益で有名。

- 所在地　愛媛県西条市小松町南川甲19
- アクセス　JR予讃線伊予小松駅から徒歩15分

吉祥寺（きちじょうじ）
愛媛県
霊木で彫造された毘沙門天像

四国八十八ヶ所霊場第六十三番札所。四国霊場の中で唯一、本尊が毘沙門天。万治2年(1659)、檜木寺と合併して現在地に再建。

- 所在地　愛媛県西条市氷見乙1048
- アクセス　JR予讃線伊予氷見駅から徒歩3分

明石寺（めいせきじ）
愛媛県 乙女になった千手観音がこもった地

四国八十八ヶ所霊場第四十三番札所。6世紀前半、欽明天皇の勅願により、唐からの渡来仏を本尊として開創された。

- **所在地** 愛媛県西予市宇和町明石205
- **アクセス** JR予讃線下宇和駅からタクシーで8分

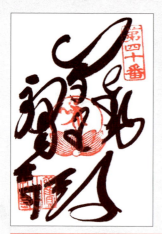

観自在寺（かんじざいじ）
愛媛県 四国霊場の裏関所

四国八十八ヶ所霊場第四十番札所。大同2年（807）、平城天皇の勅命を受けて空海が開創。一番札所から最も遠い位置にある。

- **所在地** 愛媛県南宇和郡愛南町御荘平城2253-1
- **アクセス** JR予讃線宇和島駅からバスで「平城札所前」下車、徒歩2分

神峯寺（こうのみねじ）
高知県 岩崎弥太郎の母が出世祈願した

四国八十八ヶ所霊場第二十七番札所。もとは神社を起源として、天平2年（730）に十一面観音を本尊に神仏合祀された。

- **所在地** 高知県安芸郡安田町唐浜2594
- **アクセス** 土佐くろしお鉄道ごめん・なはり線唐浜駅からタクシーで15分

大日寺（だいにちじ）
高知県 空海の「爪彫り薬師」

四国八十八ヶ所霊場第二十八番札所。聖武天皇の勅願で行基が開創。空海は楠の大木に爪で薬師如来像を彫ったと伝わる。

- **所在地** 高知県香南市野市町母代寺476
- **アクセス** 土佐くろしお鉄道ごめん・なはり線のいち駅から徒歩30分

高知県

山内神社
やまうちじんじゃ

土佐藩歴代藩主を祀る

14代山内豊惇の御霊を祀り、明治4年（1871）創建。境内には15代藩主山内容堂の銅像があり、土佐山内家の歴代藩主と初代山内一豊夫人を祀る。東側には鷹匠公園がある。

所在地	高知県高知市鷹匠町2-4-65
アクセス	JR高知駅から路面電車で「はりまや橋」下車、乗り換えて「県庁前」下車、徒歩5分

高知県

よさこい稲荷神社
よさこいいなりじんじゃ

よさこい祭り誕生と出発地点

皇室の安泰、国家の繁栄をはじめ、商売繁盛・和合壮健・魔除けの神として奉られている。昭和時代には帯屋町筋の商店街を守っていたことから、地元の人々から篤い信仰を集めてきた。

所在地	高知県高知市帯屋町2-7-2
アクセス	JR高知駅から路面電車で「はりまや橋」下車、乗り換えて「大橋通」下車、徒歩2分

高知県

潮江天満宮(うしおえてんまんぐう)
土佐市の景勝地に鎮座

菅原道真を主祭神として四柱の神を合祀する。道真の長子・右少弁菅原高視が創建。道真の遺品の観音像などがご神体。

- 所在地　高知県高知市天神町19-20
- アクセス　JR高知駅から路面電車で「はりまや橋」下車、乗り換えて「大橋通」下車、徒歩15分

高知県護国神社(こうちけんごこくじんじゃ)
高知県の英霊を祀る

戊辰戦争の戦死者105柱を創祀。境内の南海忠烈碑に維新志士85人の名前が刻まれ、坂本龍馬や中岡慎太郎なども合祀。

- 所在地　高知県高知市吸江213
- アクセス　JR土讃線高知駅からタクシーで15分

善楽寺(ぜんらくじ)
難産の苦しみを救った地蔵尊がある

四国八十八ヶ所霊場第三十番札所。大同年間(806〜810)、空海が土佐国一宮・高鴨大明神の別当寺として開創したと伝わる。

- 所在地　高知県高知市一宮しなね2-23-11
- アクセス　JR土讃線土佐一宮駅から徒歩20分

土佐神社(とさじんじゃ)
土佐の人々の心の拠りどころ

神社建築として珍しい現社殿は「入りとんぼ」という特殊な建築様式で長宗我部元親が再建・造営した。

- 所在地　高知県高知市一宮しなね2-16-1
- アクセス　JR土讃線土佐一宮駅から徒歩20分

第十一章 四国

竹林寺（ちくりんじ）
高知県 「よさこい節」の舞台

四国八十八ヶ所霊場第三十一番札所。神亀元年(724)頃、聖武天皇が夢に見た中国・五台山に似た霊地を探させ開創された。

所在地 高知県高知市五台山3577
アクセス JR土讃線高知駅からバスで「竹林寺前」下車、徒歩2分

安楽寺（あんらくじ）
高知県 菅原道真の子が建立した

四国八十八ヶ所霊場第三十番札所奥の院。第三十番札所の善楽寺が廃寺の時期に代行していた寺で、奥の院となっている。

所在地 高知県高知市洞ケ島町5-3
アクセス JR土讃線入明駅から徒歩4分

金剛頂寺（こんごうちょうじ）
高知県 室戸岬の「西寺」

四国八十八ヶ所霊場第二十六番札所。大同2年(807)、平城天皇の勅願で開創。当時は女人禁制で行当岬の不動堂から遥拝した。

所在地 高知県室戸市元乙523
アクセス 土佐くろしお鉄道ごめん・なはり線奈半利駅からタクシーで30分

最御崎寺（ほつみさきじ）
高知県 室戸岬の「東寺」

四国八十八ヶ所霊場第二十四番札所。大同3年(808)、空海が青年時代に修行した室戸岬を訪れ開創。かつては女人禁制だった。

所在地 高知県室戸市室戸岬町4058-1
アクセス 土佐くろしお鉄道ごめん・なはり線奈半利駅からタクシーで40分

津照寺 しんしょうじ

高知県 「津寺」の名で知られる

四国八十八ヶ所霊場第二十五番札所。山の形が地蔵菩薩が持つ宝珠に似ているため、空海が地蔵菩薩を彫造し本尊とした。

- 所在地　高知県室戸市室津2652-イ
- アクセス　JR土讃線高知駅からバスで「室戸」下車、徒歩10分

延光寺 えんこうじ

高知県 土佐路の西南端の霊場

四国八十八ヶ所霊場第三十九番札所。聖武天皇の勅願で開創。延喜11年(911)頃、竜宮の赤亀が梵鐘を背負ってきたと伝わる。

- 所在地　高知県宿毛市平田町中山390
- アクセス　土佐くろしお鉄道宿毛線平田駅から徒歩35分

金剛福寺 こんごうふくじ

高知県 足摺岬を見下ろす丘にある

四国八十八ヶ所霊場第三十八番札所。弘仁13年(822)、嵯峨天皇の勅願で、補陀落の世界を感得した空海が開創した。

- 所在地　高知県土佐清水市足摺岬214-1
- アクセス　土佐くろしお鉄道宿毛線・中村線中村駅からバスで「足摺岬」下車、徒歩5分

国分寺 こくぶんじ

高知県 星供の根本道場

四国八十八ヶ所霊場第二十九番札所。聖武天皇により全国に建立された国分寺のひとつ。空海が星供の秘法を修めた場所。

- 所在地　高知県南国市国分546
- アクセス　JR・土佐くろしお鉄道後免駅からバスで「国分寺通」下車、徒歩6分

第十二章

九州

福岡県

筥崎宮
はこざきぐう

困難に打ち勝つ日本三大八幡

主祭神は15代応神天皇。延喜21年（921）、醍醐天皇の神勅によって、この地に壮麗な社殿を建立した。朝野を問わず篤い崇敬を集め、海外との交流の門戸としても重要な役割を果たした。

所在地 福岡県福岡市東区箱崎1-22-1
アクセス 地下鉄箱崎線箱崎宮前駅から徒歩3分

福岡県

香椎宮
かしいぐう

神功皇后が自ら祀った宮地

14代仲哀天皇の時代に、神功皇后自らが祠を建て、仲哀天皇の神霊を祀り創建。朝廷の命で社殿の造営をはじめ、聖武天皇の神亀元年（724）に竣工。武内宿禰ゆかりの不老水が人気。

所在地 福岡県福岡市東区香椎4-16-1
アクセス JR香椎線香椎神宮駅から徒歩4分

第十二章 九州

福岡県 玄界灘に臨む博多湾の総鎮守

志賀海神社（しかうみじんじゃ）

2～4世紀の間に表津宮を現在地に遷座。神代から海神の総本社として海上交通を守護する。御潮井の砂で清めてから参拝。

- 所在地　福岡県福岡市東区志賀島877
- アクセス　JR香椎線西戸崎駅からバスで「志賀島」下車、徒歩10分

福岡県 福岡最古の日本三大愛宕

鷲尾愛宕神社（わしおあたごじんじゃ）

明治34年（1901）に鷲尾神社と愛宕神社が合祀され、。天忍穂耳尊、伊弉諾尊、火産霊神、伊弉冉尊の四神が祀られる。

- 所在地　福岡県福岡市西区愛宕2-7-1
- アクセス　地下鉄空港線室見駅から徒歩20分

福岡県 商都の中心地に鎮座

警固神社（けごじんじゃ）

慶長6年（1601）、藩祖・黒田長政公が福岡城築城のため、一時小烏神社に合祀。7年後に神殿を造営し、現在地に遷座。

- 所在地　福岡県福岡市中央区天神2-2-20
- アクセス　西鉄天神大牟田線西鉄福岡駅から徒歩すぐ

福岡県 母里太兵衛の銅像がお出迎え

光雲神社（てるもじんじゃ）

明治40年（1907）、東照宮跡に光雲神社が創建。拝殿の天井画は、舞鶴の地名にちなんだ丹頂鶴で木原信が描いたもの。

- 所在地　福岡県福岡市中央区西公園13-1
- アクセス　地下鉄空港線大濠公園駅から徒歩14分

福岡県 福岡県の英霊を祀る

福岡縣護国神社
ふくおかけんごこくじんじゃ

福岡藩主の黒田長知をはじめ、県内の旧藩主等が明治維新で国難に殉じた人々を顕彰するために創建された。

- 所在地　福岡県福岡市中央区六本松1-1-1
- アクセス　地下鉄七隈線六本松駅から徒歩8分

福岡県 博多の総氏神

櫛田神社
くしだじんじゃ

博多祇園山笠が奉納されており、一年中飾り山笠を見ることができる。「お櫛田さん」の愛称で親しまれている。

- 所在地　福岡県福岡市博多区上川端町1-41
- アクセス　地下鉄空港線祇園駅から徒歩5分

福岡県 航海・海上の守護神

住吉神社
すみよしじんじゃ

1800年以上前に創建し、全国に2129社ある住吉神社の中でも最初の神社といわれる。五柱の祭神を住吉五所大神と呼ぶ。

- 所在地　福岡県福岡市博多区住吉3-1-51
- アクセス　JR・地下鉄博多駅から徒歩10分

福岡県 商売繁盛の神様が鎮座

十日恵比須神社
とおかえびすじんじゃ

天正19年(1591)、ある商人が潮先で恵比須神の尊像を拾い、翌年に社殿を営み、恵比須神を祀ったのがはじまり。

- 所在地　福岡県福岡市博多区東公園7-1
- アクセス　JR鹿児島本線・福北ゆたか線吉塚駅から徒歩5分

第十二章 九州

福岡県

高良大社（こうらたいしゃ）
耳納連山の最西端に鎮座

約1600年前に創建されたと伝わる古社。南北朝の頃は、征西将軍・懐良親王の祈願をうけ山下に征西府が置かれた。

- 所在地　福岡県久留米市御井町1
- アクセス　JR久大本線久留米大学前駅からタクシーで15分

水天宮（すいてんぐう）
全国水天宮の総本宮

建久年間（1190～1199）の創建。壇ノ浦の戦いの後、按察使局が鷺野ヶ原に辿り着き、奉斎したのがはじまり。

- 所在地　福岡県久留米市瀬下町265-1
- アクセス　JR鹿児島本線・久大本線久留米駅から徒歩10分

宗像大社（むなかたたいしゃ）
古代からの風習を守る

天照大神の御子神の田心姫神・湍津姫神・市杵島姫神の三柱を祀る。沖津宮がある沖ノ島は「神宿る島」といわれる。

- 所在地　福岡県宗像市田島2331
- アクセス　JR鹿児島本線東郷駅からバスで「宗像大社前」下車、徒歩3分

太宰府天満宮（だざいふてんまんぐう）
全国約1万2000社の総本宮

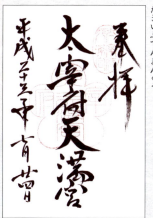

菅原道真の墓所の上に社殿が造営され創建。「学問・至誠・厄除けの神様」として、日本全国から広く崇敬を集める。

- 所在地　福岡県太宰府市宰府4-7-1
- アクセス　西鉄太宰府線太宰府駅から徒歩5分

福岡県 八幡神御降誕の聖地

宇美八幡宮
うみはちまんぐう

母子である神功皇后・應神天皇、玉依姫命、住吉大神、伊弉諾尊の五柱が祀られる。「安産・育児」の信仰が篤い。

所在地 福岡県糟屋郡宇美町宇美1-1-1
アクセス JR香椎線宇美駅から徒歩5分

福岡県 創建1350年の結びの社

竈門神社
かまどじんじゃ

主祭神に玉依姫命を祀り、魂(玉)と魂を引き寄せる(依)として、「縁結びの神様」として広く信仰される。

所在地 福岡県太宰府市内山883
アクセス 西鉄太宰府線太宰府駅からバスで「内山」下車、徒歩2分

福岡県 小倉城からも程近い

福聚寺
ふくじゅじ

九州四十九院薬師霊場の第六番札所。小倉小笠原藩の初代藩主である小笠原忠真が江戸前期に創建した歴史ある名刹。

所在地 福岡県北九州市小倉北区寿山町6-7
アクセス JR小倉駅からバスで「広寿山」下車、徒歩2分

福岡県 信貴山から毘沙門天を勧請

海心寺
かいしんじ

九州八十八ヶ所霊場第八十六番札所。また九州三十三観音の第二番札所でもある。本尊は空海と七福毘沙門天。

所在地 福岡県福津市宮司2113
アクセス JR鹿児島本線福間駅からバスで「消防会館前」下車、徒歩2分

第十二章 九州

佐賀県　佐嘉神社（さがじんじゃ）
県庁前の市街地に鎮座

佐賀藩10代鍋島直正、11代直大を祀る。直正は国内初の反射炉、大砲カノン砲などを造り、近代日本の幕開けに貢献。

- 所在地　佐賀県佐賀市松原2-10-43
- アクセス　JR佐賀駅からバスで「佐嘉神社前」下車、徒歩5分

福岡県　福厳寺（ふくごんじ）
柳川屈指の名刹

柳川藩主をつとめた立花氏代々の菩提寺で、柳川では最も格の高い寺院として信仰された。山門は柳川独特の様式をもつ。

- 所在地　福岡県柳川市奥州町32-1
- アクセス　西鉄天神大牟田線西鉄柳川駅からバスで「布橋」下車、徒歩3分

佐賀県　與止日女神社（よどひめじんじゃ）
名勝・川上峡の中心に位置

564年に創建し、平安時代から肥前一の宮として崇敬されてきた。家内安全、交通安全などを祈願する参拝客で賑わう。

- 所在地　佐賀県佐賀市大和町川上1-1
- アクセス　JR佐賀駅からタクシーで20分

佐賀県　佐賀縣護國神社（さがけんごこくじんじゃ）
佐賀県の英霊を祀る

明治3年（1870）、明治維新で戦死した藩士を祀った。このような招魂社は、東京、秋田、京都、佐賀のみだった。

- 所在地　佐賀県佐賀市川原町8-15
- アクセス　JR佐賀駅からバスで「護国神社前」下車、徒歩2分

佐賀県 祐徳稲荷神社（ゆうとくいなりじんじゃ）

年間300万人の参拝者が祈願

貞享4年（1687）肥前鹿島藩主・鍋島直朝公の夫人・花山院萬子媛が、朝廷の勅願所であった稲荷大神の分霊を勧請した。

所在地 佐賀県鹿島市古枝乙1855
アクセス JR長崎線肥前鹿島駅からバスで「祐徳稲荷神社前」下車、徒歩7分

佐賀県 千栗八幡宮（ちりくはちまんぐう）

のどかな境内は安らぎの場所

承平年間（931～938）に宇佐八幡宮の別宮になり、九州五社八幡宮の一と称せられ、中世以降は肥前国一の宮となった。

所在地 佐賀県三養基郡みやき町白壁2415
アクセス JR鹿児島本線・久大本線久留米駅からバスで「千栗八幡宮前」下車すぐ

佐賀県 武雄神社（たけおじんじゃ）

市内で最も古い神社

武内宿禰が主神。境内には、鳥居は肥前鳥居と呼ばれる独特な鳥居や、樹齢3000年の大楠のご神木がある。

所在地 佐賀県武雄市武雄町大字武雄5327
アクセス JR佐世保線武雄温泉駅からバスで「武雄高校前」下車、徒歩3分

佐賀県 宝当神社（ほうとうじんじゃ）

宝くじの当選を願う参拝者

天正13年（1586）、唐津湾の高島を襲撃した海賊を退治した野崎隠岐守綱吉の墓を島の守護神として祀ったのがはじまり。

所在地 佐賀県唐津市高島523
アクセス JR唐津駅からタクシーで5分の「宝当桟橋」から船で「高島港」下船、徒歩3分

第十二章 九州

長崎県　聖福寺（しょうふくじ）　長崎最大の梵鐘「鉄心の大鐘」

日本の黄檗宗の祖、隠元禅師の孫弟子が開山した由緒ある寺院。隠元禅師の書を掲げる山門などは、国の重要文化財。

所在地 長崎県長崎市玉園町3-77
アクセス JR長崎駅から徒歩10分

長崎県　興福寺（こうふくじ）　隠元禅師ゆかりの長崎唐寺

江戸時代に中国の商人が建立した「長崎唐寺」のひとつで、国際貿易都市・長崎の面影を今に伝える。著名な唐僧も渡来した。

所在地 長崎県長崎市寺町4-32
アクセス JR長崎駅から路面電車で「市民会館」下車、徒歩5分

長崎県　清水寺（きよみずでら）　本堂は国の重要文化財

諸国巡回中の京都清水寺の僧が、光り輝く石に導かれて創建した霊験ある寺院。本尊には京都清水寺の千手観音像を奉安する。

所在地 長崎県長崎市鍛冶屋町8-43
アクセス JR長崎駅から路面電車で「正覚寺下」下車、徒歩3分

長崎県　福済寺（ふくさいじ）　長崎四福寺のひとつ

戦前、国宝に指定されていた堂宇は原爆で焼失。その後建てられた亀型霊廟上に立つ巨大な「万国霊廟長崎観音」は圧巻の威容。

所在地 長崎県長崎市筑後町2-56
アクセス JR長崎駅から徒歩8分

佐賀県／長崎県

長崎県 三宗近接の祈りの聖地
大浦諏訪神社（おおうらすわじんじゃ）

大浦天主堂と寺院がすぐ近くにあり、神道、仏教、キリスト教の宗教施設が隣接する長崎ならではの祈りの場となっている。

- 所在地　長崎県長崎市相生町10-1
- アクセス　JR長崎駅から徒歩15分の「めがね橋」から路面電車で「石橋」下車、徒歩7分

長崎県 永久平和を願う被爆クスノキ
浦上皇大神宮（うらかみこうたいじんぐう）

明治元年（1868）、長崎裁判所の総督に就任した澤宣嘉が、浦上吉利支丹事件を契機に翌2年、社殿を建立した。

- 所在地　長崎県長崎市坂本2-6-56
- アクセス　JR長崎本線浦上駅から徒歩10分

長崎県 氏神様は「おすわさん」
鎮西大社諏訪神社（ちんぜいたいしゃすわじんじゃ）

寛永2年（1625）創建、のちに肥前唐津の青木賢清が初代宮司になり、2年後から祭礼が行われた。

- 所在地　長崎県長崎市上西山町18-15
- アクセス　JR長崎駅から路面電車で「諏訪神社」下車、徒歩5分

長崎県 長崎県の英霊を祀る
長崎県護国神社（ながさきけんごこくじんじゃ）

明治維新から大東亜戦争までの国のために殉死した長崎県にかかわる英霊約6万柱を祀る。

- 所在地　長崎県長崎市城栄町41-67
- アクセス　JR長崎本線浦上駅から路面電車で「大橋」下車、徒歩7分

第十二章 九州

瑞雲寺（ずいうんじ）
長崎県 かつての松浦家氏寺

13世紀初頭に創建された曹洞宗寺院。ザビエル記念教会も近く、「寺院と教会の見える風景」として平戸の名所。

- 所在地　長崎県平戸市鏡川町256
- アクセス　松浦鉄道西九州線たびら平戸口駅からタクシーで11分

最教寺（さいきょうじ）
長崎県 九州屈指の大師霊場

「西高野山」の山号をもつ九州でも有数の大師霊場として名高い。平戸藩主・松浦家ゆかりの仏像や宝物も数多く伝えられる。

- 所在地　長崎県平戸市岩の上町1206-1
- アクセス　松浦鉄道西九州線たびら平戸口駅からタクシーで8分

諫早神社（いさはやじんじゃ）
長崎県 九州総守護の神々を祀る

歴代領主の祈願所と定められ西郷家や龍造寺家・諫早家から篤く信仰されてきた。「おしめんさん」と親しまれる。

- 所在地　長崎県諫早市宇都町1-12
- アクセス　JR・島原鉄道諫早駅から徒歩5分

開元寺（かいげんじ）
長崎県 空海渡唐の地

九州八十八ヶ所霊場第七十八番札所。空海がこの地の港から唐に渡ったという記念の地で、近くには巨大な「渡唐大師像」も。

- 所在地　長崎県平戸市大久保町田ノ浦
- アクセス　松浦鉄道西九州線たびら平戸口駅からタクシー20分

阿蘇神社
熊本県 悠久の歴史を有する古社

阿蘇を開拓した健磐龍命など12神を祀る。阿蘇山火口をご神体とする火山信仰と融合し、肥後国一宮として崇敬を集めた。

- **所在地** 熊本県阿蘇市一の宮町宮地3083-1
- **アクセス** JR土肥本線宮地駅から徒歩15分

伊勢宮（いせのみや）
長崎県 由緒ある長崎三社のひとつ

寛永6年(1629)、天台宗修験南岳院存祐が、安全祈願のために、外宮長官・檜垣常晨の許状を得てこの地に創建された。

- **所在地** 長崎県長崎市伊勢町2-14
- **アクセス** JR長崎駅から路面電車で「諏訪神社」下車すぐ

阿蘇神社 阿蘇山上神社（あそやまがみじんじゃ）
熊本県 阿蘇神社の山上奥宮

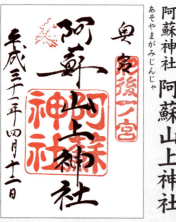

神池などとも呼ばれた中岳火口を祀る阿蘇神社奥宮。6月には噴火口に御幣を投げ入れ安穏を祈る「火口鎮祭」が執行される。

- **所在地** 熊本県阿蘇市黒川808-3
- **アクセス** JR土肥本線阿蘇駅からバスで「阿蘇山西駅」下車すぐ

阿蘇神社 國造神社（こくぞうじんじゃ）
熊本県 阿蘇神社本宮の北宮

阿蘇の12宮中の速瓶玉命など四神を祀る。境内には、速瓶玉命お手植えと伝えられる樹齢2000余年の「手野の大杉」がある。

- **所在地** 熊本県阿蘇市一の宮町手野2110
- **アクセス** JR土肥本線宮地駅からタクシーで10分

第十二章 九州

熊本県 熊本県の英霊を祀る
熊本県護国神社
くまもとけんごこくじんじゃ

昭和32年（1957）に現在の社殿が完成。戦没者の慰霊碑や戦争歴史資料館が建つ。神風連の乱の際に本陣が置かれた場所。

所在地 熊本県熊本市中央区宮内3-1
アクセス JR・熊本電鉄上熊本駅から路面電車で「杉塘」下車、徒歩8分

熊本県 菊池市街を見下ろす城山
菊池神社
きくちじんじゃ

明治3年（1870）菊池氏居城跡に創建。菊池武時、武重、武光が主神。本殿の両側に能舞台などがあり、桜やつつじの名所。

所在地 熊本県菊池市隈府1257
アクセス JR熊本駅からバスで「菊池温泉・市民広場前」下車、徒歩10分

熊本県 日本三大下り宮のひとつ
草部吉見神社
くさかべよしみじんじゃ

主祭神は神武天皇の第一皇子・日子八井命。祭神が草を束ねた壁で館をつくったことから草部の地名が生まれたともいわれる。

所在地 熊本県阿蘇郡高森町草部2175
アクセス 南阿蘇鉄道高森線高森駅からタクシーで20分

熊本県 熊本市を象徴する神社
藤崎八旛宮
ふじさきはちまんぐう

承平5年（935）に朱雀天皇が承平の乱平定を祈願し、国家鎮護の神として京都の石清水八幡神を祀ったのがはじまり。

所在地 熊本県熊本市中央区井川淵町3-1
アクセス JR熊本駅からバスで「藤崎宮前」下車、徒歩5分

熊本県 幣立神宮（へいたてじんぐう）
世直しの神様

15代応神天皇の時代、勃発した内乱のために、自ら隠れ宮となった歴史がある。神事「五色神祭」が有名。

所在地 熊本県上益城郡山都町大野712
アクセス JR南熊本駅からバスで「中央公民館前」下車、バスを乗り換えて「大野幣立宮前」下車、徒歩2分

熊本県 青井阿蘇神社（あおいあそじんじゃ）
安住の地の守り神

大同元年(806)に創建。阿蘇神社の御祭神12神のうち、3神の分霊が祀られ、人吉球磨地方の開拓が営まれたといわれる。

所在地 熊本県人吉市上青井町118
アクセス JR肥薩線・湯前線人吉駅から徒歩11分

熊本県 永国寺（えいこくじ）
西郷隆盛ゆかりの古刹

15世紀創建の古刹。幽霊の掛け軸を寺宝とし「幽霊寺」としても名高い。西南戦争では西郷隆盛が一時本陣とした。

所在地 熊本県人吉市土手町5
アクセス JR肥薩線・湯前線人吉駅から徒歩20分

宮崎県 江田神社（えだじんじゃ）
日向式内四座のひとつ

黄泉の国に行ったイザナギが穢れを払った禊ぎの発祥地として知られる。神社の「祓詞」の冒頭にその名が出てくる地。

所在地 宮崎県宮崎市阿波岐原町産母127
アクセス JR蓮ヶ池駅からタクシーで6分

宮崎県

青島神社
あおしまじんじゃ

遥か昔の神話のふるさと

彦火火出見命が海神の宮殿から戻った後に宮居を営んだ地に、彦火火出見命・豊玉姫命・塩筒大神の三神を祀る。室町時代以降は、藩主・伊東家の崇敬篤く、社殿の改築や境内の保全を行った。

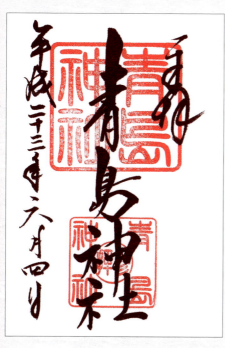

所在地　宮崎県宮崎市青島2-13-1
アクセス　JR日南線青島駅から徒歩10分

宮崎県

都農神社
つのじんじゃ

日向国の一宮

神武天皇が国土平安、海上平穏などを祈念して創建。日向国の第一の大社だったが焼失し、元禄5年(1692)に再興された。

所在地　宮崎県児湯郡都農町川北13294
アクセス　JR日豊本線都農駅からタクシーで5分

宮崎県

生目神社
いきめじんじゃ

眼病を治す眼の神様

応神天皇と藤原景清を祀り、景清の伝説が社名の起源になったとも伝えられる。ご神水には眼病平癒の信仰がある。

所在地　宮崎県宮崎市生目345
アクセス　JR宮崎駅からタクシーで15分

宮崎県

鵜戸神宮
うどじんぐう

神武天皇の父の生誕地

創建は10代崇神天皇の御代と伝えられ、50代桓武天皇の延暦元年(782)には、天台宗の僧・光喜坊快久が神殿を再興し、寺院を建立。明治維新の後に、権現号・寺院を廃して現在の神社名となった。

| 所在地 | 宮崎県日南市大字宮浦3232 |
| アクセス | JR日南線伊比井駅または油津駅からバスで「鵜戸神宮」下車、徒歩10分 |

宮崎県 高千穂郷八十八社の総社

高千穂神社
たかちほじんじゃ

約1900年前の垂仁天皇時代に創建。神社本殿と所蔵品は国の重要文化財に指定。主祭神は高千穂皇神と十社大明神。

| 所在地 | 宮崎県西臼杵郡高千穂町大字三田井1037 |
| アクセス | JR日豊本線延岡駅からバスで「高千穂バスセンター」下車、徒歩15分 |

宮崎県 縁結びと芸能の縁を運ぶ神様

荒立神社
あらたてじんじゃ

天孫降臨の際に、瓊瓊杵尊一行の道案内をした猿田彦命と天鈿女命が結婚して住んだ地と伝えられる。

| 所在地 | 宮崎県西臼杵郡高千穂町大字三田井667 |
| アクセス | JR日豊本線延岡駅からバスで「高千穂バスセンター」下車、徒歩12分 |

第十二章 九州

宮崎県

天岩戸神社 （あまのいわとじんじゃ）
天岩戸神話の舞台となった地

天照大神が隠れた天岩戸と呼ばれる大洞窟をご神体として祀る。岩戸川をはさんで西本宮と東本宮がある。

- **所在地** 宮崎県西臼杵郡高千穂町岩戸1073-1
- **アクセス** JR日豊本線延岡駅からバスで「高千穂バスセンター」下車、バスを乗り換えて「天岩戸神社」下車すぐ

天安河原宮 （あまのやすかわらぐう）
神々が話し合った聖地

天岩戸隠れの際に八百万の神が集まり神議されたと伝えられる。間口40m、奥行30mの大洞窟で別名「仰慕ヶ窟」。

- **所在地** 宮崎県西臼杵郡高千穂町大字岩戸
- **アクセス** JR日豊本線延岡駅からバスで「高千穂バスセンター」下車、バスを乗り換えて「天岩戸神社」下車、徒歩12分

穂觸神社 （くしふるじんじゃ）
天孫降臨の地として伝わる

「筑紫日向高千穂之久士布流多気に天り坐しき」と『古事記』の一文に書かれており、元禄7年(1694)社殿を建立。

- **所在地** 宮崎県西臼杵郡高千穂町三田井713
- **アクセス** JR日豊本線延岡駅からバスで「高千穂バスセンター」下車、徒歩10分

狭野神社 （さのじんじゃ）
日本で一番長い参道

神武天皇生誕の地に創建。皇族の幼名は生まれ育った地名を付ける慣習があり、この地が幼名・狭野尊の由来といわれる。

- **所在地** 宮崎県西諸県郡高原町蒲牟田117
- **アクセス** JR吉都線高原駅からタクシーで6分

宮崎県 日本最大の荘園・島津荘

神柱宮（かんばしらぐう）

万寿3年（1026）、大宰府の大監・平季基が家門を建てる際、6歳の娘が神託を受けて、創建された。

所在地 宮崎県都城市前田町1417-1
アクセス JR日豊本線・吉野線都城駅から徒歩15分

大分県 六郷満山の中心寺院

両子寺（ふたごじ）

天台宗別格本山、六郷満山の総持院として国東修験の根本道場として栄えた。両子山中腹にあり、季節ごとの絶景が楽しめる。

所在地 大分県国東市安岐町両子1548
アクセス JR日豊本線杵築駅からバスで「安岐」下車、バスを乗り換えて「両子寺」下車すぐ

大分県 篤く尊崇される藤の名所

西寒多神社（ささむたじんじゃ）

応神天皇の時代、武内宿禰が本宮山上に宮殿を建立。のちに大友10代親世が応永15年（1408）社殿を現在地に遷した。

所在地 大分県大分市寒田1644
アクセス JR大分駅からバスで「ふじが丘南」下車、徒歩15分

大分県 「軍神広瀬中佐」を祭神とする

廣瀬神社（ひろせじんじゃ）

日露戦争で「軍神」とされた広瀬武夫中佐を崇敬する人々により創建された神社。境内には遺品等を展示する広瀬記念館も。

所在地 大分県竹田市竹田2020
アクセス JR豊肥本線豊後竹田駅から徒歩15分

第十二章 九州

宮崎県／大分県

大分県 六郷満山の「幻の大寺」 真木大堂（まきおおどう）

かつては六郷満山最大の規模を誇ったという古寺で、創建は養老年間までさかのぼる。収蔵庫には9体もの平安仏が安置。

所在地 大分県豊後高田市田染真木1796
アクセス JR日豊本線宇佐駅からタクシーで25分

大分県 岩肌にはりつく貴重な山門 羅漢寺（らかんじ）

645年に天竺の仙人が開いたとされる聖地で、岩肌に密着して建てられた山門や地蔵堂からは独特の霊気を感じるといわれる。

所在地 大分県中津市本耶馬渓町跡田1519
アクセス JR日豊本線中津駅からタクシーで25分

大分県 宝くじ当選祈願でも有名 胎蔵寺（たいぞうじ）

熊野磨崖仏近くにあり、古くは当寺も熊野権現を祀っていた。「金色のお寺」としても知られ、宝くじや開運祈願者が多く訪れる。

所在地 大分県豊後高田市田染平野2579
アクセス JR日豊本線中山香駅からタクシーで10分

大分県 日本三阿弥陀堂のひとつを有する 富貴寺（ふきじ）

宇佐神宮大宮司の氏寺として平安時代に創建。富貴寺大堂は平等院鳳凰堂、中尊寺金色堂と並ぶ日本三阿弥陀堂のひとつ。

所在地 大分県豊後高田市田染蕗2395
アクセス JR日豊本線宇佐駅からタクシーで30分

鹿児島県 鹿児島県の英霊を祀る
鹿児島縣護國神社
かごしまけんごこくじんじゃ

幕末期から現在に至るまでに尊い生命を祖国のために捧げた鹿児島県出身者の御英霊7万7000余柱を祀る。

所在地 鹿児島県鹿児島市草牟田2-60-2
アクセス JR鹿児島駅からバスで「護國神社前」下車、徒歩5分

大分県 由布岳信仰の中心霊場
佛山寺
ぶっさんじ

平安時代の高僧が霧島神社のお告げにより開いたという由布院の古寺。33年に一度開帳される秘仏の観音像を安置する。

所在地 大分県由布市湯布院町川上1879
アクセス JR久大本線由布院駅から徒歩20分

鹿児島県 山幸彦が宮を営んだ地
鹿兒島神宮
かごしまじんぐう

全国正八幡の本宮でもあり、大隅國一之宮として朝野の崇敬篤い。宝暦6年(1756)、島津重年が現社殿を造営。

所在地 鹿児島県霧島市隼人町内2496-1
アクセス JR日豊本線・肥薩線隼人駅から徒歩15分

鹿児島県 語り継がれる偉大な事績
照國神社
てるくにじんじゃ

祭神に薩摩藩藩主・島津斉彬を祀る。生前の斉彬を慕い崇敬の念を寄せる人々の願いによって文久3年(1863)創建。

所在地 鹿児島県鹿児島市照国町19-35
アクセス JR鹿児島中央駅から徒歩20分

第十二章 九州

鹿児島県 天孫降臨の地
霧島神宮(きりしまじんぐう)

創建は6世紀で高千穂峰と火常峰(御鉢)の間にある背門丘に建てられたといわれるが、約500年以上前に今の地に遷座。

所在地 鹿児島県霧島市霧島田口2608-5
アクセス JR日豊本線霧島神宮駅からバスで「霧島神宮前」下車すぐ

鹿児島県 坂本龍馬夫妻の新婚旅行地
和氣神社(わけじんじゃ)

和気清麻呂を祀り、交通安全・学問・建築の神として御利益がある。近くには温泉「和気の湯」があり腰掛石が見られる。

所在地 鹿児島県霧島市牧園町宿窪田3986
アクセス JR日豊本線・肥薩線隼人駅からタクシーで15分

沖縄県 琉球沖縄八社のひとつ
普天満宮(ふてんまぐう)

古くは、普天満の洞窟に琉球古神道神を祀り、尚金福王から尚泰久王の頃に、熊野権現を合祀したと伝えられる。

所在地 沖縄県宜野湾市普天間1-27-10
アクセス 那覇空港からモノレールで旭橋駅下車、徒歩3分の那覇バスターミナルから「普天間前」下車、徒歩3分

沖縄県 琉球国の安寧と幸せを守る神様
安里八幡宮(あさとはちまんぐう)

文正元年(1466)に尚徳王が創建。八幡神を祭神とし、那覇島にある琉球八社の中で最古の神社といわれる。

所在地 沖縄県那覇市安里3-19-14
アクセス 那覇空港からモノレール安里駅下車、徒歩9分

大分県／鹿児島県／沖縄県

沖宮 おきのぐう

[沖縄県] 市民の癒やしの拠り所

創建は、尚金福王の時代の宝徳3年（1451）といわれる。古木を祀り、神船玉神として歴代琉球王をはじめ諸民に尊崇された。

- 所在地　沖縄県那覇市奥武山町44
- アクセス　那覇空港からモノレール奥武山駅下車、徒歩3分

識名宮 しきなぐう

[沖縄県] 聖なる洞窟に祈願

大阿母志良礼が霊験を得て、尚元王の長子・尚康伯の病気回復を祈ると治ったので、識名宮と神応寺を建て創建。

- 所在地　沖縄県那覇市繁多川4-1-43
- アクセス　那覇空港からバスで「県立医療センター前」下車、徒歩21分

末吉宮 すえよしぐう

[沖縄県] 琉球八社のひとつ

末吉公園内に鎮座。拝殿は大正2年（1913）に倒壊したが、昭和47年（1972）に復元、現在も拝所として信仰者を集める。

- 所在地　沖縄県那覇市首里末吉町1-8
- アクセス　那覇空港からモノレール儀保駅下車、徒歩15分

波上宮 なみのうえぐう

[沖縄県] 祈りの聖地・波の上の崖端

創建年代は不詳で、昔からこの場所で人々は豊穣・豊作、日々の平和を願い、ニライカナイの神々に祈りを捧げていた。

- 所在地　沖縄県那覇市若狭1-25-11
- アクセス　那覇空港からモノレール旭橋駅下車、徒歩15分

第十三章

御陵印

御陵印とは何か

自分で捺す「天皇陵の御朱印」

天皇のお墓のことを御陵、あるいは天皇陵といいます。古くは前方後円墳や八角墳といった古墳であり、奈良時代以降も御陵として歴代天皇が埋葬されました。

これらの歴代天皇の御陵には御陵印という印があります。いわば天皇陵の御朱印です。

お墓の御朱印というと、おかしな印象を受けるかもしれませんが、古墳時代には古墳で祭祀が行われ、この古墳祭祀が現在の神社信仰の一部として引き継がれています。神社の信仰・神道は、主に自然信仰と祖先崇拝を起源にしています。古墳祭祀は、この祖先崇拝の顕著な例といえるでしょう。現在でも御陵には鳥居が設け

122代 明治天皇
めいじてんのう

御陵名
伏見桃山陵

所在地
京都府京都市伏見区桃山町古城山

御陵印保管場所
桃山陵墓監区事務所

第十三章 御陵印

◆ 御朱印が置いてある事務所 ◆

多摩陵墓監区事務所
東京都八王子市長房町1833

桃山陵墓監区事務所
京都府京都市伏見区桃山町古城山

月輪陵墓監区事務所
京都府京都市東山区泉涌寺山内町34-2

畝傍陵墓監区事務所
奈良県橿原市大久保町71-1

古市陵墓監区事務所
大阪府羽曳野市誉田6-11-3

られているのは、このためです。古墳や御陵はいわば神社の原型のひとつといえるのです。

天皇陵は東京都の多摩や京都、大阪、奈良、淡路島、四国などにあります。ただし、御陵印はこれらの御陵にそれぞれあるのではなく、全国5ヶ所の陵墓監区事務所に分けられて置いてあり、自分で捺します。御陵印を捺すだけでなく、ぜひ御陵にも足を運んでみてください。

初代神武天皇
じんむてんのう

御陵名
畝傍山東北陵

所在地
奈良県橿原市大久保町

御陵印保管場所
畝傍陵墓監区事務所

3代安寧天皇
あんねいてんのう

御陵名
畝傍山西南御陰井上陵

所在地
奈良県橿原市吉田町

御陵印保管場所
畝傍陵墓監区事務所

2代綏靖天皇
すいぜいてんのう

御陵名
桃花鳥田丘上陵

所在地
奈良県橿原市四条町

御陵印保管場所
畝傍陵墓監区事務所

5代孝昭天皇
こうしょうてんのう

御陵名
掖上博多山上陵

所在地
奈良県御所市大字三室

御陵印保管場所
畝傍陵墓監区事務所

4代懿徳天皇
いとくてんのう

御陵名
畝傍山南繊沙溪上陵

所在地
奈良県橿原市西池尻町

御陵印保管場所
畝傍陵墓監区事務所

第十三章 御陵印

7代孝霊天皇
こうれいてんのう

御陵名 片丘馬坂陵
所在地 奈良県北葛城郡王寺町本町3丁目
御陵印保管場所 畝傍陵墓監区事務所

6代孝安天皇
こうあんてんのう

御陵名 玉手丘上陵
所在地 奈良県御所市大字玉手
御陵印保管場所 畝傍陵墓監区事務所

9代開化天皇
かいかてんのう

御陵名 春日率川坂上陵
所在地 奈良県奈良市油阪町
御陵印保管場所 畝傍陵墓監区事務所

8代孝元天皇
こうげんてんのう

御陵名 劔池嶋上陵
所在地 奈良県橿原市石川町
御陵印保管場所 畝傍陵墓監区事務所

11代垂仁天皇
すいにんてんのう

御陵名 菅原伏見東陵
所在地 奈良県奈良市尼辻西町
御陵印保管場所 畝傍陵墓監区事務所

10代崇神天皇
すじんてんのう

御陵名 山邊道勾岡上陵
所在地 奈良県天理市柳本町
御陵印保管場所 畝傍陵墓監区事務所

13代成務天皇
せいむてんのう

御陵名 狹城盾列池後陵
所在地 奈良県奈良市山陵町
御陵印保管場所 畝傍陵墓監区事務所

12代景行天皇
けいこうてんのう

御陵名 山邊道上陵
所在地 奈良県天理市渋谷町
御陵印保管場所 畝傍陵墓監区事務所

15代応神天皇
おうじんてんのう

御陵名
恵我藻伏崗陵
所在地
大阪府羽曳野市誉田6丁目
御陵印保管場所
古市陵墓監区事務所

14代仲哀天皇
ちゅうあいてんのう

御陵名
恵我長野西陵
所在地
大阪府藤井寺市藤井寺4丁目
御陵印保管場所
古市陵墓監区事務所

17代履中天皇
りちゅうてんのう

御陵名
百舌鳥耳原南陵
所在地
大阪府堺市西区石津ヶ丘
御陵印保管場所
古市陵墓監区事務所

16代仁徳天皇
にんとくてんのう

御陵名
百舌鳥耳原中陵
所在地
大阪府堺市堺区大仙町
御陵印保管場所
古市陵墓監区事務所

19代允恭天皇
いんぎょうてんのう

御陵名
恵我長野北陵
所在地
大阪府藤井寺市国府1丁目
御陵印保管場所
古市陵墓監区事務所

18代反正天皇
はんぜいてんのう

御陵名
百舌鳥耳原北陵
所在地
大阪府堺市堺区北三国ヶ丘町2丁目
御陵印保管場所
古市陵墓監区事務所

21代雄略天皇
ゆうりゃくてんのう

御陵名
丹比高鷲原陵
所在地
大阪府羽曳野市島泉8丁目
御陵印保管場所
古市陵墓監区事務所

20代安康天皇
あんこうてんのう

御陵名
菅原伏見西陵
所在地
奈良県奈良市宝来4丁目
御陵印保管場所
畝傍陵墓監区事務所

23代顕宗天皇
けんぞうてんのう

御陵名
傍丘磐坏丘南陵
所在地
奈良県香芝市北今市
御陵印保管場所
畝傍陵墓監区事務所

22代清寧天皇
せいねいてんのう

御陵名
河内坂門原陵
所在地
大阪府羽曳野市西浦6丁目
御陵印保管場所
古市陵墓監区事務所

25代武烈天皇
ぶれつてんのう

御陵名
傍丘磐坏丘北陵
所在地
奈良県香芝市今泉
御陵印保管場所
畝傍陵墓監区事務所

24代仁賢天皇
にんけんてんのう

御陵名
埴生坂本陵
所在地
大阪府藤井寺市青山3丁目
御陵印保管場所
古市陵墓監区事務所

26代継体天皇
けいたいてんのう

御陵名
三嶋藍野陵
所在地
大阪府茨木市太田3丁目
御陵印保管場所
桃山陵墓監区事務所

28代 宣化天皇
せんかてんのう

御 陵 名
身狭桃花鳥坂上陵
所 在 地
奈良県橿原市鳥屋町
御陵印保管場所
畝傍陵墓監区事務所

27代 安閑天皇
あんかんてんのう

御 陵 名
古市高屋丘陵
所 在 地
大阪府羽曳野市古市5丁目
御陵印保管場所
古市陵墓監区事務所

30代 敏達天皇
びだつてんのう

御 陵 名
河内磯長中尾陵
所 在 地
大阪府南河内郡太子町大字太子
御陵印保管場所
古市陵墓監区事務所

29代 欽明天皇
きんめいてんのう

御 陵 名
檜隈坂合陵
所 在 地
奈良県高市郡明日香村大字平田
御陵印保管場所
畝傍陵墓監区事務所

32代 崇峻天皇
すしゅんてんのう

御 陵 名
倉梯岡陵
所 在 地
奈良県桜井市大字倉橋
御陵印保管場所
畝傍陵墓監区事務所

31代 用明天皇
ようめいてんのう

御 陵 名
河内磯長原陵
所 在 地
大阪府南河内郡太子町大字春日
御陵印保管場所
古市陵墓監区事務所

34代 舒明天皇
じょめいてんのう

御 陵 名
押坂内陵
所 在 地
奈良県桜井市大字忍阪
御陵印保管場所
畝傍陵墓監区事務所

33代 推古天皇
すいこてんのう

御 陵 名
磯長山田陵
所 在 地
大阪府南河内郡太子町大字山田
御陵印保管場所
古市陵墓監区事務所

第十三章 御陵印

36代孝徳天皇
こうとくてんのう

御陵名
大阪磯長陵
所在地
大阪府南河内郡太子町大字山田
御陵印保管場所
古市陵墓監区事務所

35代皇極天皇
37代斉明天皇（重祚）
こうぎょくてんのう　さいめいてんのう

御陵名
越智崗上陵
所在地
奈良県高市郡高取町大字車木
御陵印保管場所
畝傍陵墓監区事務所

39代弘文天皇
こうぶんてんのう

御陵名
長等山前陵
所在地
滋賀県大津市御陵町
御陵印保管場所
月輪陵墓監区事務所

38代天智天皇
てんじてんのう

御陵名
山科陵
所在地
京都府京都市山科区御陵上御廟野町
御陵印保管場所
月輪陵墓監区事務所

42代文武天皇
もんむてんのう

御陵名
檜隈安古岡上陵
所在地
奈良県高市郡明日香村大字栗原
御陵印保管場所
畝傍陵墓監区事務所

40代天武天皇
41代持統天皇
てんむてんのう　じとうてんのう

御陵名
檜隈大内陵
所在地
奈良県高市郡明日香村大字野口
御陵印保管場所
畝傍陵墓監区事務所

44代元正天皇
げんしょうてんのう

御陵名
奈保山西陵
所在地
奈良県奈良市奈良阪町
御陵印保管場所
畝傍陵墓監区事務所

43代元明天皇
げんめいてんのう

御陵名
奈保山東陵
所在地
奈良県奈良市奈良阪町
御陵印保管場所
畝傍陵墓監区事務所

46代孝謙天皇
48代称徳天皇（重祚）

こうけんてんのう
しょうとくてんのう

御陵名 高野陵
所在地 奈良県奈良市山陵町
御陵印保管場所 畝傍陵墓監区事務所

45代聖武天皇

しょうむてんのう

御陵名 佐保山南陵
所在地 奈良県奈良市法蓮町
御陵印保管場所 畝傍陵墓監区事務所

49代光仁天皇

こうにんてんのう

御陵名 田原東陵
所在地 奈良県奈良市日笠町
御陵印保管場所 畝傍陵墓監区事務所

47代淳仁天皇

じゅんにんてんのう

御陵名 淡路陵
所在地 兵庫県南あわじ市賀集
御陵印保管場所 古市陵墓監区事務所

50代桓武天皇

かんむてんのう

御陵名 柏原陵
所在地 京都府京都市伏見区桃山町永井久太郎
御陵印保管場所 桃山陵墓監区事務所

第十三章　御陵印

52代 嵯峨天皇
さがてんのう

御 陵 名
嵯峨山上陵

所 在 地
京都府京都市右京区
北嵯峨朝原山町

御陵印保管場所
桃山陵墓監区事務所

51代 平城天皇
へいぜいてんのう

御 陵 名
楊梅陵

所 在 地
奈良県奈良市佐紀町

御陵印保管場所
畝傍陵墓監区事務所

54代 仁明天皇
にんみょうてんのう

御 陵 名
深草陵

所 在 地
京都府京都市伏見区
深草東伊達町

御陵印保管場所
桃山陵墓監区事務所

53代 淳和天皇
じゅんなてんのう

御 陵 名
大原野西嶺上陵

所 在 地
京都府京都市西京区
大原野南春日町

御陵印保管場所
桃山陵墓監区事務所

56代 清和天皇
せいわてんのう

御 陵 名
水尾山陵

所 在 地
京都府京都市右京区
嵯峨水尾清和

御陵印保管場所
桃山陵墓監区事務所

55代 文徳天皇
もんとくてんのう

御 陵 名
田邑陵

所 在 地
京都府京都市右京区
太秦三尾町

御陵印保管場所
桃山陵墓監区事務所

58代 光孝天皇
こうこうてんのう

御 陵 名
後田邑陵

所 在 地
京都府京都市右京区
宇多野馬場町

御陵印保管場所
桃山陵墓監区事務所

57代 陽成天皇
ようぜいてんのう

御 陵 名
神樂岡東陵

所 在 地
京都府京都市左京区
浄土寺真如町

御陵印保管場所
月輪陵墓監区事務所

そのほかの御朱印がいただける神社仏閣

名称	所在地	名称	所在地
東円寺	東京都杉並区和田2-18-3	旭川神社	北海道旭川市東旭川南1条6-8-14
浄真寺	東京都世田谷区奥沢7-41-3	住吉神社	北海道小樽市住ノ江2-5-1
桜神宮	東京都世田谷区新町3-21-3	美瑛神社	北海道上川郡美瑛町東町4-1-1
六所神社	東京都世田谷区赤堤2-25-2	帯廣神社	北海道帯広市東三条南2-1
池尻稲荷神社	東京都世田谷区池尻2-34-15	大森稲荷神社	北海道函館市大森町22-6
田無神社	東京都西東京市田無町3-7-4	湯倉神社	北海道函館市湯川町2-28-1
武蔵御嶽神社	東京都青梅市御岳山176	湯川寺	北海道函館市湯川町3-35-10
天澤院	東京都青梅市梅郷4-586-1	七重浜海津見神社	北海道北斗市七重浜7-5-1
大鷲神社	東京都足立区花畑7丁目16-8	川内八幡宮	青森県むつ市川内町川内324
安養院	東京都足立区千住5-17-9	青森縣護國神社	青森県弘前市下白銀町1-3
千住神社	東京都足立区千住宮元町24-1	岩手護國神社	岩手県盛岡市八幡町13-1
法昌寺	東京都台東区下谷2-10-6	遠野郷八幡宮	岩手県遠野市松崎町白岩23-19
矢先稲荷神社	東京都台東区松が谷2-14-1	花巻神社	岩手県花巻市愛宕町384-1
秋葉神社	東京都台東区松が谷3-10-7	横山八幡宮	岩手県宮古市宮町2-6-17
五條天神社	東京都台東区上野公園4-17	櫻山神社	岩手県盛岡市内丸1-42
緑泉寺	東京都台東区西浅草1-8-5	熊野三社	岩手県西磐井郡平泉町平泉字花立92
浅草寺	東京都台東区浅草2-3-1	月山神社	岩手県陸前高田市気仙町字丑山25
銀杏岡八幡神社	東京都台東区浅草橋1-29-11	柏木神社	宮城県多賀城市大代5-17-50
千束稲荷神社	東京都台東区竜泉2-19-3	北野神社	宮城県気仙沼市新明8-6
萬福寺	東京都大田区南馬込1-49-1	櫻山山神社	宮城県栗原市栗駒桜田山神下106
波除神社	東京都中央区築地6-20-37	仙台東照宮	宮城県仙台市青葉区東照宮1-6-1
大安楽寺	東京都中央区日本橋小伝馬町3-5	彌高神社	秋田県秋田市千秋公園1-16
大観音寺	東京都中央区日本橋人形町1-18-9	三輪神社	秋田県雄勝郡羽後町杉宮字宮林1
宝福寺	東京都中野区南台3-43-2	荘内神社	山形県鶴岡市馬場町4-1
菅原神社	東京都町田市本町田802	好間熊野神社	福島県いわき市好間町上好間小館1
松月院	東京都板橋区赤塚8-4-9	金刀比羅神社	福島県いわき市常磐関船町諏訪下6-3
徳丸北野神社	東京都板橋区徳丸6-34-3	白根三吉神社	福島県伊達市梁川町白根字中倉82
南蔵院	東京都板橋区蓮沼町48-8	蚕養国神社	福島県会津若松市蚕養町2-1
上神明天祖神社	東京都品川区二葉4-4-12	開成山大神宮	福島県郡山市開成5-1-38
一心寺	東京都品川区北品川2-4-18	長屋神社	福島県本宮市長屋字宮山26
北野神社	東京都文京区春日1-5-2	和田神社	福島県本宮市和田字中ノ宮18
小石川大神宮	東京都文京区小石川2-5-7	瀧野川八幡神社	東京都北区滝野川5-26-15
妙義神社	東京都豊島区駒込3-16-16	大悲願寺	東京都あきる野市横沢134
大鳥神社	東京都豊島区雑司が谷3-20-14	猿江神社	東京都江東区猿江2-2-17
高岩寺	東京都豊島区巣鴨3-35-2	天祖神社	東京都江東区亀戸3-38-35
御嶽神社	東京都豊島区池袋3-51-2	心行寺	東京都江東区深川2-16-7
天祖神社	東京都豊島区南大塚3-49-1	円珠院	東京都江東区平野1-13-6
七社神社	東京都北区西ヶ原2-11-1	大法寺	東京都港区元麻布1-1-10
東覚寺	東京都北区田端2-7-3	天徳寺	東京都港区虎ノ門3-13-6
髙岩寺	東京都墨田区押上2-37-9	幸稲荷神社	東京都港区芝公園3-5-27
飛木稲荷神社	東京都墨田区押上2-39-6	妙定院	東京都港区芝公園4-9-8
回向院	東京都墨田区両国2-8-10	梅窓院	東京都港区南青山2-26-38
蟠龍寺	東京都目黒区下目黒3-4-4	妙円寺	東京都港区白金台3-17-5
上目黒氷川神社	東京都目黒区大橋2-16-21	瑞聖寺	東京都港区白金台3-2-19
大御堂	茨城県つくば市筑波748	朝日神社	東京都港区六本木6-7-14
日輪寺	茨城県久慈郡大子町上野宮真名板倉2134	諏方神社	東京都荒川区西日暮里3-4-8
称名寺	茨城県結城市結城152	渋谷氷川神社	東京都渋谷区東2-5-6
佐竹寺	茨城県常陸太田市天神林町2404	熊野宮	東京都小平市仲町361
定林寺	茨城県筑西市岡芹957	法善寺	東京都新宿区新宿6-20-16
千妙寺	茨城県筑西市黒子214	永福寺	東京都新宿区新宿7-11-2
長勝寺	茨城県潮来市潮来428	安養寺	東京都新宿区神楽坂6-2
清瀧寺	茨城県土浦市小野1151	十二社熊野神社	東京都新宿区西新宿2-11-2
大谷寺	栃木県宇都宮市大谷町1198	猿田彦神社	東京都杉並区阿佐谷南1-1-38
下野星宮神社	栃木県下野市下古山1530	下高井戸八幡神社	東京都杉並区下高井戸4-39-3

名称	所在地	名称	所在地
成田山新勝寺	千葉県成田市成田1	観音寺	栃木県佐野市金井上町2237
二宮神社	千葉県船橋市三山5-20-1	大聖院	栃木県佐野市植野町1856
圓福寺	千葉県銚子市馬場町293	鑁阿寺	栃木県足利市家富町2220
願成就寺	千葉県東金市松之郷480-1	本経寺	栃木県足利市西宮町3806-2
東海寺	千葉県柏市布施1738	太山寺	栃木県栃木市平井町714
香取神社	千葉県富里市高松101	中禅寺	栃木県日光市中宮祠2578
高松入神社	千葉県富里市十倉190-23	天満宮	栃木県芳賀郡芳賀町西水沼1723
光明寺	千葉県木更津市中央1-3-5	草津山光泉寺	群馬県吾妻郡草津町草津甲446
高蔵寺	千葉県木更津市矢那1245	海雲寺	群馬県安中市郷原561
金乗院	千葉県野田市清水914	浅間山観音堂	群馬県吾妻郡嬬恋村鎌原1053
大山寺	神奈川県伊勢原市大山724	清水寺	群馬県高崎市石原町2401
日向薬師	神奈川県伊勢原市日向1644	長谷寺	群馬県高崎市白岩町448
武山不動院	神奈川県横須賀市武1-3040	玉村八幡宮	群馬県佐波郡玉村町下新田1
正覚寺	神奈川県横浜市都筑区茅ケ崎東3-12-1	真光寺	群馬県渋川市渋川748
常照寺	神奈川県横浜市南区南太田1-24-41	前橋東照宮	群馬県前橋市大手町3-13-19
見光寺	神奈川県横浜市保土ケ谷区岩間町2-140	三峯神社	群馬県利根郡みなかみ町師1588
銭洗弁財天宇賀福神社	神奈川県鎌倉市佐助2-25-16	三ツ木神社	埼玉県鴻巣市愛の町169
円覚寺	神奈川県鎌倉市山ノ内409	大野神社	埼玉県鴻巣市大間2-11-26
浄妙寺	神奈川県鎌倉市浄明寺3-8-31	円福寺	埼玉県さいたま市中央区上峰4-7-28
海南神社	神奈川県三浦市三崎4-12-11	弘法尊院	埼玉県さいたま市中央区新中里3-5-29
延命寺	神奈川県逗子市逗子3-1-17	円乗院	埼玉県さいたま市中央区本町西1-13-10
影向寺	神奈川県川崎市宮前区野川本町419	鈴谷大堂	埼玉県さいたま市中央区鈴谷8-4-2
養福寺	神奈川県川崎市高津区新作1-16-13	總願寺	埼玉県加須市不動岡2-9-18
増福寺	神奈川県川崎市高津区末長2-34-8	法要寺	埼玉県鴻巣市本町2-4-42
光明寺	神奈川県平塚市南金目896	氷川八幡神社	埼玉県鴻巣市箕田2041
身延山久遠寺	山梨県南巨摩郡身延町身延3567	金乗院	埼玉県所沢市上山口2203
恵林寺	山梨県甲州市塩山小屋敷2280	見立寺	埼玉県川越市元町2-9-11
夫婦木神社	山梨県甲府市御岳町2041	妙昌寺	埼玉県川越市三光町29
牛倉神社	山梨県上野原市上野原1602	鎮守氷川神社	埼玉県川口市青木5-18-48
山中諏訪神社	山梨県南都留郡山中湖村山中13	薬林寺	埼玉県川口市朝日1-4-33
富士山小御嶽神社	山梨県富士吉田市上吉田小御岳下5617吉田口登山道	鳩ヶ谷氷川神社	埼玉県川口市鳩ヶ谷本町1-6-2
前山寺	長野県上田市前山300	錫杖寺	埼玉県川口市本町2-4-37
白蛇神社	長野県上田市上田3139	出雲大社埼玉分院	埼玉県朝霞市本町2-20-18
山家神社	長野県上田市真田町長4473	正法寺	埼玉県東松山市岩殿1229
龍光院	長野県上田市前山553	能仁寺	埼玉県飯能市飯能1329
金峯山 長谷寺	長野県長野市篠ノ井塩崎878	慈光寺	埼玉県比企郡ときがわ町西平386
熊野皇大神社	長野県北佐久郡軽井沢町峠町2	安房神社	千葉県館山市大神宮589
臨川寺	長野県木曽郡上松町上松1704	宝勝院	千葉県いすみ市苅谷307
等覚寺	長野県木曽郡南木曽町読書3857	清水寺	千葉県いすみ市岬町鴨根1270
天津神社	新潟県糸魚川市一の宮1-3-34	真勝寺	千葉県君津市久留里市場875
湊稲荷神社	新潟県新潟市中央区稲荷町3482	神野寺	千葉県君津市鹿野山324-1
総持寺	富山県高岡市関町32	三石山観音寺	千葉県君津市草川原1407
高瀬神社	富山県南砺市高瀬291	香取神宮	千葉県香取市香取1697
服部神社	石川県加賀市山代温泉18-7丁	観福寺	千葉県香取市牧野1752
尾﨑神社	石川県金沢市丸の内5-5	嶺南寺	千葉県佐倉市新町74
円照寺	福井県小浜市尾崎22-15	松林寺	千葉県佐倉市弥勒町93-1
妙楽寺	福井県小浜市野代28-13	観音教寺	千葉県山武郡芝山町芝山298
静岡天満宮	静岡県静岡市葵区呉服町1-1	勝覚寺	千葉県山武市松ヶ谷イ2058
小梳神社	静岡県静岡市葵区紺屋町7-13	本光寺	千葉県市川市大野町3-1695-1
佛現寺	静岡県伊東市物見が丘2-30	法華経寺	千葉県市川市中山2-10-1
宝福寺	静岡県下田市1-18-26	東漸寺	千葉県松戸市小金359
大洞院	静岡県周智郡森町橘249	本土寺	千葉県松戸市平賀63
香勝寺	静岡県周智郡森町草ケ谷968	龍正院	千葉県成田市滑川1196
割狐塚稲荷神社	静岡県駿東郡長泉町下土狩663	東勝寺	千葉県成田市宗吾1-558

名称	所在地	名称	所在地
念佛寺	三重県伊賀市上野寺町1152	慶龍寺	静岡県静岡市駿河区宇津ノ谷729-1
世木神社	三重県伊勢市吹上1-2-6	御穂神社	静岡県静岡市清水区三保1073
わら天神宮	京都府京都市北区衣笠天神森町10	龍華寺	静岡県静岡市清水区村松2085
乃木神社	京都府京都市伏見区桃山町板倉周防32	可睡斎	静岡県袋井市久能2915-1
長興院	京都府京都市右京区花園妙心寺町63	観福寺	静岡県袋井市袋井186-1
平岡八幡宮	京都府京都市右京区梅ヶ畑宮ノ口町23	医王寺	静岡県磐田市鎌田2065-1
善光寺	京都府京都市下京区七条御所ノ内本町27	行興寺	静岡県磐田市池田330
佛光寺	京都府京都市下京区新開町397	浜松八幡宮	静岡県浜松市中央区八幡町2
下鴨神社	京都府京都市左京区下鴨泉川町59	松林寺	静岡県浜松市中央区中野町331
熊野若王子神社	京都府京都市左京区若王子町2	妙恩寺	静岡県浜松市中央区天龍川町179
尊陽院	京都府京都市上京区本法寺前町650-3	方広寺	静岡県浜松市浜名区引佐町奥山1577-1
下桂御霊神社	京都府京都市西京区桂久方町47-1	長楽寺	静岡県浜松市浜名区細江町気賀7953-1
新徳寺	京都府京都市中京区壬生賀陽御所町48	宝林寺	静岡県浜松市浜名区細江町中川65-2
法住寺	京都府京都市東山区三十三間堂廻リ655	大福寺	静岡県浜松市浜名区三ヶ日町福長220-3
新善光寺	京都府京都市東山区泉涌寺山内町31	甚目寺	愛知県あま市甚目寺東門前24
今熊野観音寺	京都府京都市東山区泉涌寺山内町32	満福寺	愛知県みよし市三好町蜂ケ池5
合槌稲荷神社	京都府京都市東山区中之町196	性海寺	愛知県稲沢市大塚南1-33
六孫王神社	京都府京都市南区壬生通八条角	西福院	愛知県稲沢市大塚南3-28
荒見神社	京都府城陽市富野荒見田165	世尊寺	愛知県岡崎市欠町天上田11
今宮神社	京都府京都市北区紫野今宮町21	一回山薬師寺	愛知県岡崎市藤川町王子ヶ入12-44
熊野神社衣笠分社	京都府京都市北区小松原北町135	昌福寺	愛知県刈谷市野田町西屋敷2-1
弥勒院	京都府京都市左京区浄土寺南田町29	犬山成田山	愛知県犬山市犬山北白山平5
月讀神社	京都府京都市西京区松室山添町15	大善寺	愛知県新城市西入船22
法界寺	京都府京都市伏見区日野西大道町19	鳳来寺	愛知県新城市門谷鳳来寺1
圓福寺	京都府八幡市八幡福禄谷153	雲興寺	愛知県瀬戸市白坂町131
法然寺	京都市右京区嵯峨天龍寺立石町1	日吉神社	愛知県清須市清洲2272
六角堂	京都市中京区六角通東洞院西入堂之前町248	長谷院	愛知県清須市桃栄3-80
恵心院	京都府宇治市宇治山田67	妙善寺	愛知県西尾市東幡豆町森66
平等院鳳凰堂	京都府宇治市宇治蓮華116	延命寺	愛知県大府市大東町1-279
大雄院	京都府京都市右京区花園妙心寺町52	総持寺	愛知県知立市西町新川48
月輪寺	京都府京都市右京区嵯峨清滝月ノ輪町7	赤岩寺	愛知県豊橋市多米町赤岩山4
清浄華院	京都府京都市上京区北之辺町395	養学院	愛知県豊川市麻生田町縄手69-1
本隆寺	京都府京都市上京区紋屋町330	高月院	愛知県豊田市松平町寒ヶ入44
誓願寺	京都府京都市中京区新京極桜之町453	曹源寺	愛知県豊明市栄町内山45
正林寺	京都府京都市東山区上馬町553	円頓寺	愛知県名古屋市西区那古野1-11-7
即成院	京都府京都市東山区泉涌寺山内町28	福生院	愛知県名古屋市中区錦2-5-22
東福寺	京都府京都市東山区本町15-778	七寺	愛知県名古屋市中区大須2-28-5
源空寺	京都府京都市伏見区瀬戸物町745	豊國神社	愛知県名古屋市中村区中村町木下屋敷
安楽寿院	京都府京都市伏見区竹田中内畑町74	妙行寺	愛知県名古屋市中村区中村町木下屋敷22
黒田観音寺	滋賀県長浜市木之本町黒田1811	建中寺	愛知県名古屋市東区筒井1-7-57
浄厳院	滋賀県近江八幡市安土町慈恩寺744	笠覆寺	愛知県名古屋市南区笠寺町上新町83
西明寺	滋賀県犬上郡甲良町池寺26	洞雲寺	岐阜県加茂郡白川町と泉1166
興聖寺	滋賀県高島市朽木岩瀬374	可成寺	岐阜県可児市兼山596
青龍寺	滋賀県大津市坂本本町4220	日乃出不動尊	岐阜県各務原市鵜沼大安寺町1-86
横川定光院	滋賀県大津市坂本本町4225	手力雄神社	岐阜県各務原市那加手力町4
義仲寺	滋賀県大津市馬場1-5-12	善光寺	岐阜県岐阜市伊奈波通1-8
小谷寺	滋賀県長浜市湖北町伊部329	大智寺	岐阜県岐阜市山県北野668-1
悉知院	滋賀県米原市上野1	岐阜稲荷山本社	岐阜県岐阜市上加納山4712-23
壺井八幡宮	大阪府羽曳野市壺井605-2	眞中神社	岐阜県岐阜市正木236-2
開口神社	大阪府堺市堺区甲斐町東2-1-29	正雲寺	岐阜県高山市神明町3-112
少彦名神社	大阪府大阪市中央区道修町2-1-8	高山別院	岐阜県高山市鉄砲町6
法善寺	大阪府大阪市中央区難波1-2-16	善光寺	岐阜県高山市天満町4-3
一心寺	大阪府大阪市天王寺区逢阪2-8-69	恵那神社	岐阜県中津川市中津川字正ヶ根3786-1
道明寺天満宮	大阪府藤井寺市道明寺1-16-40	世義寺	三重県伊勢市岡本2-10-80

名称	所在地	名称	所在地
地蔵寺	徳島県板野郡板野町羅漢林東5	叡福寺	大阪府南河内郡太子町太子2146
志度寺	香川県さぬき市志度1102	真如寺	大阪府豊能郡能勢町地黄606
長尾寺	香川県さぬき市長尾西653	勝尾寺	大阪府箕面市粟生間谷2914-1
郷照寺	香川県綾歌郡宇多津町1435	法然寺	奈良県橿原市南浦町908
法然寺	香川県高松市仏生山町甲3215	當麻寺奥院	奈良県葛城市當麻1263
大興寺	香川県三豊市山本町辻4209	櫻本坊	奈良県吉野郡吉野町吉野山1269
出釈迦寺	香川県善通寺市吉原町1091	竹林院	奈良県吉野郡吉野町吉野山2142
曼荼羅寺	香川県善通寺市吉原町1380-1	法輪寺	奈良県生駒郡斑鳩町三井1570
金倉寺	香川県善通寺市金蔵寺町1160	宝山寺	奈良県生駒市門前町1-1
甲山寺	香川県善通寺市弘田町1765-1	東明寺	奈良県大和郡山市矢田町2230
小津神社	高知県高知市幸町9-1	金剛山寺	奈良県大和郡山市矢田町3754
種間寺	高知県高知市春野町秋山72	長岳寺	奈良県天理市柳本町508
雪蹊寺	高知県高知市長浜857-3	芳徳寺	奈良県奈良市柳生下町445
青龍寺	高知県土佐市宇佐町竜163	光臺院	和歌山県伊都郡高野町高野山649
清滝寺	高知県土佐市高岡町丁568-1	金剛寺	和歌山県海草郡紀美野町釜滝120
禅師峰寺	高知県南国市十市3084	満福寺	和歌山県海草郡紀美野町神野市場52
坂本八幡宮	福岡県太宰府市坂本3-14-23	惣福寺	和歌山県海草郡美里町国吉田24
佛願寺	福岡県朝倉市秋月3-6	産土神社	和歌山県紀の川市粉河2788
宮地嶽神社	福岡県福津市宮司元町7-1	報恩講寺	和歌山県和歌山市大川117
八坂神社	福岡県北九州市小倉北区城内2-2	刺田比古神社	和歌山県和歌山市片岡町2-9
日峯神社	福岡県北九州市八幡西区浅川旧の峯1-8-8	如来院	兵庫県尼崎市寺町11
三柱神社	福岡県柳川市三橋町高畑323-1	如来寺	兵庫県たつの市龍野町大手65
田脇日吉神社	福岡県柳川市田脇948	綱敷天満宮	兵庫県神戸市須磨区天神町2-1-11
豊玉姫神社	佐賀県嬉野市嬉野町下宿乙2231-2	念仏寺	兵庫県神戸市北区有馬町1641
松森天満宮	長崎県長崎市上西山町4-3	備中高梁稲荷神社	岡山県高梁市落合町近似117
御館山稲荷神社	長崎県諫早市宇都61-1・61-3	祇園神社	岡山県倉敷市下津井1-13-16
福良天満宮	大分県臼杵市福良211	阿智神社	岡山県倉敷市本町12-1
東霧島神社	宮崎県都城市高崎町東霧島1560	旭山神社	広島県広島市西区己斐西町12-10
加藤神社	熊本県熊本市本丸2-1	稲生神社	広島県広島市南区稲荷町2-12
大宮神社	熊本県山鹿市山鹿196	大瀧神社	広島県大竹市白石1-4-1
本妙寺	熊本県熊本市西区花園4-13-1	宮崎神社	広島県東広島市福富町下竹仁640
佛願寺	熊本県熊本市西区花園1-18-15	豊国神社	広島県廿日市市宮島町1-1
北岡神社	熊本県熊本市西区春日1-8-16	三蔵稲荷神社	広島県福山市丸之内1-8-7
藤崎八旛宮	熊本県熊本市中央区井川淵町3-1	艮神社	広島県福山市北吉津町1-5-24
益救神社	鹿児島県熊毛郡屋久島町宮之浦27747	赤間神宮	山口県下関市阿弥陀寺町4-1
枚聞神社	鹿児島県指宿市開聞十町1366	亀山八幡宮	山口県下関市中之町1-1
		忌宮神社	山口県下関市長府宮の内町1-18
		椎尾八幡宮	山口県岩国市岩国4-1-8
		山口大神宮	山口県山口市滝町4-4
		防府天満宮	山口県防府市松崎町14-1
		太皷谷稲成神社	島根県鹿足郡津和野町後田409
		濱田護國神社	島根県浜田市殿町123-10
		石手寺	愛媛県松山市石手2-9-21
		浄土寺	愛媛県松山市鷹子町1198
		繁多寺	愛媛県松山市畑寺町32
		平等寺	徳島県阿南市新野町秋山177
		十楽寺	徳島県阿波市土成町高尾法教田58
		法輪寺	徳島県阿波市土成町土成田中198-2
		八坂寺	徳島県海部郡海陽町浅川中相15
		恩山寺	徳島県小松島市田野町恩山寺谷40
		井戸寺	徳島県徳島市国府町井戸北屋敷80-1
		国分寺	徳島県徳島市国府町矢野718-1
		春日神社	徳島県徳島市眉山町大滝山1
		大日寺	徳島県板野郡板野町黒谷居内28

掲載御朱印　五十音順　索引

神社名	読み	都道府県	ページ
生國魂神社	いくくにたまじんじゃ	大阪府	235
井草八幡宮	いぐさはちまんぐう	東京都	83
生島足島神社	いくしまたるしまじんじゃ	長野県	144
生田神社	いくたじんじゃ	兵庫県	250
池上本門寺	いけがみほんもんじ	東京都	93
伊古奈比咩命神社	いこなひめのみことじんじゃ	静岡県	171
伊佐須美神社	いさすみじんじゃ	福島県	69
伊弉諾神宮	いざなぎじんぐう	兵庫県	253
諫早神社	いさはやじんじゃ	長崎県	315
伊雑宮	いざわのみや	三重県	191
石川護国神社	いしかわごこくじんじゃ	石川県	159
石切劔箭神社	いしきりつるぎやじんじゃ	大阪府	240
石鎚神社	いしづちじんじゃ	愛媛県	298
石手寺	いしてじ	愛媛県	299
石薬師寺	いしやくしじ	三重県	194
石山寺	いしやまでら	滋賀県	47
伊豆山神社	いずさんじんじゃ	静岡県	176
出石神社	いずしじんじゃ	兵庫県	255
出雲大神宮	いずもだいじんぐう	京都府	220
伊勢崎神社	いせさきじんじゃ	群馬県	114
伊勢神宮 皇大神宮	いせじんぐう こうたいじんぐう	三重県	50
伊勢神宮 豊受大神宮	いせじんぐう とようけだいじんぐう	三重県	50
伊勢神宮 伊雑宮	いせじんぐう いざわのみや	三重県	191
伊勢神宮 瀧原宮	いせじんぐう たきはらのみや	三重県	190
伊勢神宮 月讀宮	いせじんぐう つきよみのみや	三重県	190
伊勢神宮 月夜見宮	いせじんぐう つきよみのみや	三重県	190
伊勢神宮 倭姫宮	いせじんぐう やまとひめのみや	三重県	190
伊勢宮	いせのみや	長崎県	316
伊勢山皇大神宮	いせやまこうたいじんぐう	神奈川県	129
石上神宮	いそのかみじんぐう	奈良県	45
石上布都魂神社	いそのかみふつみたまじんじゃ	岡山県	273
伊曽乃神社	いそのじんじゃ	愛媛県	298
石園座多久虫玉神社	いそのにますたくむしたまじんじゃ	奈良県	244
伊太祁曽神社	いたきそじんじゃ	和歌山県	262
鮨幣稲荷神社	いたちべいいなりじんじゃ	岩手県	58
射楯兵主神社	いたてひょうずじんじゃ	兵庫県	254
一宮寺	いちのみやじ	香川県	289
一之宮貫前神社	いちのみやぬきさきじんじゃ	群馬県	113
一畑寺	いちばたじ	島根県	266
一休寺	いっきゅうじ	京都府	221
嚴島神社	いつくしまじんじゃ	広島県	276
一心寺	いっしんじ	大阪府	238
出雲大社	いづもおおやしろ	島根県	267
威徳寺	いとくじ	東京都	76
稲毛神社	いなげじんじゃ	神奈川県	130
伊奈波神社	いなばじんじゃ	岐阜県	167
稲荷鬼王神社	いなりきおうじんじゃ	東京都	80
茨城縣護國神社	いばらきけんごこくじんじゃ	茨城県	106
今戸神社	いまどじんじゃ	東京都	87
新日吉神宮	いまひえじんぐう	京都府	35
今宮戎神社	いまみやえびすじんじゃ	大阪府	237
射水神社	いみずじんじゃ	富山県	155
弥谷寺	いやだにじ	香川県	291
伊豫豆比古命神社	いよずひこのみことじんじゃ	愛媛県	295

あ

神社名	読み	都道府県	ページ
愛知縣護國神社	あいちけんごこくじんじゃ	愛知県	186
敢國神社	あえくにじんじゃ	三重県	192
青井阿蘇神社	あおいあそじんじゃ	熊本県	318
青島神社	あおしまじんじゃ	宮崎県	319
青葉神社	あおばじんじゃ	宮城県	64
赤神神社 五社堂	あかがみじんじゃ ごしゃどう	秋田県	66
赤城神社	あかぎじんじゃ	東京都	81
赤坂氷川神社	あかさかひかわじんじゃ	東京都	76
赤羽八幡神社	あかばねはちまんじんじゃ	東京都	91
秋篠寺	あきしのでら	奈良県	246
秋田県護國神社	あきたけんごこくじんじゃ	秋田県	65
秋葉山本宮秋葉神社	あきはさんほんぐうあきはじんじゃ	静岡県	176
赤穂大石神社	あこうおおいしじんじゃ	兵庫県	252
阿佐ヶ谷神明宮	あさがやしんめいぐう	東京都	83
浅草神社	あさくさじんじゃ	東京都	12,89
安里八幡宮	あさとはちまんぐう	沖縄県	325
朝日森天満宮	あさひもりてんまんぐう	栃木県	109
浅間神社	あさまじんじゃ	山梨県	140
朝熊岳金剛證寺	あさまだけこんごうしょうじ	三重県	191
足利織姫神社	あしかがおりひめじんじゃ	栃木県	111
飛鳥寺	あすかでら	奈良県	242
阿豆佐味天神社	あずさみてんじんじゃ	東京都	101
足羽神社	あすわじんじゃ	福井県	27
阿蘇神社	あそじんじゃ	熊本県	316
愛宕神社	あたごじんじゃ	東京都	91
熱田神宮	あつたじんぐう	愛知県	187
穴太寺	あなおじ	京都府	220
穴八幡宮	あなはちまんぐう	東京都	80
穴守稲荷神社	あなもりいなりじんじゃ	東京都	92
安仁神社	あにじんじゃ	岡山県	52
阿部野神社	あべのじんじゃ	大阪府	236
安倍文殊院	あべもんじゅいん	奈良県	242
天岩戸神社	あまのいわとじんじゃ	宮崎県	321
天安河原宮	あまのやすかわらぐう	宮崎県	321
鮎貝八幡宮	あゆかいはちまんぐう	山形県	67
荒立神社	あらたてじんじゃ	宮崎県	320
新屋山神社	あらややまじんじゃ	山梨県	143
安房神社	あわじんじゃ	千葉県	125
粟田神社	あわたじんじゃ	京都府	19,218
安国寺	あんこくじ	広島県	280
安楽寺	あんらくじ	埼玉県	119
安楽寺	あんらくじ	長野県	145
安楽寺	あんらくじ	滋賀県	231
安楽寺	あんらくじ	徳島県	287
安楽寺	あんらくじ	高知県	303

い

神社名	読み	都道府県	ページ
井伊谷宮	いいのやぐう	静岡県	27
医王寺	いおうじ	石川県	158
医王寺	いおうじ	広島県	280
坐摩神社	いかすりじんじゃ	大阪府	235
伊香保神社	いかほじんじゃ	群馬県	114
息栖神社	いきすじんじゃ	茨城県	108
生目神社	いきめじんじゃ	宮崎県	319

王子神社	おうじじんじゃ	東京都	98
近江神宮	おうみじんぐう	滋賀県	47
大縣神社	おおあがたじんじゃ	愛知県	180
大麻比古神社	おおあさひこじんじゃ	徳島県	287
大洗磯前神社	おおあらいいそさきじんじゃ	茨城県	107
大井神社	おおいじんじゃ	静岡県	175
大浦諏訪神社	おおうらすわじんじゃ	長崎県	314
大神山神社	おおがみやまじんじゃ	鳥取県	265
大國魂神社	おおくにたまじんじゃ	東京都	100
大窪寺	おおくぼじ	香川県	288
大阪護國神社	おおさかごこくじんじゃ	大阪府	234
大阪城豊國神社	おおさかじょうほうこくじんじゃ	大阪府	239
大阪天満宮	おおさかてんまんぐう	大阪府	237
大前神社	おおさきじんじゃ	栃木県	110
大杉神社	おおすぎじんじゃ	茨城県	105
鷲神社	おおとりじんじゃ	東京都	89
大鳥大社	おおとりたいしゃ	大阪府	234
大野湊神社	おおのみなとじんじゃ	石川県	159
大御堂寺	おおみどうじ	愛知県	181
大宮八幡宮	おおみやはちまんぐう	東京都	83
大神神社	おおみわじんじゃ	奈良県	44
大山阿夫利神社	おおやまあふりじんじゃ	神奈川県	134
大山祇神社	おおやまづみじんじゃ	愛媛県	294
大和神社	おおやまとじんじゃ	奈良県	44
岡﨑神社	おかざきじんじゃ	京都府	203
岡寺	おかでら	奈良県	241
御釜神社	おかまじんじゃ	宮城県	63
岡山縣護國神社	おかやまけんごこくじんじゃ	岡山県	270
岡山神社	おかやまじんじゃ	岡山県	272
於菊稲荷神社	おきくいなりじんじゃ	群馬県	114
沖宮	おきのぐう	沖縄県	326
小國神社	おくにじんじゃ	静岡県	173
恐山 菩提寺	おそれざん ぼだいじ	青森県	56
乙津寺	おっしんじ	岐阜県	167
おのころ島神社	おのころまじんじゃ	兵庫県	253
小野神社	おのじんじゃ	東京都	87
小野照崎神社	おのてるさきじんじゃ	東京都	87
小室浅間神社	おむろせんげんじんじゃ	山梨県	143
思金神社	おもいかねじんじゃ	神奈川県	129
尾山神社	おやまじんじゃ	石川県	160
雄神神社 芦峅中宮 祈願殿	おやまじんじゃ あしくらちゅうぐう きがんでん	富山県	154
雄山神社 前立社壇	おやまじんじゃ まえだてしゃだん	富山県	154
尾張大國霊神社	おわりおおくにたまじんじゃ	愛知県	179
園城寺	おんじょうじ	滋賀県	227
温泉寺	おんせんじ	岐阜県	166
か			
海雲寺	かいうんじ	東京都	95
海岸寺	かいがんじ	香川県	292
開元寺	かいげんじ	長崎県	315
海心寺	かいしんじ	福岡県	310
甲斐善光寺	かいぜんこうじ	山梨県	141
皆中稲荷神社	かいちゅういなりじんじゃ	東京都	82
海龍王寺	かいりゅうおうじ	奈良県	249
海龍寺	かいりゅうじ	広島県	278

居木神社	いるぎじんじゃ	東京都	94
岩木山神社	いわきやまじんじゃ	青森県	57
石清水八幡宮	いわしみずはちまんぐう	京都府	37
伊和神社	いわじんじゃ	兵庫県	250
石都々古和気神社	いわつつこわけじんじゃ	福島県	70
岩屋寺	いわやじ	愛媛県	297
引接寺	いんじょうじ	福井県	161
引接寺	いんじょうじ	京都府	209
忌部神社	いんべじんじゃ	徳島県	286
う			
上杉神社	うえすぎじんじゃ	山形県	69
上野天満宮	うえのてんまんぐう	愛知県	189
上野東照宮	うえのとうしょうぐう	東京都	90
宇佐神宮	うさじんぐう	大分県	53
潮江天満宮	うしおえてんまんぐう	高知県	302
牛久大仏	うしくだいぶつ	茨城県	106
牛嶋神社	うしじまじんじゃ	東京都	99
内間木神社	うちまぎじんじゃ	埼玉県	17
宇都宮二荒山神社	うつのみやふたあらやまじんじゃ	栃木県	108
善知鳥神社	うとうじんじゃ	青森県	57
鵜戸神宮	うどじんぐう	宮崎県	320
宇奈月神社	うなづきじんじゃ	富山県	156
宇倍神社	うべじんじゃ	鳥取県	264
雨寶院	うほういん	石川県	160
宇美八幡宮	うみはちまんぐう	福岡県	310
梅宮大社	うめのみやたいしゃ	京都府	30
浦上皇大神宮	うらかみこうたいじんぐう	長崎県	314
雲辺寺	うんぺんじ	徳島県	285
え			
永国寺	えいこくじ	熊本県	318
英信寺	えいしんじ	東京都	88
永福寺	えいふくじ	京都府	212
栄福寺	えいふくじ	愛媛県	293
永平寺	えいへいじ	福井県	161
永保寺	えいほうじ	岐阜県	169
江田神社	えだじんじゃ	宮崎県	318
越中立山雄賀宮	えっちゅうたてやまたがぐう	富山県	154
江島神社	えのしまじんじゃ	神奈川県	134
愛媛縣護國神社	えひめけんごこくじんじゃ	愛媛県	295
圓教寺	えんぎょうじ	兵庫県	254
円光院	えんこういん	山梨県	140
円興寺	えんこうじ	岐阜県	169
圓光寺	えんこうじ	京都府	203
延光寺	えんこうじ	高知県	304
円政寺	えんせいじ	山口県	282
円通院	えんつういん	宮城県	63
圓通寺	えんつうじ	愛知県	187
圓通寺	えんつうじ	京都府	204
円明寺	えんみょうじ	愛媛県	297
延命院	えんめいいん	神奈川県	129
延命寺	えんめいじ	愛媛県	293
延暦寺	えんりゃくじ	滋賀県	226
お			
御岩神社	おいわじんじゃ	茨城県	107

名称	読み	都道府県	頁
観音寺	かんのんじ	愛知県	186
観音寺	かんのんじ	三重県	194
観音寺	かんのんじ	京都府	223
観音寺	かんのんじ	徳島県	286
観音寺	かんのんじ	香川県	288
神柱宮	かんばしらぐう	宮崎県	322
観龍寺	かんりゅうじ	岡山県	273

き

名称	読み	都道府県	頁
菊池神社	きくちじんじゃ	熊本県	317
菊名神社	きくなじんじゃ	神奈川県	132
鬼子母神堂	きしもじんどう	東京都	97
紀州東照宮	きしゅうとうしょうぐう	和歌山県	261
喜多院	きたいん	埼玉県	118
北口本宮冨士浅間神社	きたぐちほんぐうふじせんげんじんじゃ	山梨県	143
北野天満宮	きたのてんまんぐう	京都府	18, 33
北畠神社	きたばたけじんじゃ	三重県	193
吉祥寺	きちじょうじ	愛媛県	299
吉田寺	きちでんじ	奈良県	242
來宮神社	きのみやじんじゃ	静岡県	176
木之本地蔵院	きのもとじぞういん	滋賀県	232
吉備津神社	きびつじんじゃ	岡山県	271
吉備津神社	きびつじんじゃ	広島県	280
吉備津彦神社	きびつひこじんじゃ	岡山県	271
岐阜護國神社	ぎふごこくじんじゃ	岐阜県	167
貴船神社	きふねじんじゃ	京都府	29
紀三井寺	きみいでら	和歌山県	262
教王護国寺	きょうおうごこくじ	京都府	196
教学院	きょうがくいん	東京都	84
京都霊山護國神社	きょうとりょうぜんごこくじんじゃ	京都府	215
玉龍寺	ぎょくりゅうじ	岐阜県	166
清荒神清澄寺	きよしこうじんせいちょうじ	兵庫県	255
清水寺	きよみずでら	京都府	34
清水寺	きよみずでら	大阪府	238
清水寺	きよみずでら	長崎県	313
魚籃寺	ぎょらんじ	東京都	76
霧島神宮	きりしまじんぐう	鹿児島県	325
切幡寺	きりはたじ	徳島県	284
金城寺	きんじょうじ	富山県	15, 156
金峯神社	きんぶじんじゃ	新潟県	152
金峯山寺	きんぷせんじ	奈良県	241

く

名称	読み	都道府県	頁
久遠寺	くおんじ	山梨県	142
草部吉見神社	くさかべよしみじんじゃ	熊本県	317
櫛田神社	くしだじんじゃ	福岡県	308
穂嚢神社	くしふるじんじゃ	宮崎県	321
九頭龍寺	くずりゅうじ	福井県	162
久能山東照宮	くのうざんとうしょうぐう	静岡県	174
九品寺	くほんじ	奈良県	241
熊谷寺	くまだにじ	徳島県	284
熊野大社	くまのたいしゃ	山形県	68
熊野大社	くまのたいしゃ	島根県	268
熊野那智大社	くまのなちたいしゃ	和歌山県	259
熊野速玉大社	くまのはやたまたいしゃ	和歌山県	258
熊野本宮大社	くまのほんぐうたいしゃ	和歌山県	258

名称	読み	都道府県	頁
花岳寺	かがくじ	兵庫県	253
鶴満寺	かくまんじ	大阪府	239
覚林寺	かくりんじ	東京都	77
鶴林寺	かくりんじ	徳島県	285
鹿児島縣護國神社	かごしまけんごこくじんじゃ	鹿児島県	324
鹿兒島神宮	かごしまじんぐう	鹿児島県	324
笠置寺	かさぎでら	京都府	223
笠間稲荷神社	かさまいなりじんじゃ	茨城県	105
香椎宮	かしいぐう	福岡県	306
橿原神宮	かしはらじんぐう	奈良県	43
鹿島神宮	かしまじんぐう	茨城県	105
勧修寺	かじゅうじ	京都府	207
嘉祥寺	かしょうじ	京都府	219
春日大社	かすがたいしゃ	奈良県	42
春日部八幡神社	かすかべはちまんじんじゃ	埼玉県	117
勝尾寺	かつおじ	大阪府	239
勝手神社	かつてじんじゃ	奈良県	247
香取神宮	かとりじんぐう	千葉県	125
香取神社	かとりじんじゃ	千葉県	13
金櫻神社	かなざくらじんじゃ	山梨県	141
金鑚神社	かなさなじんじゃ	埼玉県	117
金澤神社	かなざわじんじゃ	石川県	157
金蛇水神社	かなへびすいじんじゃ	宮城県	62
蟹満寺	かにまんじ	京都府	224
金崎宮	かねがさきぐう	福井県	27
叶神社（西）	かのうじんじゃ（にし）	神奈川県	131
叶神社（東）	かのうじんじゃ（ひがし）	神奈川県	131
釜石大観音	かまいしかんのん	岩手県	59
鎌倉宮	かまくらぐう	神奈川県	25
竈門神社	かまどじんじゃ	福岡県	310
神倉神社	かみくらじんじゃ	和歌山県	261
亀有香取神社	かめありかとりじんじゃ	東京都	72
亀戸香取神社	かめいどかとりじんじゃ	東京都	73
亀戸浅間神社	かめいどせんげんじんじゃ	東京都	13
亀戸天神社	かめいどてんじんしゃ	東京都	73
亀ヶ池八幡宮	かめがいけはちまんぐう	神奈川県	133
亀山神社	かめやまじんじゃ	広島県	274
賀茂神社	かもじんじゃ	愛知県	189
賀茂御祖神社	かもみおやじんじゃ	京都府	28
賀茂別雷神社	かもわけいかづちじんじゃ	京都府	28
唐澤山神社	からさわやまじんじゃ	栃木県	110
烏森神社	からすもりじんじゃ	東京都	76
唐松神社	からまつじんじゃ	秋田県	66
川越八幡宮	かわごえはちまんぐう	埼玉県	118
川越氷川神社	かわごえひかわじんじゃ	埼玉県	118
川勾神社	かわわじんじゃ	神奈川県	135
寛永寺	かんえいじ	東京都	88
元興寺	がんごうじ	奈良県	248
観自在寺	かんざいじ	愛媛県	300
岩松院	がんしょういん	長野県	149
岩水寺	がんすいじ	静岡県	177
観世音寺	かんぜおんじ	福岡県	54
岩船寺	がんせんじ	京都府	224
神田神社	かんだじんじゃ	東京都	86

344

粉河寺	こかわでら	和歌山県	257
國分寺	こくぶんじ	香川県	289
国分寺	こくぶんじ	愛媛県	294
国分寺	こくぶんじ	高知県	304
極楽寺	ごくらくじ	静岡県	173
極楽寺	ごくらくじ	兵庫県	252
御香宮神社	ごこうのみやじんじゃ	京都府	219
護国寺	ごこくじ	東京都	95
古四王神社	こしおうじんじゃ	秋田県	65
五社神社・諏訪神社	ごしゃじんじゃ・すわじんじゃ	静岡県	176
金刀比羅大鷲神社	ことひらおおとりじんじゃ	神奈川県	132
金刀比羅宮	ことひらぐう	香川県	292
籠神社	このじんじゃ	京都府	221
駒形神社	こまがたじんじゃ	岩手県	59
高麗神社	こまじんじゃ	埼玉県	119
子守神社	こまもりじんじゃ	千葉県	128
小御門神社	こみかどじんじゃ	千葉県	126
御靈神社(上御靈神社)	ごりょうじんじゃ(かみごりょうじんじゃ)	京都府	210
金戒光明寺	こんかいこうみょうじ	京都府	210
金剛王院	こんごうおういん	京都府	216
金剛三昧院	こんごうさんまいいん	和歌山県	261
金剛寺	こんごうじ	東京都	102
金剛頂寺	こんごうちょうじ	高知県	303
金剛福寺	こんごうふくじ	高知県	304
金剛峯寺	こんごうぶじ	和歌山県	256
金乗院	こんじょういん	東京都	97
金泉寺	こんせんじ	徳島県	287
金地院	こんちいん	東京都	74
金王八幡宮	こんのうはちまんぐう	東京都	78
根本寺	こんぽんじ	新潟県	151

さ

西院春日神社	さいいんかすがじんじゃ	京都府	199
西圓寺	さいえんじ	滋賀県	230
最教寺	さいきょうじ	長崎県	315
西光寺	さいこうじ(かむろかやどう)	和歌山県	260
西國寺	さいこくじ	広島県	278
最勝院	さいしょういん	青森県	56
最勝寺	さいしょうじ	東京都	72
最乗寺	さいじょうじ	神奈川県	138
西大寺	さいだいじ	奈良県	41
西大寺	さいだいじ	岡山県	270
西福寺	さいふくじ	福井県	163
西福寺	さいふくじ	愛知県	180
西芳寺	さいほうじ	京都府	209
西方寺	さいほうじ	広島県	275
西明寺	さいみょうじ	栃木県	112
西明寺	さいみょうじ	京都府	202
西林寺	さいりんじ	愛媛県	296
西蓮寺	さいれんじ	三重県	191
寒河江八幡宮	さがえはちまんぐう	山形県	66
佐賀縣護國神社	さがけんごこくじんじゃ	佐賀県	311
佐嘉神社	さがじんじゃ	佐賀県	311
酒列磯前神社	さかつらいそさきじんじゃ	茨城県	105
酒見寺	さがみじ	兵庫県	52

熊本県護国神社	くまもとけんごこくじんじゃ	熊本県	317
弘明寺	ぐみょうじ	神奈川県	130
鞍馬寺	くらまでら	京都府	202
倶利迦羅不動寺	くりからふどうじ	石川県	157
車折神社	くるまざきじんじゃ	京都府	200
群馬縣護國神社	ぐんまけんごこくじんじゃ	群馬県	112

け

鶏足寺	けいそくじ	滋賀県	231
警固神社	けごじんじゃ	福岡県	307
華厳寺	けごんじ	岐阜県	171
華厳寺	けごんじ	京都府	209
氣多大社	けたたいしゃ	石川県	157
月照寺	げっしょうじ	島根県	266
氣比神宮	けひじんぐう	福井県	26
検見川神社	けみがわじんじゃ	千葉県	123
毛谷黒龍神社	けやくろたつじんじゃ	福井県	164
建勲神社	けんくんじんじゃ	京都府	220
源光庵	げんこうあん	京都府	220
乾坤院	けんこんいん	愛知県	181
建長寺	けんちょうじ	神奈川県	133
建仁寺	けんにんじ	京都府	214

こ

小網神社	こあみじんじゃ	東京都	91
光悦寺	こうえつじ	京都府	217
高円寺氷川神社	こうえんじひかわじんじゃ	東京都	15
香園寺	こうおんじ	愛媛県	299
高岩寺	こうがんじ	東京都	98
興国寺	こうこくじ	和歌山県	262
耕三寺	こうさんじ	広島県	277
高山寺	こうざんじ	和歌山県	258
功山寺	こうざんじ	山口県	281
香積寺	こうじゃくじ	愛知県	184
糀谷八幡宮	こうじやはちまんぐう	埼玉県	13
高照寺	こうしょうじ	千葉県	126
興正寺	こうしょうじ	愛知県	185
興聖寺	こうしょうじ	京都府	222
向上寺	こうじょうじ	広島県	277
鴻神社	こうじんじゃ	埼玉県	122
光泉寺	こうせんじ	群馬県	113
興禅寺	こうぜんじ	長野県	150
高台寺	こうだいじ	京都府	213
高知県護国神社	こうちけんごこくじんじゃ	高知県	302
高津宮	こうづぐう	大阪府	236
光徳寺	こうとくじ	長野県	150
神峯寺	こうのみねじ	高知県	300
興福寺	こうふくじ	奈良県	245
興福寺	こうふくじ	長崎県	313
光明寺	こうみょうじ	京都府	222
高野山東京別院	こうやさんとうきょうべついん	東京都	74
高養寺	こうようじ	神奈川県	137
高良大社	こうらたいしゃ	福岡県	309
広隆寺	こうりゅうじ	京都府	201
護王神社	ごおうじんじゃ	京都府	207
黄金山神社	こがねやまじんじゃ	宮城県	64

松陰神社	しょういんじんじゃ	東京都	84
松雲寺	しょううんじ	静岡県	171
常栄寺	じょうえいじ	山口県	281
浄感寺	じょうかんじ	静岡県	172
勝源寺	しょうげんじ	島根県	269
聖護院	しょうごいん	京都府	204
勝興寺	しょうこうじ	富山県	155
星谷寺	しょうこくじ	神奈川県	136
相国寺	しょうこくじ	京都府	208
荘厳寺	しょうごんじ	東京都	78
小山寺	しょうさんじ	岐阜県	170
焼山寺	しょうざんじ	徳島県	287
常寂光寺	じょうじゃっこうじ	京都府	198
定勝寺	じょうしょうじ	長野県	150
常照寺	じょうしょうじ	京都府	217
常照寺	じょうしょうじ	兵庫県	249
常泉寺	じょうせんじ	愛知県	186
聖天院	しょうでんいん	埼玉県	119
正伝寺	しょうでんじ	京都府	217
浄土寺	じょうどじ	愛知県	179
浄土寺	じょうどじ	広島県	278
正福寺	しょうふくじ	茨城県	106
聖福寺	しょうふくじ	長崎県	313
正法寺	しょうぼうじ	岐阜県	168
常楽寺	じょうらくじ	長野県	144
常楽寺	じょうらくじ	徳島県	286
勝林院	しょうりんいん	京都府	206
浄瑠璃寺	じょうるりじ	京都府	224
浄瑠璃寺	じょうるりじ	愛媛県	296
青蓮院門跡	しょうれんいんもんぜき	京都府	213
照蓮寺	しょうれんじ	広島県	275
乗蓮寺	じょうれんじ	東京都	94
丈六寺	じょうろくじ	徳島県	286
白鷺神社	しらさぎじんじゃ	栃木県	110
白峯神宮	しらみねじんぐう	京都府	32
白山比咩神社	しらやまひめじんじゃ	石川県	160
白和	しろみねじ	香川県	291
志和稲荷神社	しわいなりじんじゃ	岩手県	59
志波彦神社	しわひこじんじゃ	宮城県	63
新栄寺	しんえいじ	北海道	56
真源寺	しんげんじ	東京都	87
神光院	じんこういん	京都府	217
神護寺	じんごじ	京都府	202
新宿十二社熊野神社	しんじゅくじゅうにそうくまのじんじゃ	東京都	82
新勝寺	しんしょうじ	千葉県	127
津照寺	しんしょうじ	高知県	304
深大寺	じんだいじ	東京都	100
神童寺	じんどうじ	京都府	224
神恵院	じんねいん	香川県	289
真福寺	しんぷくじ	愛知県	186
神武寺	じんむじ	神奈川県	137
神明神社	しんめいじんじゃ	福井県	164
新薬師寺	しんやくしじ	奈良県	248

す

相模原氷川神社	さがみはらひかわじんじゃ	神奈川県	133
前鳥神社	さきとりじんじゃ	神奈川県	135
櫻木神社	さくらぎじんじゃ	東京都	96
櫻木神社	さくらぎじんじゃ	千葉県	128
櫻山八幡宮	さくらやまはちまんぐう	岐阜県	169
西寒多神社	ささむたじんじゃ	大分県	322
佐太神社	さだじんじゃ	島根県	267
眞田神社	さなだじんじゃ	長野県	151
狭野神社	さのじんじゃ	宮崎県	321
座間神社	ざまじんじゃ	神奈川県	136
寒川神社	さむかわじんじゃ	神奈川県	135
サムハラ神社	さむはらじんじゃ	大阪府	238
猿賀神社	さるがじんじゃ	青森県	58
猿田彦神社	さるたひこじんじゃ	三重県	192
猿田彦神社	さるたひこじんじゃ	京都府	199
三角寺	さんかくじ	愛媛県	295
三光稲荷神社	さんこういなりじんじゃ	愛知県	180
三光寺	さんこうじ	愛知県	184
三千院	さんぜんいん	京都府	205
三佛寺	さんぶつじ	鳥取県	266
三宝寺	さんぽうじ	東京都	98

し

鹽竈神社	しおがまじんじゃ	宮城県	63
塩船観音寺	しおふねかんのんじ	東京都	101
慈恩寺	じおんじ	埼玉県	116
慈恩禅寺	じおんぜんじ	岐阜県	168
志賀海神社	しかうみじんじゃ	福岡県	307
滋賀縣護國神社	しがけんごこくじんじゃ	滋賀県	233
識名宮	しきなぐう	沖縄県	326
慈眼院	じげんいん	群馬県	112
持光寺	じこうじ	広島県	279
慈照寺	じしょうじ	京都府	204
四條畷神社	しじょうなわてじんじゃ	大阪府	233
静岡縣護國神社	しずおかけんごこくじんじゃ	静岡県	174
地蔵院	じぞういん	京都府	209
地蔵禅院	じぞうぜんいん	京都府	223
慈尊院	じそんいん	和歌山県	260
下谷神社	したやじんじゃ	東京都	92
実相院門跡	じっそういんもんぜき	京都府	204
実相寺	じっそうじ	新潟県	151
四天王寺	してんのうじ	大阪府	236
慈徳院	じとくいん	岐阜県	170
倭文神社	しとりじんじゃ	鳥取県	265
品川神社	しながわじんじゃ	東京都	95
芝大神宮	しばだいじんぐう	東京都	74
石道寺	しゃくどうじ	滋賀県	231
寂光院	じゃっこういん	愛知県	180
寂光院	じゃっこういん	京都府	206
自由が丘熊野神社	じゆうがおかくまのじんじゃ	東京都	91
十条冨士神社	じゅうじょうふじじんじゃ	東京都	98
十番稲荷神社	じゅうばんいなりじんじゃ	東京都	77
十輪院	じゅうりんいん	奈良県	246
十輪寺	じゅうりんじ	京都府	212
修禅寺	しゅぜんじ	静岡県	172

大稲荷神社	だいいなりじんじゃ	神奈川県	132	瑞雲寺	ずいうんじ	長崎県	315
大雄寺	だいおうじ	岐阜県	168	瑞巌寺	ずいがんじ	宮城県	64
大恩寺	だいおんじ	愛知県	183	隋心院	ずいしんいん	京都府	207
大岳院	だいがくいん	鳥取県	264	瑞泉寺	ずいせんじ	愛知県	187
大覚寺	だいかくじ	静岡県	174	水天宮	すいてんぐう	福岡県	309
大覚寺	だいかくじ	京都府	200	瑞龍寺	ずいりゅうじ	滋賀県	229
大願寺	だいがんじ	広島県	276	瑞林寺	ずいりんじ	岐阜県	170
題経寺	だいきょうじ	東京都	72	末吉宮	すえよしぐう	沖縄県	326
醍醐寺	だいごじ	京都府	216	菅原院天満宮神社	すがわらいんてんまんぐうじんじゃ	京都府	208
醍醐寺	だいごじ	滋賀県	231	宗鏡寺	すきょうじ	兵庫県	255
大山寺	たいさんじ	広島県	278	菅生石部神社	すごういそべじんじゃ	石川県	159
泰山寺	たいさんじ	愛媛県	294	須佐神社	すさじんじゃ	島根県	266
太山寺	たいさんじ	愛媛県	297	素盞雄神社	すさのおじんじゃ	東京都	77
大樹寺	だいじゅじ	愛知県	179	洲崎神社	すのさきじんじゃ	千葉県	123
大聖院	だいしょういん	広島県	276	須磨寺	すまでら	兵庫県	250
大盛寺	たいせいじ	東京都	101	隅田川神社	すみだがわじんじゃ	東京都	99
大山寺	だいせんじ	鳥取県	264	住吉神社	すみよしじんじゃ	山口県	281
大善寺	だいぜんじ	山梨県	140	住吉神社	すみよしじんじゃ	福岡県	308
胎蔵寺	たいぞうじ	大分県	323	住吉大社	すみよしたいしゃ	大阪府	38
大日寺	だいにちじ	高知県	300	諏訪大社 上社本宮	すわたいしゃ かみしゃほんみや	長野県	148
大福寺	だいふくじ	千葉県	124	諏訪大社 上社前宮	すわたいしゃ かみしゃまえみや	長野県	148
大佛寺	だいぶつじ	富山県	155	諏訪大社 下社秋宮	すわたいしゃ しもしゃあきみや	長野県	148
太平山三吉神社	たいへいざんみよしじんじゃ	秋田県	65	諏訪大社 下社春宮	すわたいしゃ しもしゃはるみや	長野県	148
大寶寺	だいほうじ	愛媛県	297	**せ**			
當麻寺	たいまでら	奈良県	241	青岸渡寺	せいがんとじ	和歌山県	51
太融寺	たいゆうじ	大阪府	237	清水寺	せいすいじ	島根県	270
泰立寺	たいりゅうじ	岡山県	272	晴明神社	せいめいじんじゃ	京都府	210
太龍寺	たいりゅうじ	徳島県	284	清涼寺	せいりょうじ	京都府	200
大寶寺	だいほうじ	愛媛県	297	関善光寺	せきぜんこうじ	岐阜県	166
高尾山薬王院	たかおさんやくおういん	東京都	102	世田谷山観音寺	せたがやさんかんのんじ	東京都	83
高瀬神社	たかせじんじゃ	富山県	154	世良田東照宮	せらだとうしょうぐう	群馬県	114
多賀大社	たがたいしゃ	滋賀県	228	泉岳寺	せんがくじ	東京都	75
高千穂神社	たかちほじんじゃ	宮崎県	320	善光寺	ぜんこうじ	長野県	27
瀧谷寺	たきだんじ	福井県	161	善國寺	ぜんこくじ	東京都	81
瀧宮神社	たきのみやじんじゃ	埼玉県	121	専修寺	せんじゅじ	三重県	51
瀧原宮	たきはらのみや	三重県	190	千樹禅寺	せんじゅぜんじ	滋賀県	230
建勲神社	たけいさおじんじゃ	京都府	19	浅草寺	せんそうじ	東京都	90
武雄神社	たけおじんじゃ	佐賀県	312	善通寺	ぜんつうじ	香川県	291
竹駒神社	たけこまじんじゃ	宮城県	62	善徳寺	ぜんとくじ	富山県	156
武田神社	たけだじんじゃ	山梨県	141	泉涌寺	せんにゅうじ	京都府	214
竹寺	たけでら	埼玉県	120	千葉寺	せんようじ	千葉県	124
建部大社	たけべたいしゃ	滋賀県	228	善楽寺	ぜんらくじ	高知県	302
武水別神社	たけみずわけじんじゃ	長野県	145	禅林寺	ぜんりんじ	京都府	203
太宰府天満宮	だざいふてんまんぐう	福岡県	309	禅林寺	ぜんりんじ	和歌山県	260
田島神明神社	たじましめいじんじゃ	埼玉県	17	**そ**			
多田神社	ただじんじゃ	兵庫県	253	摠見寺	そうけんじ	滋賀県	229
橘寺	たちばなでら	奈良県	242	總持寺	そうじじ	神奈川県	130
立江寺	たつえじ	徳島県	285	総持寺	そうじじ	大阪府	233
龍田大社	たつたたいしゃ	奈良県	45	總持寺祖院	そうじじそいん	石川県	161
多度大社	たどたいしゃ	三重県	193	惣宗寺	そうしゅうじ	栃木県	108
多摩川浅間神社	たまがわせんげんじんじゃ	東京都	92	増上寺	ぞうじょうじ	東京都	75
玉前神社	たまさきじんじゃ	千葉県	128	即成院	そくじょういん	京都府	218
玉敷神社	たましきじんじゃ	埼玉県	116	尊永寺	そんえいじ	静岡県	175
田村神社	たむらじんじゃ	香川県	290	**た**			
達磨寺	だるまじ	群馬県	113				

東光寺	とうこうじ	山梨県	141
東光寺	とうこうじ	兵庫県	252
東光寺	とうこうじ	山口県	282
東郷神社	とうごうじんじゃ	東京都	78
洞壽院	とうじゅいん	滋賀県	230
同聚院	どうじゅいん	京都府	219
東昌寺	とうしょうじ	神奈川県	138
道成寺	どうじょうじ	和歌山県	51
唐招提寺	とうしょうだいじ	奈良県	244
東大寺	とうだいじ	奈良県	39
道隆寺	どうりゅうじ	香川県	292
東林寺	とうりんじ	愛知県	183
十日恵比須神社	とおかえびすじんじゃ	福岡県	308
戸隠神社	とがくしじんじゃ	長野県	146
砥鹿神社	とがじんじゃ	愛知県	183
常磐神社	ときわじんじゃ	茨城県	107
徳寿寺	とくじゅじ	広島県	277
徳城寺	とくじょうじ	愛知県	184
吐月峰柴屋寺	とげっぽうさいおくじ	静岡県	174
土佐神社	とさじんじゃ	高知県	302
等々力不動尊	とどろきふどうそん	東京都	84
富岡八幡宮	とみおかはちまんぐう	東京都	73
遠見岬神社	とみさきじんじゃ	千葉県	126
等彌神社	とみじんじゃ	奈良県	243
富山縣護國神社	とやまけんごこくじんじゃ	富山県	155
豊川稲荷	とよかわいなり	愛知県	184
豊川稲荷東京別院	とよかわいなりとうきょうべついん	東京都	74
豊國神社	とよくにじんじゃ	愛知県	188
豊国神社	とよくにじんじゃ	京都府	215
鳥越神社	とりこえじんじゃ	東京都	88
鷲子山上神社	とりのこさんしょうじんじゃ	栃木県	109
十和田神社	とわだじんじゃ	青森県	57

な

長崎縣護国神社	ながさきけんごこくじんじゃ	長崎県	314
長田観音	ながたかんのん	和歌山県	257
長田神社	ながたじんじゃ	兵庫県	251
長野縣護國神社	ながのけんごこくじんじゃ	長野県	144
中野沼袋氷川神社	なかのぬまぶくろひかわじんじゃ	東京都	90
長浜八幡宮	ながはまはちまんぐう	滋賀県	232
中山神社	なかやまじんじゃ	岡山県	274
中山寺	なかやまでら	兵庫県	255
梨木神社	なしのきじんじゃ	京都府	207
那谷寺	なたでら	石川県	160
波上宮	なみのうえぐう	沖縄県	326
波除稲荷神社	なみよけいなりじんじゃ	東京都	93
奈良県護国神社	ならけんごこくじんじゃ	奈良県	244
成相寺	なりあいじ	京都府	221
成子天神社	なるこてんじんじゃ	東京都	79
南宮大社	なんぐうたいしゃ	岐阜県	170
南光坊	なんこうぼう	愛媛県	295
南谷寺	なんこくじ	東京都	97
南禅寺	なんぜんじ	京都府	31
南明寺	なんみょうじ	奈良県	246

に

達磨寺	だるまじ	静岡県	171
談山神社	たんざんじんじゃ	奈良県	247
誕生寺	たんじょうじ	千葉県	124
丹内山神社	たんないさんじんじゃ	岩手県	58
檀林寺	だんりんじ	京都府	199

ち

知恩院	ちおんいん	京都府	215
智恩寺	ちおんじ	京都府	221
竹林寺	ちくりんじ	高知県	303
智積院	ちしゃくいん	京都府	218
秩父神社	ちちぶじんじゃ	埼玉県	121
千葉縣護國神社	ちばけんごこくじんじゃ	千葉県	124
中禅寺	ちゅうぜんじ	長野県	144
中尊寺	ちゅうそんじ	岩手県	60, 61
長國寺	ちょうこくじ	長野県	145
長寿院	ちょうじゅいん	滋賀県	232
長壽寺	ちょうじゅじ	滋賀県	230
長生寺	ちょうせいじ	広島県	275
長命寺	ちょうめいじ	滋賀県	229
千栗八幡宮	ちりくはちまんぐう	佐賀県	312
知立神社	ちりゅうじんじゃ	愛知県	182
鎮西大社諏訪神社	ちんぜいたいしゃすわじんじゃ	長崎県	314

つ

調神社	つきじんじゃ	埼玉県	115
月讀宮	つきよみのみや	三重県	190
月夜見宮	つきよみのみや	三重県	190
築土神社	つくどじんじゃ	東京都	84
筑波山神社	つくばさんじんじゃ	茨城県	104
津島神社	つしまじんじゃ	愛知県	182
都農神社	つのじんじゃ	宮崎県	319
椿大神社	つばきおおかみやしろ	三重県	194
鶴岡八幡宮	つるがおかはちまんぐう	神奈川県	131
劒神社	つるぎじんじゃ	福井県	163
鶴峯八幡宮	つるみねはちまんぐう	千葉県	123

て

鉄舟寺	てっしゅうじ	静岡県	175
手長神社	てながじんじゃ	長野県	149
照國神社	てるくにじんじゃ	鹿児島県	324
光雲神社	てるもじんじゃ	福岡県	307
出羽三山神社 三神合祭殿	でわさんざんじんじゃ さんじんごうさいでん	山形県	68
伝香寺	でんこうじ	奈良県	247
天上寺	てんじょうじ	兵庫県	251
天徳院	てんとくいん	石川県	159
天徳寺	てんとくじ	福井県	162
天猷寺	てんにゅうじ	岐阜県	169
天皇寺	てんのうじ	香川県	291
天明稲荷神社	てんめいいなりじんじゃ	埼玉県	16
天龍院	てんりゅういん	埼玉県	120
天龍寺	てんりゅうじ	京都府	201

と

東圓寺	とうえんじ	山梨県	142
東京大神宮	とうきょうだいじんぐう	東京都	85
東京湾観音	とうきょうわんかんのん	千葉県	128
鬪雞神社	とうけいじんじゃ	和歌山県	258

ひ

名称	読み	都道府県	ページ
日枝神社	ひえじんじゃ	東京都	86
日枝神社	ひえじんじゃ	富山県	156
氷川神社	ひかわじんじゃ	埼玉県	116
久伊豆神社	ひさいづじんじゃ	埼玉県	116
毘沙門堂	びしゃもんどう	京都府	206
美女神社	びじょじんじゃ	埼玉県	17
聖神社	ひじりじんじゃ	埼玉県	121
羊神社	ひつじじんじゃ	愛知県	188
備中国総社宮	びっちゅうのくにそうじゃぐう	岡山県	274
人見神社	ひとみじんじゃ	千葉県	125
日前神宮・國懸神宮	ひのくまじんぐう・くにかかすじんぐう	和歌山県	262
日御碕神社	ひのみさきじんじゃ	島根県	267
比々多神社	ひびたじんじゃ	神奈川県	135
日牟禮八幡宮	ひむれはちまんぐう	滋賀県	229
姫島神社	ひめじまじんじゃ	大阪府	238
百済寺	ひゃくさいじ	滋賀県	232
兵庫縣神戸護國神社	ひょうごけんこうべごごくじんじゃ	兵庫県	251
兵庫縣姫路護國神社	ひょうごけんひめじごくじんじゃ	兵庫県	254
平等院	びょうどういん	京都府	222
日吉大社	ひよしたいしゃ	滋賀県	48
平河天満宮	ひらかわてんまんぐう	東京都	85
平塚八幡宮	ひらつかはちまんぐう	神奈川県	136
平野神社	ひらのじんじゃ	京都府	33
平濱八幡宮	ひらはまはちまんぐう	島根県	268
弘前八幡宮	ひろさきはちまんぐう	青森県	57
広島護国神社	ひろしまごこくじんじゃ	広島県	275
廣瀬神社	ひろせじんじゃ	大分県	322
廣瀬大社	ひろせたいしゃ	奈良県	45
廣田神社	ひろたじんじゃ	兵庫県	52
廣峯神社	ひろみねじんじゃ	兵庫県	254
備後護国神社	びんごごこくじんじゃ	広島県	279

ふ

名称	読み	都道府県	ページ
深川不動堂	ふかがわふどうどう	東京都	73
深志神社	ふかしじんじゃ	長野県	150
富貴寺	ふきじ	大分県	323
福井縣護国神社	ふくいけんごこくじんじゃ	福井県	163
福井神社	ふくいじんじゃ	福井県	164
不空院	ふくういん	奈良県	246
福岡縣護国神社	ふくおかけんごこくじんじゃ	福岡県	308
福厳寺	ふくごんじ	福岡県	311
福済寺	ふくさいじ	長崎県	313
福島縣護國神社	ふくしまけんごこくじんじゃ	福島県	70
福聚寺	ふくじゅじ	福岡県	310
福泉寺	ふくせんじ	岩手県	59
福徳神社	ふくとくじんじゃ	東京都	93
福山八幡宮	ふくやまはちまんぐう	広島県	279
豊財院	ぶざいいん	石川県	158
葛井寺	ふじいじ	大阪府	240
藤井寺	ふじいでら	徳島県	285
冨士御室浅間神社	ふじおむろせんげんじんじゃ	山梨県	142
藤崎八旛宮	ふじさきはちまんぐう	熊本県	317
富士山本宮浅間大社	ふじさんほんぐうせんげんたいしゃ	静岡県	177
藤島神社	ふじしまじんじゃ	福井県	164

名称	読み	都道府県	ページ
新潟縣護國神社	にいがたけんごこくじんじゃ	新潟県	153
新座観音 神護院	にいざかんのん じんごいん	埼玉県	117
丹生川上神社 上社	にうかわかみじんじゃ かみしゃ	奈良県	46
丹生川上神社 中社	にうかわかみじんじゃ なかしゃ	奈良県	46
丹生川上神社 下社	にうかわかみじんじゃ しもしゃ	奈良県	46
丹生官省符神社	にうかんしょうぶじんじゃ	和歌山県	261
丹生都比売神社	にうつひめじんじゃ	和歌山県	257
錦天満宮	にしきてんまんぐう	京都府	211
西宮神社	にしのみやじんじゃ	兵庫県	252
二尊院	にそんいん	京都府	201
日光東照宮	にっこうとうしょうぐう	栃木県	111
日光二荒山神社	にっこうふたらさんじんじゃ	栃木県	111
日泰寺	にったいじ	愛知県	185
日本寺	にほんじ	千葉県	122
若一王子神社	にゃくいちおうじじんじゃ	長野県	145
若一神社	にゃくいちじんじゃ	京都府	213
仁和寺	にんなじ	京都府	198

ぬ

名称	読み	都道府県	ページ
沼名前神社	ぬなくまじんじゃ	広島県	279

ね

名称	読み	都道府県	ページ
根来寺	ねごろじ	和歌山県	257
根香寺	ねごろじ	香川県	290
根津神社	ねづじんじゃ	東京都	95

の

名称	読み	都道府県	ページ
乃木神社	のぎじんじゃ	東京都	77
能勢妙見山	のせみょうけんざん	大阪府	240

は

名称	読み	都道府県	ページ
梅蔭禅寺	ばいいんぜんじ	静岡県	175
梅照院	ばいしょういん	東京都	94
羽賀寺	はがじ	福井県	162
萩原寺	はぎわらじ	香川県	288
白山神社	はくさんじんじゃ	東京都	97
白山神社	はくさんじんじゃ	新潟県	153
白山神社	はくさんじんじゃ	京都府	211
白兎神社	はくとじんじゃ	鳥取県	265
羽黒山荒澤寺正善院	はぐろさんこうたくじしょうぜんいん	山形県	68
筥崎宮	はこざきぐう	福岡県	306
箱根神社	はこねじんじゃ	神奈川県	138
迫間不動尊	はさまふどうそん	岐阜県	167
走水神社	はしりみずじんじゃ	神奈川県	131
長谷寺	はせでら	神奈川県	133
長谷寺	はせでら	奈良県	243
八大神社	はちだいじんじゃ	京都府	210
八大龍神社	はちだいりゅうじんじゃ	愛知県	189
八甲田神社	はっこうだじんじゃ	青森県	58
鳩森八幡神社	はとのもりはちまんじんじゃ	東京都	78
花園神社	はなぞのじんじゃ	東京都	80
花窟神社	はなのいわやじんじゃ	三重県	191
羽田神社	はねだじんじゃ	東京都	92
馬場都々古別神社	ばばつつこわけじんじゃ	福島県	70
埴生神社	はぶじんじゃ	千葉県	122
速谷神社	はやたにじんじゃ	広島県	277
針名神社	はりなじんじゃ	愛知県	188
般若寺	はんにゃじ	奈良県	248

松戸神社	まつどじんじゃ	千葉県	126	藤森神社	ふじのもりじんじゃ	京都府	19
松尾大社	まつのおたいしゃ	京都府	30	伏見稲荷大社	ふしみいなりたいしゃ	京都府	36
馬橋稲荷神社	まばしいなりじんじゃ	東京都	82	富知六所浅間神社	ふじろくしょせんげんじんじゃ	静岡県	178
間々田八幡宮	ままだはちまんぐう	栃木県	108	不退寺	ふたいじ	奈良県	248
満願寺	まんがんじ	山口県	282	両子寺	ふたごじ	大分県	322
満行寺	まんぎょうじ	島根県	269	布多天神社	ふだてんじんじゃ	東京都	101
曼殊院	まんしゅいん	京都府	203	二見興玉神社	ふたみおきたまじんじゃ	三重県	192
萬福寺	まんぷくじ	京都府	222	補陀洛山寺	ふだらくさんじ	和歌山県	259
み				佛山寺	ぶっさんじ	大分県	324
三重縣護國神社	みえけんごこくじんじゃ	三重県	193	仏木寺	ぶつもくじ	愛媛県	293
御金神社	みかねじんじゃ	京都府	211	普天満宮	ふてんまぐう	沖縄県	325
三嶋大社	みしまたいしゃ	静岡県	173	普門寺	ふもんじ	愛知県	183
水澤寺	みずさわでら	群馬県	113	古峯神社	ふるみねじんじゃ	栃木県	109
水間寺	みずまでら	大阪府	233	**へ**			
水若酢神社	みずわかすじんじゃ	島根県	270	平安神宮	へいあんじんぐう	京都府	32
三峯神社	みつみねじんじゃ	埼玉県	121	平間寺(川崎大師)	へいけんじ(かわさきだいし)	神奈川県	25
水戸東照宮	みととうしょうぐう	茨城県	106	幣立神宮	へいたてじんぐう	熊本県	318
水無神社	みなしじんじゃ	岐阜県	168	蛇窪神社	へびくぼじんじゃ	東京都	90
水無瀬神宮	みなせじんぐう	大阪府	38	箆取神社	へらとりじんじゃ	岡山県	273
湊稲荷神社	みなといなりじんじゃ	新潟県	152	遍照院	へんじょういん	愛知県	181
湊川神社	みなとがわじんじゃ	兵庫県	251	**ほ**			
壬生寺	みぶでら	京都府	211	方広寺	ほうこうじ	京都府	218
美保神社	みほじんじゃ	島根県	268	宝厳院	ほうごんいん	京都府	199
三室戸寺	みむろとじ	京都府	223	宝厳寺	ほうごんじ	滋賀県	47
宮城縣護國神社	みやぎけんごこくじんじゃ	宮城県	65	宝寿院	ほうじゅいん	愛知県	182
宮崎神宮	みやざきじんぐう	宮崎県	54	法乗院	ほうじょういん	東京都	72
宮戸神社	みやどじんじゃ	埼玉県	17	放生寺	ほうじょうじ	東京都	80
妙教寺	みょうきょうじ	岡山県	272	宝当神社	ほうとうじんじゃ	佐賀県	312
妙照寺	みょうしょうじ	新潟県	151	報徳二宮神社	ほうとくにのみやじんじゃ	神奈川県	137
妙成寺	みょうじょうじ	石川県	158	法隆寺	ほうりゅうじ	奈良県	243
妙心寺	みょうしんじ	京都府	198	法輪寺	ほうりんじ	京都府	212
妙法寺	みょうほうじ	静岡県	178	星川杉山神社	ほしかわすぎやまじんじゃ	神奈川県	130
弥勒寺	みろくじ	岐阜県	166	穂高神社	ほたかじんじゃ	長野県	149
む				北海道神宮	ほっかいどうじんぐう	北海道	25
宗像大社	むなかたたいしゃ	福岡県	309	北海道神宮 開拓神社	ほっかいどうじんぐう かいたくじんじゃ	北海道	56
無量寺	むりょうじ	愛知県	179	法華寺	ほっけじ	奈良県	249
無量寺	むりょうじ	和歌山県	259	最御崎寺	ほつみさきじ	高知県	303
無量寿寺	むりょうじゅじ	愛知県	182	寶登山神社	ほどさんじんじゃ	埼玉県	120
室生寺	むろうじ	奈良県	240	本行院	ほんぎょういん	埼玉県	118
牟呂八幡宮	むろはちまんぐう	愛知県	189	本興寺	ほんこうじ	静岡県	172
め				品川寺	ほんせんじ	東京都	94
明治神宮	めいじじんぐう	東京都	24	本能寺	ほんのうじ	京都府	213
明石寺	めいせきじ	愛媛県	300	本満寺	ほんまんじ	京都府	208
妻沼聖天山	めぬましょうでんざん	埼玉県	115	本牧神社	ほんもくじんじゃ	神奈川県	129
も				本門寺根源	ほんもんじこんげん	静岡県	178
毛越寺	もうつうじ	岩手県	62	**ま**			
元郷氷川神社	もとごうひかわじんじゃ	埼玉県	115	前神寺	まえがみじ	愛媛県	298
元善光寺	もとぜんこうじ	長野県	149	前川神社	まえかわじんじゃ	埼玉県	115
元三島神社	もとみしまじんじゃ	東京都	88	麻賀多神社	まかたじんじゃ	千葉県	122
本山寺	もとやまじ	香川県	52	摩訶耶寺	まかやじ	静岡県	177
物部神社	もののべじんじゃ	島根県	269	真木大堂	まきおおどう	大分県	323
桃山天満宮	ももやまてんまんぐう	京都府	219	真清田神社	ますみだじんじゃ	愛知県	178
盛岡八幡宮	もりおかはちまんぐう	岩手県	62	松江護國神社	まつえごこくじんじゃ	島根県	268
森戸神社	もりとじんじゃ	神奈川県	136	松尾寺	まつおでら	奈良県	244

立國寺	りっこくじ	千葉県	125
立石寺	りっしゃくじ	山形県	67
龍光寺	りゅうこうじ	愛媛県	293
瀧泉寺	りゅうせんじ	東京都	99
龍泉寺	りゅうせんじ	愛知県	185
龍福寺	りゅうふくじ	山口県	282
龍安寺	りょうあんじ	京都府	202
了仙寺	りょうせんじ	静岡県	172
靈山寺	りょうぜんじ	徳島県	288
靈山神社	りょうぜんじんじゃ	福島県	69
龍潭寺	りょうたんじ	静岡県	177
林光寺	りんこうじ	三重県	194
林泉寺	りんせんじ	新潟県	152
輪王寺	りんのうじ	栃木県	111

る

瑠璃光寺	るりこうじ	山口県	281

れ

蓮花院	れんげいん	愛知県	181
蓮華王院	れんげおういん	京都府	214
蓮華寺	れんげじ	京都府	200
蓮花寺	れんげじ	和歌山県	260
蓮華峰寺	れんげぶじ	新潟県	25

ろ

鹿王院	ろくおういん	京都府	201
鹿苑寺	ろくおんじ	京都府	216
六道珍皇寺	ろくどうちんのうじ	京都府	214
六波羅蜜寺	ろくはらみつじ	京都府	216
廬山寺	ろざんじ	京都府	208

わ

若狭彦神社	わかさひこじんじゃ	福井県	163
若宮八幡宮	わかみやはちまんぐう	神奈川県	132
若宮八幡社	わかみやはちまんしゃ	愛知県	185
別小江神社	わけおえじんじゃ	愛知県	14
和気神社	わけじんじゃ	岡山県	274
和氣神社	わけじんじゃ	鹿児島県	325
鷲尾愛宕神社	わしおあたごじんじゃ	福岡県	307
鷲宮神社	わしのみやじんじゃ	埼玉県	117
度津神社	わたつじんじゃ	新潟県	152
海神社	わたつみじんじゃ	兵庫県	250

茂林寺	もりんじ	群馬県	112

や

焼津神社	やいづじんじゃ	静岡県	173
八重垣神社	やえがきじんじゃ	島根県	267
箭弓稲荷神社	やきゅういなりじんじゃ	埼玉県	119
薬王院温泉寺	やくおういんおんせんじ	石川県	158
薬王寺	やくおうじ	徳島県	284
薬師寺	やくしじ	奈良県	40
八栗寺	やくりじ	香川県	290
薬研堀不動院	やげんぼりふどういん	東京都	93
八坂寺	やさかじ	愛媛県	296
八坂神社	やさかじんじゃ	京都府	35
八坂神社	やさかじんじゃ	茨城県	107
屋島寺	やしまじ	香川県	289
靖國神社	やすくにじんじゃ	東京都	85
谷地八幡宮	やちはちまんぐう	山形県	67
八街神社	やちまたじんじゃ	千葉県	123
八槻都々古別神社	やつきつつこわけじんじゃ	福島県	70
八代宮	やつしろぐう	熊本県	54
柳森神社	やなぎもりじんじゃ	東京都	85
山内神社	やまうちじんじゃ	高知県	301
山形縣護國神社	やまがたけんごこくじんじゃ	山形県	66
山田天満宮（金神社）	やまだてんまんぐう（こがねじんじゃ）	愛知県	188
倭姫宮	やまとひめのみや	三重県	190
山梨縣護國神社	やまなしけんごこくじんじゃ	山梨県	140
彌彦神社	やひこじんじゃ	新潟県	153

ゆ

結城神社	ゆうきじんじゃ	三重県	193
祐天寺	ゆうてんじ	東京都	99
祐徳稲荷神社	ゆうとくいなりじんじゃ	佐賀県	312
由加神社	ゆがじんじゃ	岡山県	273
遊行寺	ゆぎょうじ	神奈川県	134
湯島天満宮	ゆしまてんまんぐう	東京都	96
湯神社	ゆじんじゃ	愛媛県	296

よ

永光寺	ようこうじ	石川県	157
養徳院	ようとくいん	京都府	198
横峰寺	よこみねじ	愛媛県	299
よさこい稲荷神社	よさこいいなりじんじゃ	高知県	301
吉田神社	よしだじんじゃ	京都府	30
吉野神宮	よしのじんぐう	奈良県	46
吉水神社	よしみずじんじゃ	奈良県	247
善峯寺	よしみねでら	京都府	212
與止日女神社	よどひめじんじゃ	佐賀県	311
四柱神社	よはしらじんじゃ	長野県	143
代々木八幡宮	よよぎはちまんぐう	東京都	79
鎧神社	よろいじんじゃ	東京都	82

ら

頼久寺	らいきゅうじ	岡山県	272
来迎寺	らいこうじ	大阪府	239
羅漢寺	らかんじ	兵庫県	249
羅漢寺	らかんじ	島根県	269
羅漢寺	らかんじ	大分県	323

り

● 著者 日本の神社仏閣研究会

全国の神社仏閣の案内パンフレットを制作している編集プロダクション・杜出版が主宰。全国の神社仏閣を巡り、地域ごとに特色がある神社仏閣の信仰のみならず、歴史学の観点から研究している。神社仏閣に訪れた際に、御朱印収集もひとつの楽しみにしてほしいと思い、本書を執筆した。

編集・執筆協力	青木 康（杜出版株式会社）、小野瑛里子
本文デザイン・DTP	川瀬 誠

素材提供
杜出版株式会社

本書は2019年6月に小社より刊行した『全国御朱印大事典』を増補し、再編集したものです。

新版 全国御朱印大事典
2025年4月5日 第1刷発行

著者	日本の神社仏閣研究会
発行人	関川 誠
発行所	株式会社宝島社
	〒102-8388　東京都千代田区一番町25番地
	電話（編集）03-3239-0928
	（営業）03-3234-4621
	https://tkj.jp

印刷・製本　サンケイ総合印刷株式会社

本書の無断転載・複製を禁じます。
乱丁・落丁本はお取り替えいたします。
©Nihonno Jinja Bukkaku Kenkyukai 2025
Printed in Japan
ISBN978-4-299-06578-0